Les mouvements de troupes étant souvent des feintes, on ne peut rien augurer de la marche des régiments ; du reste, il est des *argus* plus dangereux que les correspondants : les espions.

Et ceux-là foisonnent dans toutes les armées.

Eh bien ! ils ne savent rien la plupart du temps ; ils ne servent le plus souvent qu'à égarer par de faux rapports ceux qui les emploient.

Pour en revenir aux journalistes, ils sont si peu à craindre, même en les supposant imprudents et indiscrets, que l'armée italienne qui les avait écartés est celle dont les plans ont été connus dans leurs plus petits détails : il en fut ainsi des troupes autrichiennes, dont le général en chef, Benedek, avait eu soin de menacer de la corde tout écrivain qui s'aventurerait dans ses lignes.

Les Prussiens, au contraire, qui ont fait si bon accueil aux journalistes, n'ont rien laissé percer de leurs secrets.

Mais ils ont eu cet immense avantage de posséder sous leur main ce levier puissant qui s'appelle la presse. Aussi leurs exploits ont-ils retenti au loin ; tandis qu'en Italie un échec glorieux, faute d'écrivains pour en relater les beaux faits d'armes, a passé pour une déroute.

Mais c'est assez s'étendre sur ce sujet, nous y reviendrons plus tard, pour raconter les persécutions dont les correspondants ont été l'objet et leurs désagréables rapports avec la gendarmerie italienne. Pour l'instant, nous voulons seulement raconter à nos lecteurs comment et pourquoi nous avons inscrit ce nom de Jean Chacal en tête de ce récit.

C'est que sans Jean Chacal, notre ancien camarade de régiment, qui a assisté à tous les combats de cette campagne, nous n'aurions pu présenter à nos lecteurs que des relations incomplètes.

Mais ce brave compagnon d'armes a bien voulu combler les lacunes qui, par suite des défenses rigoureuses du général La Marmora, restaient dans nos informations. Nous avons fondu les notes de Jean Chacal avec les nôtres, et nous avons cru devoir faire un acte de loyauté littéraire en écrivant en tête de ce livre le nom de celui qui nous en a fourni les matériaux, en nous racontant l'odyssée de ses aventures.

1

Ce que c'est que Jean Chacal. — Des millions qu'on trouve en suivant les armées. — Un original. — Comment Jean dépense ses dollars. — Histoire de son chacal. — La vendetta. — Cent mille cadavres et du calme. — Ce que Jean Chacal faisait à Venise.

Jean Chacal est un ex-zouave du 2ᵉ régiment, qui a fait les campagnes de Crimée, d'Afrique et d'Italie.

Comme soldat, c'est un vétéran.

Comme homme, il est jeune encore.

Il a vingt-huit ans.

En 1859, Jean quittait l'état militaire ; mais il ne voulut pas quitter l'armée. Il était trop amoureux du grand air, des longs voyages, des combats et des émotions violentes pour ne pas continuer à mener une existence aventureuse ; il fut de toutes les guerres que fit la France depuis cette époque. Afin de prendre part aux expéditions, il s'était mis marchand à la suite des armées ; hardi, ingénieux, plein de coup d'œil et de résolution, il fit dans son commerce des bénéfices fabuleux, surtout en Chine.

Jean Chacal est, sans qu'il le cherche, un singulier original.

Son surnom lui vient de ce que partout il se fait accompagner d'un chacal qu'il a pris tout jeune en Afrique et qu'il a apprivoisé. A eux deux ils forment un couple bizarre.

Jean est un beau garçon, de taille un peu petite, mais élégante et souple ; il a le visage fin, sympathique, intelligent de ceux qui ont eu le bonheur de naître dans ce paradis terrestre qu'englobent les murs d'enceinte de Paris.

Il a une certaine dose d'instruction ; ce n'est pas un bachelier, mais il a ébauché ses *humanités* ; puis il a tant voyagé et tant vu dans ses voyages qu'il est devenu une encyclopédie vivante.

Jean a été plusieurs fois millionnaire ; mais il fut toujours prodigue.

Sa vie s'est passée à faire et à défaire sa fortune.

Actif, adroit, audacieux, ne reculant devant aucun péril, il réalise, au milieu des régiments en campagne, des gain inouïs ; il fait des coups de commerce magnifiques.

En Chine, au Mexique, en Cochinchine, aux États-Unis, il a gagné des sommes folles qu'il a dépensées follement.

Quand il ne lui reste plus que la valeur de quelques billets de mille francs, il dit adieu pour un temps à la vie de nabab qu'il mène tant que sa ceinture est pleine de brillants, — sa fortune étant toujours convertie en pierres précieuses ; — il endosse sans regrets sa blouse de toile blanche, son pantalon de coutil, son immense chapeau de paille, et il se met en route un revolver dans sa gibecière, un bâton à la main ; derrière lui, Jacques, son chacal, l'éternel compagnon de ses courses, a le museau sur ses talons.

Il se met en quête d'une armée et recommence ses opérations.

Grâce à son habitude de la guerre, il a un flair commercial incroyable, et il opère à point nommé des razzias de vivres qui se trouvent arriver au moment précis où l'on en manque.

Ce que Jean a eu d'aventures dans ses pérégrinations à travers le monde est incroyable.

Lui et son chacal, ils ont visité les coins les plus reculés de la terre.

Ils ont vu Pékin et Shang-haï ; ils ont foulé du pied et de la patte les mines de la Californie ; ils ont fait naufrage au cap Horn ; ils ont failli être mangés en Australie ; et, sans son maître, le chacal eût été dévoré par un tigre dans le Bengale.

Sans Jacques, l'ex-zouave eût été assassiné par les bandits mexicains.

Jean a des goûts princiers.

Il ne sait pas faire les choses à demi.

Ou marchand! ou grand seigneur! il ne connaît pas de milieu.

Point de mandarin plus fastueux que lui, lorsqu'il dévorait à Canton les immenses bénéfices de sa campagne de Chine.

Point de banquier plus magnifique à New-York, quand il y semait à profusion les dollars gagnés dans l'armée de Grant.

Il étonna à Calcutta par ses largesses; il se fit un nom à San-Francisco par son jeu effréné.

Ce qui caractérise Jean Chacal, c'est l'insouciance absolue de son caractère.

Après avoir vu défiler tant d'événements devant ses yeux, après s'être trouvé dans les situations les plus critiques, après avoir assisté, dans tant de batailles, à l'agonie d'un million d'hommes, il est bronzé et aguerri contre tous les dangers, insensible, indifférent à tout; les plus effroyables catastrophes ne l'épouvantent pas; il est homme à dormir, — ce qui lui est arrivé du reste, — au milieu du sang et entouré de cadavres.

Et pourtant c'est toujours un Parisien.

Il est gai, franc, railleur, prompt à riposter à une attaque personnelle, toujours prêt à rendre service à qui lui plaît; bref, il a conservé le meilleur cœur du monde pour tout ce qui est misère individuelle.

Mais les grandes catastrophes le laissent glacé; cinquante mille blessés râlant sur un champ de bataille ne l'émeuvent pas; il s'attendrira en voyant enterrer un père de famille laissant des orphelins, et il fera ce qu'il fit mille fois, il enverra à la veuve un secours généreux.

Autre trait à noter :

Jean est vindicatif comme un Arabe; il ne pardonne jamais à qui l'a offensé.

En Sonora, il se rendit fameux par la façon dont il se vengea d'un chef de guerillos.

Tel est l'homme qui se trouvait à Venise lorsque déjà la guerre était imminente.

Il n'avait plus que trente mille francs en poche; pour lui, c'était peu.

Il pensait à recommencer son trafic à la suite de l'armée autrichienne, quand une aventure qui lui survint en décida autrement, et le fit passer dans les rangs de l'armée italienne.

Nous devrions faire aussi le portrait de maître Jacques, le plus rusé des chacals qui virent jamais le jour en Afrique; mais on le verra à l'œuvre.

Nous ajouterons que Jean l'avait fait tondre de façon à lui donner la tournure d'un chien-loup, et l'on s'y méprenait. On conçoit sans peine que Jean avait pris cette précaution parce que la police l'aurait tracassé si elle avait su que Jacques n'appartenait pas à la race canine, quoique, pour la forme, il s'en rapprochât beaucoup. Entre un chacal bien grimé et un chien, la différence n'est pas grande.

II

Les émigrants vénitiens. — Où Jean parie de tromper les sbires et les gendarmes. — D'une jeune et jolie femme qui écoutait Jean. — Comment il fut mandé près d'elle. — Ce qu'elle lui voulait. — Projet bizarre.

Dès que les bruits de guerre s'étaient répandus, les autorités autrichiennes avaient défendu l'émigration de la jeunesse vénitienne vers l'Italie sous les peines les plus sévères.

Nombre de jeunes gens avaient néanmoins cherché à passer la frontière : beaucoup avaient été pris et emprisonnés; quelques-uns même avaient été fusillés (on l'affirmait du moins).

En somme, c'était une dangereuse entreprise que celle de franchir le cordon de troupes établi sur les confins du territoire vénète.

Un jour, à la table d'hôte de l'hôtel où Jean Chacal était descendu, on causait des évasions audacieuses exécutées par les Vénitiens, et l'on déplorait le sort de ceux qui n'avaient pas réussi. Jean Chacal jouissait d'une grande considération en vertu de cet adage : Payez et vous serez considéré. Il payait royalement. Jean se mêla à la conversation et affirma que, selon lui, rien n'était plus facile et moins dangereux que de gagner Milan : il se faisait fort, disait-il, de trouver vingt moyens sûrs de parvenir en Lombardie, à la barbe des gendarmes, des sbires, des douaniers et des soldats.

Jean ne remarquait pas que, pendant qu'il causait ainsi, une jeune femme et un tout jeune homme le dévoraient des yeux.

Jean, dont on ne connaissait pas l'existence, et qui passait pour un riche touriste, ne fut pas cru sur parole; on eut l'air de regarder sa déclaration comme une fanfaronnade. La discussion s'anima.

A un certain moment, comme on semblait mettre Jean au défi, il se leva, tira vingt billets de banque français de mille francs, les étala sur la table, et offrit de parier contre le vingtième de cette somme qu'il ferait arriver de l'autre côté du Mincio, malgré tous les obstacles, tel Vénitien que l'on voudrait.

Jean Chacal avait eu dans le regard un éclair de résolution si brillant; il semblait si sûr de lui, que personne ne tint la gageure.

Le dîner se termina sans autre incident.

Jean, nous devons le dire, est un parfait gentleman; il a ce ton, ces manières, ce genre qui sont le privilège des hommes distingués; on le prenait pour un fils de famille en voyage. Ajoutez à cela que sa qualité de Français était une excellente recommandation d'honneur et de galanterie chevaleresques.

Comme il allait quitter l'hôtel pour monter dans une gondole, on vint l'avertir que la comtesse S... le priait de lui accorder quelques instants; il n'eût garde de refuser.

La comtesse S... était la jeune femme qui l'avait si fiévreusement écouté, quand il avait parlé des moyens de fuite qu'il prétendait connaître; c'était une charmante femme, que la mort de son mari laissait libre et maîtresse d'une brillante fortune.

Elle n'avait plus d'autre parent qu'un frère de seize ans, celui-là même qui dînait près d'elle à table d'hôte.

Ils attendaient tous deux Jean Chacal avec impatience.

La jeune femme parut d'abord embarrassée pour aborder le sujet qui lui avait fait mander le voyageur français. Jean, de son côté, ne se doutait pas de ce qu'on pouvait lui vouloir; mais il admirait les grands yeux noirs, le profil de madone, les traits suaves de la comtesse.

— Madame, lui dit-il en s'inclinant, vous avez daigné me faire appeler; me voici prêt à vous obéir en tout ce que vous voudrez bien me commander.

— Monsieur, dit la comtesse rassurée par cette offre pleine d'une galanterie de bon ton, je vous demande mille pardons de vous avoir dérangé; mais vous êtes Français; vous aurez peut-être quelque sympathie pour nous. Nous avons un service signalé à vous demander, et il ne vous compromettra pas. Mon frère, que voici, veut à tout prix s'engager dans les régiments garibaldiens; nous habitons une villa non loin de Mantoue; en vain j'ai essayé de trouver un guide sûr, répondant de cet enfant, pour le faire arriver sur la rive droite du Pô. La surveillance est telle que personne n'a voulu s'exposer, même à prix d'or. Nous sommes venus à Venise, parce que l'évasion par mer est, dit-on, plus facile. Vous connaissez plusieurs moyens de fuir; je vous demande en grâce de nous les indiquer. Il y a dans ma démarche quelque chose d'inaccoutumé; mais nous sommes dans des circonstances douloureuses et exceptionnelles, où la nécessité commande souvent impérieusement. Puis, j'ai su que vous étiez Parisien; cela m'a encouragée. On dit que vous aimez Venise, et que vous plaignez notre sort.

Jean Chacal fut touché par l'accent de prière que la comtesse avait dans la voix; il fut ému de la confiance qu'il inspirait; il fut troublé par la grâce enchanteresse avec laquelle on invoquait son aide.

Y a-t-il un Parisien capable de ne pas prêter aide et protection à une jolie femme dans l'embarras?

— Madame, répondit Jean Chacal, les plans ne sont bons qu'autant qu'ils sont exécutés par celui qui les a conçus; j'en ai un qui est parfait; mais il faut que je le mette en pratique. Voulez-vous avoir foi en moi; voici qui je suis?

Et brusquement, franchement, sans ambages, il raconta son histoire.

Luidgi, le frère de la comtesse, vint aux derniers mots placer sa main dans celle de l'aventurier français:

— Je vous suivrai aveuglément, dit-il.

La comtesse sourit, approuvant son frère; Jean l'avait captivée par son récit; mais seulement elle désira connaître l'idée du jeune homme.

— Madame, lui dit celui-ci, je vous demande quelques jours pour tout préparer; je vous prierai en outre de me donner une lettre pour un homme sûr dans votre villa des bords du Pô, puis quand le moment sera venu, je vous prierai d'envoyer votre frère. Quant à mon moyen, il est si bizarre, que jusqu'à la dernière heure, je tiens à le cacher. Vous hésiteriez peut-être, tant la chose semble absurde au premier abord. Mais une fois en présence des préparatifs, elle vous paraîtra des plus raisonnables.

— Soit! monsieur, dit la comtesse en souriant; d'un homme comme vous, on peut attendre des miracles.

Ce que Jean Chacal avait révélé de sa vie était si extraordinaire, que rien de la part d'un tel caractère ne devait étonner. La jeune femme et son frère étaient dévorés du désir de connaître dans tous leurs détails émouvants les aventures de cet homme singulier, qui n'avait fait que leur esquisser sa vie; il se prêta à leur curiosité, et, dans une promenade en gondole qui se prolongea fort avant dans la nuit, il les tint sous le charme d'un long récit.

Jean remarqua qu'en rentrant la comtesse était toute rêveuse.

— Pauvre femme! se dit-il. Elle n'a qu'un frère au monde et le canon va le lui coucher par terre, un jour ou l'autre. Elle a vraiment raison de s'attrister.

Et après s'être expliqué ainsi la mélancolie de la jeune femme, Jean rentra dans sa chambre. Jacques, son chacal, se coucha en travers de la porte et ils s'endormirent tous deux du léger sommeil des soldats et des aventuriers toujours prêts à se dresser au moindre bruit.

Même en pleine paix, on ne se défait pas des habitudes du bivac.

A peine Jean était-il assoupi que son chacal se leva en grondant.

— On monte, il paraît, se dit Jean en se levant; Jacques a donné de la voix. Évidemment c'est pour moi qu'on vient.

Jean avait dans son chacal la plus entière confiance; mille fois il avait éprouvé l'infaillibilité de son instinct.

Bientôt, en effet, un coup sec fut frappé à la porte du jeune homme.

Il ouvrit.

Un sbire parut.

III

Ce que c'est qu'un sbire. — Comment Jean Chacal aborde une nouvelle profession; l'aveu qu'il en fait à la comtesse. — Une réflexion de Luidgi; si j'étais femme.

Jean Chacal allait avoir maille à partir avec les sbires.
Vilaine affaire!
Venise est la proie de la police.
L'Autriche, ne pouvant dominer cette ville que par la terreur, la tient courbée sous un joug de fer.
Pour maintenir un pareil régime, il faut employer la force, la ruse, la délation; il faut jeter les citoyens sous l'arbitraire volonté des agents.
On n'imagine pas quel être redoutable et redouté est un sbire.
Un pareil homme, tiré des bas-fonds de la société pour exercer un honteux métier, a toutes les lâchetés, tous les vices; il tient entre ses mains la fortune, la vie et l'honneur des patriotes.

Un mot de lui et vous voilà suspect; une calomnie et vous êtes perdu.

C'est sous la surveillance inquiète, jalouse, féroce de ce misérable que le Vénitien doit vivre; c'est un supplice de tous les instants.

L'étranger lui-même a mille tracasseries à subir; mais du moins peut-il relever fièrement la tête en sentant, étendue sur lui pour le protéger, la main de son consul; il peut écraser de son mépris le mouchard qui l'espionne; et c'est une petite souffrance pour le sbire habitué à voir tout le monde plier, de se sentir impuissant, vil, petit devant un homme qui le soufflète de sanglantes ironies.

Tout ce que peut faire la police contre un étranger, contre un Français surtout, — car on craint plus encore les nations puissantes que les petites, — c'est de renvoyer en vingt-quatre heures qui lui déplaît; mais elle ne peut empêcher celui qu'elle chasse de dire avec un sourire dédaigneux:

— Je reviendrai plus tard, quand vous n'y serez plus.

Cette phrase frappe comme un coup de poignard; c'est la vengeance de tout voyageur qu'on chasse; elle ne manque jamais de porter coup.

On jouit alors de la fureur qu'elle excite, des rages qu'elle fait éclater.

On part à demi consolé.

Règle générale et sans exception, quand vous voyez entrer, à Venise, dans votre chambre, un homme de police, il vient vous sommer de quitter la ville.

Jean Chacal le savait.

Il songea à la promesse faite par lui à la comtesse, à l'assurance qu'il avait montrée, à la honte d'un échec.

Car s'il lui fallait quitter la ville, impossible de réaliser son dessein; mais il n'était pas homme à abandonner ainsi la partie. Un Parisien qui avait joué au plus fin avec les marchands *yankees*, les juifs d'Alger et les mandarins chinois, pouvait bien entreprendre une lutte d'astuce avec un espion autrichien.

Jacques, en bon chacal, s'était mis à suivre le sbire, flairant en lui un ennemi; mais Jean, l'entendant grogner, lui dit quelques mots arabes et en débarrassa son visiteur, qui n'était rassuré qu'à demi, en sentant le souffle de cet animal qu'il prenait pour un chien.

Jean, au lieu de froncer le sourcil, avait gracieusement demandé au visiteur importun à qui il avait l'honneur de parler.

Le sbire répondit à Jean Chacal d'un air rogue qu'il était chargé de lui notifier d'avoir à passer la frontière dans le plus bref délai.

— Peut-on connaître le motif de cette rigueur? demanda Jean poliment.

Rarement la police vénitienne daigne s'expliquer; mais le sbire trouvait par extraordinaire un Français qui, au lieu de jurer et de s'emporter, l'écoutait avec calme; le fait était si rare que l'agent en était charmé.

— Vous avez tenu, dit-il, des propos séditieux et offert de parier que vous feriez passer des jeunes gens en Lombardie.

— C'est vrai! dit Jean en souriant. Mais j'avais mon but.

Puis, d'un air engageant, il pria le sbire de s'asseoir; ce dernier marchait de surprise en surprise; il prit un siège, assez intrigué de ce qui allait se passer.

Jean alla s'assurer si on ne l'écoutait pas, puis revint auprès du sbire:

— Savez-vous qui je suis? lui demanda-t-il d'un air railleur.

— Un touriste français, répondit l'agent un peu décontenancé.

— Erreur! fit Jean. Votre police est mal faite.

Le sbire eut un geste de dépit.

— Peut-être me suis-je fourré dans un guêpier! pensat-il. Peut-être ai-je dénoncé un personnage important, voyageant *incognito*. Il va réclamer près de son gouvernement, faire du scandale, et je serai tancé par mes chefs qui seront furieux de la maladresse que je leur aurai fait commettre.

Jean, toujours sardonique, avait aux lèvres un sourire interrogateur.

— Eh bien! devinez-vous qui je suis? fit-il.

— Non, dit le sbire en se levant respectueusement tant l'assurance de Jean le confirmait dans ses suppositions. Mais si je me suis trompé, je suis prêt à réparer ma faute. Veuillez me dire qui vous êtes, et, si c'est possible, je ferai révoquer l'ordre donné.

Jean riait à part lui de l'embarras du sbire; il jouit un instant de son trouble, puis il lui dit:

— Je ne suis pas un touriste, mais...

Il s'arrêta un instant.

— Mais un aventurier à bout de ressources et cherchant fortune.

— Ah! fit le sbire reprenant tout à coup son insolence. Ah! vous êtes un aventurier. Alors je vous donne deux heures pour déguerpir et aller chercher fortune ailleurs.

Mais Jean, loin de se déconcerter, dit d'un ton fort tranquille:

— Il y a un petit obstacle à mon départ; c'est que, précisément, j'ai choisi Venise pour exercer une certaine industrie qui doit me rapporter quelque argent.

— Trêve de plaisanteries! dit l'agent en fronçant les sourcils.

— Je ne plaisante pas, reprit Jean. Je suis déterminé à rester ici et j'y resterai. Vous-même allez m'en prier quand vous saurez que je suis prêt à rendre d'immenses services à votre gouvernement. Voici ce que j'ai à vous proposer: Je suis Français; j'inspire de la confiance aux Vénitiens; je proposerai à des jeunes gens de les faire fuir; et, moyennant une prime, je vous les livrerai.

A cette proposition, le sbire enchanté se leva et dit:

— Je ne saurais prendre sur moi d'accepter; mais je vais vous conduire auprès du chef de police; il vous accueillera bien. Et ils partirent tous deux.

Le lendemain, Jean Chacal se présentait chez la comtesse; celle-ci avait été instruite par les gens de l'hôtel de la visite reçue par Jean Chacal. Elle était dévorée d'inquiétude.

— Vous voilà persécuté à cause de nous, dit-elle au jeune homme. Je ne me consolerai jamais d'avoir si égoïstement accepté votre généreuse proposition. On vous bannit.

— Au contraire, dit Jean Chacal en riant; je suis au mieux avec la police. Je viens vous remercier de m'avoir

porté si bonne chance; j'ai obtenu un magnifique emploi.
— Vraiment! exclama la comtesse stupéfaite.
— Oui, madame; me voici armé à cette heure d'une puissance terrible. On va trembler devant moi.
— Mais enfin...
— Je suis sbire, c'est vous en dire assez.
La comtesse pâlit; Jean sourit.
— Rassurez-vous, madame, dit-il; je me suis fait sbire pour mieux vous servir.
Et il raconta ce qui s'était passé...
On sait de quels élans les natures méridionales sont capables; la comtesse, dans un premier moment d'expansion, tendit à Jean ses deux mains avec reconnaissance :
— Oh! tenez, dit-elle, vous êtes un brave jeune homme. Il n'y a qu'un Français capable de jouer avec autant de sang-froid un pareil tour à une police aussi soupçonneuse. En vérité, je vous admire.
Puis elle reprit :
— Mais qu'avons-nous fait pour mériter tant de dévouement, et comment pourrons-nous jamais acquitter la dette que nous contractons envers vous?
Jean déposa un baiser sur chacune des jolies mains de la jeune femme, et, avec une galanterie de bon goût, il lui dit :
— Maintenant, je suis payé d'avance.
Luidgi, qui n'assistait pas à cette entrevue, survint en ce moment.
Il était désespéré.
— Eh bien, tout est manqué? dit-il. On vous renvoie?
Il semblait désolé.
Déjà ce jeune homme aux généreuses aspirations avait conçu une vive sympathie pour l'homme dont il avait entendu la veille la merveilleuse histoire : il bondit de joie quand il apprit ce qui s'était passé.
Jean était pressé d'exécuter ce projet.
— Maintenant, dit-il, la police va me laisser quelques jours pour tendre mes filets; profitons de ce répit. Je vais partir avec une lettre pour votre intendant; à la fin de cette semaine tout sera prêt. Mais il faut bien réfléchir avant de se fier à votre serviteur.
— J'en suis absolument sûre, affirma la comtesse. Il m'est dévoué corps et âme.
— Alors, je réponds de tout.
— Et vous partez sans nous confier votre idée? demanda la comtesse avec cette intonation câline que les femmes savent si bien mettre dans leurs questions quand elles veulent savoir quelque chose de nous.
— De grâce, ne me demandez pas mon plan, dit Jean, vous le trouveriez bizarre, insensé, impossible.
Et il prit congé de la jeune femme et de son frère, emportant sa lettre de créance.
— Quel excellent cœur! murmura la comtesse quand il fut parti.
— Quel homme! dit Luidgi. Il ne doute de rien; on voit qu'il joue avec les obstacles.
— Sa vie est tout un roman! ajouta la comtesse. Et il ne doit pas tout dire. Je suis sûre qu'il nous a caché plus d'un trait d'héroïsme.
— Moi, si j'étais femme, j'en raffolerais, s'écria étourdiment Luidgi. Il est très-beau garçon.

La comtesse ne répondit pas; elle se mit toute songeuse à la fenêtre.
Elle y resta longtemps accoudée, regardant le ciel bleu et rêvant aux singuliers caprices du hasard qui avait jeté sur sa route un aventurier auquel, sans hésiter, elle venait de se confier avec tant d'abandon.
Et pourtant, elle ne douta pas un seul instant de la loyauté de cet homme qu'elle connaissait à peine depuis quelques heures.
Ainsi sont les femmes.
Jean avait la tête la plus sympathique qu'on pût voir; il avait eu des accents de vérité qui allaient droit au cœur; il avait des allures si franches, un regard si clair, un front si noble qu'il était impossible de ne pas avoir foi en lui.
Puis toute cette rencontre avait un caractère romanesque; rien ne séduit plus les femmes que le roman débordant dans la vie réelle.

IV

Quel était le plan de Jean Chacal. — D'un ballon qu'on n'attendait pas. — L'ascension captive. — Préjugés d'une jolie femme. — Un incident désagréable.

Au terme fixé par Jean Chacal, la comtesse et son frère arrivèrent à la villa.
On les attendait.
La jeune femme et Luidgi étaient pressés de connaître enfin le projet de Jean: celui-ci avait terminé tous ses préparatifs.
— Madame, dit-il à la comtesse, le moment est venu de vous révéler mon plan; mais votre intendant, que voici, vous dira qu'après avoir longtemps douté du succès, il y croit aujourd'hui, grâce aux expériences que j'ai faites devant lui. Du reste, vous jugerez vous-même de la solidité de mon ballon, car je ferai une ascension captive devant vous.
— Un ballon! fit la comtesse.
— Un ballon! répéta Luidgi.
— Oui, un ballon! dit Jean. J'emploie pour vous aujourd'hui un moyen de transport qui sera adopté dans vingt ans par tout le monde. Ne me croyez pas fou, parce que je devance l'avenir; parce que, n'ayant pas de préjugés, je n'hésite pas à employer les aérostats, quoiqu'ils ne soient pas encore en usage parmi la foule.
— Mais où vous êtes-vous procuré ce ballon? demanda Luidgi.
— Je suis allé trouver un entrepreneur de fêtes publiques qui a coutume de comprendre des ascensions aérostatiques dans le programme des réjouissances qu'il donne aux populations. C'est un Français que j'ai beaucoup connu à New-York, où il a résidé longtemps. Je lui ai acheté son meilleur ballon; je l'ai conduit ici et je l'ai gonflé. Rien de plus facile. Si le vent est favorable, ce dont je m'assurerai tout à l'heure, nous partirons cette nuit.

— Cette nuit! fit la comtesse avec un effroi mal dissimulé.

— Pourquoi tarder davantage ?

— Parce que j'ai peur; parce que ce voyage à travers l'espace m'épouvante; parce que je ne me déciderai jamais à laisser partir ainsi mon frère.

— Laissez-moi vous dire, madame, que votre terreur n'a pas de raison d'être. Un ballon n'offre pas plus de danger qu'un chemin de fer ou un navire.

— Je n'ai pas peur et vous suivrai, dit Luidgi intervenant. Mais je crois que le chemin que nous allons prendre est périlleux.

— Mon Dieu, non, dit Jean Chacal. De grâce, ne vous récriez pas. En Amérique, on étudie beaucoup la science aérostatique ; on lance souvent des ballons que montent des amateurs hardis. Pour ma part, j'ai eu maintes fois l'occasion de tâter de ce moyen de locomotion et j'ai acquis, avec une grande pratique de l'art de la navigation aérienne, la certitude qu'un homme prudent courait en l'air moins de risques que sur terre. Si vous étiez familiarisés avec ces sortes de voyages, vous n'hésiteriez plus que moi pour monter en wagon ou en bateau à vapeur.

Puis, comme la comtesse était toute déconcertée et que Luidgi semblait stupéfait, Jean reprit :

— Je conçois votre étonnement ; je l'avais prévu ; mais du moins ne me refusez pas de lancer cette nuit, devant vous, mon aérostat à une certaine hauteur ; il sera retenu par des cordes. Vous n'ignorez pas que ces sortes d'ascensions n'offrent pas le plus petit danger. Quand vous aurez vu comment mon ballon se comporte, vous serez rassurés.

Il était environ dix heures du soir; la nuit était calme et sereine, la villa était isolée au milieu de la campagne.

— Si vous n'avez aucun soin à prendre pour l'instant, dit Jean, nous allons tenter une épreuve de suite.

Et il conduisit la comtesse au milieu d'une cour intérieure.

Elle poussa un léger cri en apercevant un joli ballon, qui, retenu par des cordes, se balançait gracieusement dans l'air.

— Voilà notre esquif, dit Jean. Les postes autrichiens sont loin; grâce à l'ombre, on ne saurait apercevoir notre aérostat; voilà cinq paysans que j'ai dressés à la manœuvre; je vais monter à une centaine de mètres au-dessus de vous.

Et Jean enjamba le bord de la nacelle.

Déjà Jacques, le chacal, était blotti dans un coin; il semblait avoir monté en ballon plus d'une fois et prévoir que l'on allait partir.

Les domestiques de la villa lâchèrent cent mètres de corde et le ballon s'éleva majestueusement.

La comtesse et Luidgi n'étaient pas encore remis de leur surprise; ils s'attendaient si peu à ce moyen de fuite qu'ils ne s'habituaient pas encore à l'idée que ce genre de voyage était possible.

Pourtant, on avait beaucoup parlé de navigation aérienne en ces derniers temps; les tentatives du *Géant* étaient restées célèbres; la secousse imprimée aux esprits par la théorie fameuse du *plus lourd que l'air* avait été vive : on savait que nombre d'aéronautes avaient accompli de grands trajets; pour une catastrophe comme celle du *Géant*, on comptait cent traversées heureuses.

Les yeux fixés sur le ballon qui montait toujours, la comtesse songeait à tout cela ; Luidgi, lui, s'était bravement décidé depuis un quart d'heure.

Bientôt Jean redescendit.

— Le vent est excellent, dit-il; il nous porte dans la direction de Plaisance. Nous devrions profiter de cette heureuse circonstance ; nous sommes au beau fixe; la brise soufflera toute la nuit vers l'ouest. Demain elle peut changer de direction.

La comtesse hésitait.

— Ma chère Anita, lui dit Luidgi, j'ai pris bonne confiance, moi. Adieu.

Et pour couper court à toute objection, il embrassa brusquement mais tendrement sa sœur, et monta dans la nacelle.

Tout à coup survint un paysan effaré.

— Une patrouille ! cria-t-il.

— Grand Dieu! s'écria l'intendant, nous sommes perdus. Ils vont tout deviner.

Et, tout dévoué qu'il fût à sa maîtresse, il s'enfuit

V

Du danger de s'accrocher aux cordes qui pendent après les ballons. — Deux hommes en l'air. — Situation effrayante. — Haine à mort. — De l'influence de deux beaux yeux. — Un plongeon comme on en voit peu. — Danger de mort.

Telle était la terreur qu'inspiraient les Croates que tous les paysans disparurent ; aider à la fuite d'un émigrant était un crime sévèrement puni.

Luidgi quitta la nacelle et courut à sa sœur.

— Anita, fuis avec nous, aie ce courage, supplia-t-il ; tu serais arrêtée et persécutée ; tu sais que rien ne les retient. Ils emprisonnent les femmes et les maltraitent.

Mais la comtesse tremblante, murmura en défaillant :

— Jamais je n'oserai. Adieu. Laissez-moi.

Luidgi se jeta aux genoux de sa sœur pour la fléchir ; mais elle frissonnait à l'idée seule de monter dans la nacelle.

Pourtant on entendit frapper aux portes de la villa et les crosses de fusil résonner sur les dalles des escaliers.

Jean Chacal souriait sans s'émouvoir.

Luidgi lui adressa un regard désespéré implorant son aide ; Jean lui dit :

— Montez dans la nacelle.

— Mais elle ! demanda le jeune homme.

— Allez toujours, j'en réponds.

Luidgi obéit.

Jean avait commandé en homme sûr de son fait. Quand le jeune Vénitien fut assis, Jean s'approcha de la comtesse avec toutes les marques du plus profond respect; celle-ci écoutait les appels furieux des Croates auxquels personne n'ouvrait.

Il sauta dans la nacelle avec son fardeau. (Page 8.)

— Par pitié, monsieur, s'écria-t-elle, emmenez mon frère, il est temps encore.

Mais Jean, sans prononcer une parole, saisit la jeune femme dans ses bras, paralysa toute résistance et sauta dans la nacelle avec son fardeau. Puis, tirant son couteau, il coupa deux cordes ; le ballon s'enleva lentement ; la troisième corde, mal attachée, s'était dénouée et il était inutile de la trancher.

Le ballon était à vingt mètres du sol, quand une porte s'enfonçant, livra passage à un flot de Croates, qui fit irruption dans la cour.

On ne saurait dépeindre la stupéfaction de ces soldats.

Leur officier seul comprit ce qui se passait, et pendant que les troupiers, bouche béante, contemplaient l'aérostat, il courut à la dernière corde traînant encore à terre et s'y suspendit.

— A moi ! cria-t-il à un sergent qui vint se cramponner aussi au câble.

Mais le reste de la patrouille effrayé, et n'ayant jamais vu de ballon, n'osait pas bouger.

Cependant le poids de deux corps en surcharge arrêtait l'aérostat.

Le chacal de Jean s'était dressé sur les bords de la nacelle et il aboyait lugubrement, dardant sa prunelle fauve sur l'ennemi.

La comtesse et Luidgi remarquèrent pour la première fois les allures étranges de l'animal, qu'ils prenaient pour un chien.

La comtesse, muette d'épouvante au milieu de tout ce drame, vit Jean Chacal tirer son revolver ; la prunelle du jeune homme étincelait d'un éclat sauvage.

— Lâchez tout ! cria-t-il, ou vous êtes mort.

Il allait tirer.

Mais la comtesse l'arrêta

— Plutôt être pris, dit-elle, que de tuer ces hommes ! Ce serait un assassinat.

Jean Chacal écarta brusquement le bras de la jeune femme ; elle vit bien qu'à l'heure du danger rien ne pouvait arrêter un pareil caractère ; son visage, si doux d'ordinaire, avait pris une expression d'énergie farouche.

Pourtant il remit tout à coup son pistolet à sa ceinture ; une nouvelle idée lui était venue.

— Tenez-vous bien ! ordonna-t-il.

— Et se penchant au fond de la nacelle, il jeta par-dessus le bord deux sacs de lest.

Le ballon allégé sembla prendre un élan subit ; il partit

L'ordre était de tirer sur tout ce qui traverserait le fleuve. (Page 13.)

avec une brusque secousse qui le fit monter de quatre mètres en une seconde.

Jean Chacal se prit à rire.

— Regardez, maintenant, dit-il, la scène va devenir curieuse.

Puis le couteau tiré, prêt à couper la corde, il attendit.

Le ballon s'élevait toujours ; des cris lamentables partaient du sol.

Le chacal, toujours inquiet et flairant l'ennemi, répondait par des hurlements rauques qui produisaient un sinistre effet dans la nuit.

La comtesse et Luidgi se penchèrent, ils aperçurent l'officier croate et son sergent à la hauteur des toits, montant avec le ballon, cramponnés à la corde, poussant des appels déchirants.

Surpris par l'essor inattendu de l'aérostat : ils n'avaient pas eu le temps de lâcher prise et ils s'étaient trouvés presque subitement à une distance de la terre trop grande pour ne pas se briser les os en tombant.

— Feu ! bramait l'officier.

— Feu ! criait le sergent.

Mais les Croates abrutis par la stupéfaction ne semblaient

JEAN CHACAL. 2.

rien entendre ; ils suivaient du regard et leur chef et la singulière machine qui les emportait.

Puis peut-être l'officier était-il sévère et le sergent brutal ; les Croates devaient être en ce cas heureux d'en être débarrassés.

Toujours est-il que peu à peu le sol fuyait sous les pieds des malheureux Autrichiens, qui se tenaient à la corde de leurs doigts crispés et hurlant aux soldats leurs commandements, que ceux-ci se décidèrent enfin à exécuter.

Ils dirigèrent une fusillade assez vive sur les fugitifs ; on entendit siffler quelques balles, et ce fut tout.

— Les niais ! disait Jean. Ils tueraient leurs chefs aussi bien que nous ; ils ne peuvent viser juste.

— La fusillade cessa.

Alors Jean Chacal, railleur, s'apercevant que la peur étranglait la voix dans le gosier des Autrichiens, cria à son tour :

— Feu !

— Mais feu donc

Et Luidgi, narguant aussi l'ennemi, répétait en ricanant :

— Feu !

La comtesse, elle, mesurait avec effroi l'espace qui se trouvait entre le ballon et la terre ; l'agonie de ces malheureux dont les forces allaient bientôt être à bout, lui parut épouvantable.

— Silence ! dit-elle à son frère. Vous devriez épargner le sarcasme à deux hommes qui vont mourir.

Luidgi était jeune, accessible à la pitié ; il contempla, lui aussi, l'abîme qui s'étendait sous les pieds des Autrichiens ; il se rendit compte de l'angoisse effroyable que devaient éprouver ces malheureux.

Il se tut.

Jean, lui aussi, avait entendu le reproche de la comtesse il cessa de narguer les Croates, et s'assit d'un air sombre sans mot dire.

Puis il s'aperçut que Jacques aboyait toujours ; il lui fit un signe, et le chacal vint s'asseoir entre ses jambes, muet, mais le rictus de la colère aux lèvres. Le silence se fit ; puis un cri d'appel monta vers le ballon.

— Sauvez-nous ? criait la voix de l'officier italien.

— Sauvez-les ! répéta la comtesse, appuyant la prière de ces pauvres diables.

Jean, soucieux, prononça le mot : impossible, et son sourcil resta froncé.

Mais il vit sur le visage de la jeune femme une telle expression de chagrin, qu'il en fut touché.

— Quoi ! lui dit-il, vous vous intéressez à ce point à des gens qui nous voulaient fusiller ; ne les avez-vous pas entendus crier l'ordre de tirer. Nous épargnaient-ils, eux ? Ce sont les ennemis acharnés de votre pays, nos ennemis personnels, puisqu'ils allaient nous arrêter et nous jeter sous les balles d'un peloton de Croates. Et je leur pardonnerais !

— Vous êtes donc impitoyable ! fit la comtesse.

— Oui, murmura Jean les dents serrées. Généreux avec l'adversaire loyal, cruel avec l'ennemi cruel ; œil pour œil, dent pour dent, sang pour sang, telle est ma devise. S'ils n'avaient pas voulu notre mort, je ferais grâce ; mais ils ont crié : Feu ! Tant pis ! Qu'ils meurent broyés par leur chute.

Puis, comme la comtesse baissait la tête, il reprit :

— Voyons, madame, est-il juste de ne pas rendre le mal pour le mal ? Moi aussi j'ai été bon et indulgent... autrefois... quand j'avais vingt ans.

Eh bien ! je m'en suis toujours repenti.

Plus d'une vipère, que je n'avais pas écrasée du talon de ma botte, m'a mordu plus tard et causé de douloureuses blessures.

On ne se repent jamais d'une vengeance légitime ; on se repent souvent d'avoir laissé vivre son ennemi.

Un cri strident, un appel navrant monta encore vers le ballon.

— Mais c'est affreux ! s'écria la comtesse. Vous êtes donc de bronze. Si pourtant vous étiez dans cette atroce position.

— J'aurais le sort que mes actes m'auraient mérité, madame, dit Jean fièrement ; et je le subirais sans faiblir.

— Mais c'est la mort !

— Eh bien ! je mourrais sans crier lâchement grâce à ceux que j'aurais voulu assassiner dix minutes auparavant.

Malgré elle, la comtesse admira ce caractère de fer qui se dessinait si vigoureusement ; mais elle ne désespéra pas de le fléchir.

— Que vous refusiez votre aide à ces hommes, dit-elle, je le comprends. Mais, à moi, me refuserez-vous leur grâce : je l'implore à genoux. Songez que jamais je n'oublierai la mort de ces gens et que leur souvenir me poursuivra toujours.

Un rayon de lune éclaira en ce moment le doux visage de la comtesse ; son regard rencontra celui de Jean ; il se rendit à la prière de la jeune femme.

Il se serait roidi en vain ; il comprenait qu'il ne pourrait résister à cette voix qui lui allait au cœur.

— Qu'il soit fait comme vous voulez, dit-il avec un soupir ; mais c'est la première fois que je pardonne à un ennemi.

— Oh ! merci ! dit la comtesse avec élan. Mais hâtez-vous, ou ils sont perdus.

En effet, les appels des Croates devenaient sourds ; ils ne criaient plus, ils râlaient leurs supplications.

Jean ouvrit son couteau.

— Qu'allez-vous faire ? demanda la comtesse.

— Couper la corde.

— Mais vous les tuez alors...

— Je les sauve. Nous sommes à cinquantes mètres du sol ; le poids de ces deux hommes nous retient assez bas. Et j'aperçois le lac de Mantoue non loin d'ici. Quand nous serons au-dessus, je couperai ; ils tomberont dans l'eau et amortira le coup.

— Et ils seront sauvés ?

— Je l'espère du moins ; et vraiment je ne puis faire plus pour eux.

Du reste, ils ont plus de chance qu'ils n'en méritent ; j'entrevois une barque.

— Quel plongeon ils vont faire ! dit Luidgi ; ils vont se croire entraînés au fin fond des enfers ! Brou !... J'en ai froid jusqu'aux os pour eux.

En une demi-minute on fut au-dessus de la nappe d'eau, tant le ballon était rapidement emporté. Jean mesura son temps avec sang-froid et coupa la corde à point.

Une clameur vibra, poussée par les Croates qui se sentaient précipités dans l'espace ; puis le bruit de leur chute arriva aux oreilles des voyageurs.

La comtesse avait fermé les yeux.

— Anita ! rassure-toi, lui dit Luidgi, ils ne sont pas morts ; ils se débattent.

— Et voilà la barque qui rame vers eux ; ils sont tombés près d'elle, ajouta Jean Chacal.

La comtesse ouvrit les yeux, regarda le lac qui brillait aux rayons de la lune et vit trois points noirs s'agiter à la surface.

Alors, heureuse de n'avoir pas à se reprocher la mort de ces deux hommes, elle prit les deux mains de Jean Chacal, les pressa avec une effusion pleine de tendresse et lui dit :

— Je vous sais plus de gré de m'avoir sacrifié votre rancune, que de m'avoir sauvée.

— Et vous avez raison, madame, dit Jean Chacal avec une noble simplicité. J'ai vu à mes pieds l'une des plus belles filles du Mexique ; elle me demandait la vie de son frère, un brigand qui m'avait tendu un guet-apens ; elle... (ici Jean s'arrêta, mais ce qu'il sous-entendait était facile à deviner) elle me suppliait, reprit-il, j'ai refusé.

Puis, après un instant de réflexion, il ajouta, comme se donnant une explication à lui-même :

— Sans doute, c'est parce que cette femme m'implorait au nom de quelqu'un qui lui était cher ; tandis que vous, c'était au nom de vos ennemis, ce qui est d'une générosité si touchante que j'en ai été ému.

La comtesse sourit.

Peut-être pensait-elle que Jean Chacal avait cédé à sa prière pour un autre motif qu'il ne s'avouait pas.

Tout à coup, Jean Chacal poussa un terrible juron.

— Qu'avez-vous ? s'écria la comtesse toute frémissante.

Mais Jean, désespéré, serrait les poings sans répondre. Il regardait le ballon se dégonfler à vue d'œil.

— Grand Dieu ! qu'y a-t-il donc ? s'écria la comtesse avec effroi.

— Le ballon est crevé par une balle ! dit Jean ; ces misérables l'ont troué ; le gaz s'échappe !

VI

Jean triomphe d'un préjugé. — Comment il fut pardonné par la comtesse. — D'une main glacée qu'il réchauffa. — D'une chaufferette vivante. — Une épigramme à Buffar. — La madone italienne. — Ni jamais, ni toujours. — Encore un tour du destin. — Héroïsme. — Au diable la pudeur ! — Blessé !

Jean, dans ce péril, conserva le plus grand calme.

Il avait d'abord envoyé une malédiction aux Croates, malédiction énergique et accentuée ; c'était une première explosion de colère ; mais il reprit aussitôt son sang-froid, et mesura l'étendue du danger, qu'il reconnut moins grand qu'au premier abord.

Il jeta du lest.

Le ballon s'éleva.

Il consulta alors la force du vent, l'étendue du terrain à parcourir et se rassura.

— Nous passerons la frontière, dit-il. Les districts que l'Autriche possède au-delà du Mincio ne sont pas très-étendus ; le ballon ne se dégonfle que lentement.

La comtesse reconnut la vérité de cette assertion ; le peu de lest que Jean avait jeté avait imprimé à l'aérostat un mouvement ascensionnel. La jeune femme se rassura donc.

Quant à Luidgi, il avait fait bonne contenance.

Le voyage se continua rapidement.

De temps à autre, Jean jetait un peu de sable pour équilibrer le poids de la nacelle en raison de la déperdition du gaz.

La comtesse, dont l'attention avait été captivée tout entière par les péripéties du drame qui venait de se dénouer, s'était familiarisée avec l'idée de se trouver suspendue au-dessus du sol ; elle se sentait mollement bercée dans les airs et elle voyait, avec un charme jusqu'alors inconnu, le paysage fuir sous ses yeux, déroulant ses perspectives pittoresques sous les clairs rayons dont la lune argentait ses sites.

— Vraiment, dit-elle, sans le souvenir de ces malheureux Croates qui sont tombés dans le lac, je prendrais un plaisir extrême à ce voyage.

La figure de Jean s'illumina.

— N'est-ce pas, dit-il, que l'on est mille fois mieux ici que dans une diligence qui vous cahote ou dans un wagon qui trépide ?

On ferait le tour du monde en ballon sans être fatigué.

Nulle voie n'est plus douce au voyageur que celle des airs ; quand l'homme aura trouvé le moyen de diriger les ballons, à coup sûr il ne voudra plus d'autre véhicule pour franchir l'espace.

— Pour ma part, dit Luidgi, je ne perdrai jamais une occasion de remonter dans un aérostat.

— Et moi, fit la comtesse, je crois que je me hasarderais à recommencer cette épreuve.

— Alors, vous m'avez pardonné la brusque façon dont j'ai triomphé de votre préjugé ? demanda Jean.

La jeune femme, pour toute réponse, tendit sa main à Jean, qui la pressa sur ses lèvres.

Il s'aperçut que cette main était glacée.

— Vous avez froid, dit-il ; permettez-moi de vous couvrir de ma ceinture.

— De votre ceinture ! fit la comtesse en remarquant que Jean avait en effet les reins ceints à la façon des zouaves ; mais en observant en même temps que l'étoffe semblait mince et étroite.

— Vous croyez qu'elle ne suffira pas à vous garantir du froid ? demanda Jean ; jamais pourtant cachemire plus chaud n'aura abrité vos épaules.

Et il déroula un châle si soyeux, si riche et si ample à la fois, que la comtesse, en touchant ce merveilleux tissu, poussa un cri d'admiration ; il eût fallu trois de ces cachemires pour emplir sa main de patricienne.

Jean drapa le sien autour de la jeune femme ; dans ses mouvements, perçait un soin si jaloux d'abriter la jolie veuve contre la brise ; il y avait tant de bonhomie et si peu d'arrière-pensée dans les gestes du jeune homme, que cet acte dont la familiarité aurait pu être blessante chez tout autre toucha celle qui en était l'objet.

On eût dit d'un frère à une sœur.

Jean réfléchit que la comtesse devait avoir froid aux pieds : il la pria de souffrir que Jacques les lui réchauffât ; elle y consentit.

Sur un mot du maître, le chacal vint se coucher sur les bottines de la jeune femme.

— Quel bon chien ! fit-elle tout émue en le caressant.

Jacques lui lécha les mains.

— Par exemple ! fit Jean, voilà qui est inouï ; vous avez reçu de quelque fée le don de charmer les gens et les bêtes. De sa vie, Jacques n'a léché que moi.

— Ce chien est donc bien sauvage ? demanda Luidgi.

— Ce n'est pas un chien, c'est un chacal.

La comtesse retira précipitamment ses pieds ; mais Jacques la regarda d'un air de reproche.

— Pauvre bête ! fit-elle. Je n'ai pas été maîtresse d'un premier mouvement de répulsion ; on dirait qu'il a compris et qu'il en est froissé.

— Vous ne vous trompez pas, dit Jean. J'ai fini par acquérir cette conviction que le mot instinct devait être remplacé par celui d'intelligence, quand il s'agissait de certains animaux qui se rapprochent de nous.

Mais vous lui avez rendu sa place; le voilà tout heureux de la reprendre.

— Pourquoi avez-vous préféré ce chacal à un chien? demanda la comtesse.

— Parce que Jacques est plus fin, plus fidèle, plus dévoué que le meilleur caniche.

— Je croyais ces animaux très-féroces.

— C'est une erreur qui court le monde, comme tant d'autres, accréditée par des naturalistes comme M. de Buffon et consorts qui n'ont jamais étudié les mœurs des animaux; il y a toute une révolution à faire dans cette partie de la science. Toussenel l'a déjà commencée.

Mais le grand obstacle à toute rénovation, c'est que la science officielle se roidit contre tout progrès.

Nos académiciens, par exemple, au lieu de chercher avec les hardis pionniers de l'avenir le problème de la navigation aérienne, rient de leurs efforts.

Ils ne feraient pas ce que vous avez fait; ils ne monteraient pas en ballon.

— Je n'ai pas de mérite, fit la comtesse; j'ai plié devant la force.

— Un reproche! dit Jean.

— Oh non! dit-elle. Je suis tout heureuse à cette heure de partager avec les oiseaux ce privilége de sillonner ainsi l'espace.

Je vous dois cette reconnaissance de m'avoir fait éprouver des sensations inconnues pleines d'une poésie inexprimable.

Et la jeune femme embrassait avec ivresse d'un seul regard l'immense panorama qui s'étendait sous ses pieds, des Alpes Noriques aux Apennins. La nuit était si belle, si étoilée, si limpide, que les cités se détachaient en relief, et l'œil voyait, surgissant du sol, ces ruches humaines, bordant les grands cours d'eau de la vallée du Pô.

Au milieu du silence profond de la nature, villes et villages dormaient; et cependant un demi-million de soldats, échelonnés le long du fleuve, allaient bientôt se heurter et rougir ces bords tant de fois arrosés de sang!

Jean, lui, ne pensait ni à la guerre prochaine, ni à la magnificence du spectacle qui s'étalait au-dessous de lui : il regardait la comtesse et ne songeait qu'à elle. Non que la beauté de la jeune femme fit quelque impression sur lui, Jean avait tant vu de jolies filles, blondes ou brunes, au teint cuivré ou à la peau blanche!

Dans sa vie errante, il avait eu des bonnes fortunes à rendre jaloux don Juan!

Ce qui l'attirait dans la jolie Vénitienne, c'était la douceur inexprimable de ses traits, c'était le charme infini de ses formes, souples, ondulées, harmonieuses.

Le sein surtout, accusé sous le châle, était admirablement modelé; il avait ces contours suaves et chastes qui, chez certaines madones, sans aiguiser la volupté charnelle, éveillent les tendresses profondes, les amours voilés, les ivresses sans fin du désir idéal.

Jean, sans y songer, se laissait tomber peu à peu dans une contemplation extatique.

La comtesse leva les yeux...

Leurs regards se rencontrèrent...

Il ut surpris...

Sans doute il éprouva un choc, une commotion de l'âme, car il rougit et détourna la tête.

Elle sourit avec indulgence.

Quelle est la femme qui s'arme de rigueur pour celui qu'elle surprend dans une admiration respectueuse, comme était celle de Jean?

Mais, sans savoir pourquoi, celui-ci se sentait embarrassé : il cherchait des mots qu'il ne trouvait pas; elle lui vint en aide :

— Vous étiez tout songeur! dit-elle.

— Oui, dit-il avec un soupir.

Je réfléchissais que, sans amis, sans parents, je vais seul par le monde. Mais il est étrange que cette idée me vienne cette nuit, pour la première fois, depuis bientôt quinze ans que je suis orphelin.

— Il faut vous créer une famille.

— Comment?

La question était naïve, mais le conseil que la jeune femme allait donner à Jean était à mille lieues de la pensée de celui-ci.

— Comment? avait-il demandé.

— En vous mariant, dit la jeune femme.

— Moi! fit Jean brusquement, jamais!

Ce mot, le ton dont il fut dit, le geste dont le jeune homme l'accompagna, l'espèce d'énergie farouche de cette dénégation, frappèrent la comtesse.

— Pourquoi? demanda-t-elle. On ne devrait dire, ni jamais, ni toujours; c'est un proverbe français.

— Parce que c'est impossible, dit Jean. Vous expliquer les motifs confus qui me font repousser cette idée, serait chose difficile; mais j'ai là un vague instinct qui me crie que je ne me marierai pas.

Puis il reprit :

— C'est singulier. Il y a huit jours, j'aurais ri au nez de l'ami qui m'eût parlé d'épouser la plus jolie fille du monde aujourd'hui, je me sens triste à cette pensée que d'autres ont mis leur main dans la main d'une femme et qu'ils vont ensemble, s'étreignant ainsi tendrement dans le chemin de la vie; ce qui ne m'arrivera pas.

— Pourquoi vous refuser à l'espérance que ce bonheur est fait pour vous?

— Parce que...

Jean s'arrêta.

Puis soudain il reprit :

— Non! J'ai un pressentiment inexplicable ou plutôt une indéfinissable répulsion pour le mariage; mon esprit regimbe quand, faisant défiler devant moi toutes les images féminines que je connais, je me demande : Épouserai-tu celle-là?

— Quoi! toutes? fit la comtesse.

— Oui! dit Jean.

Mais comme la jeune femme le regardait étrangement, tressaillit, ouvrit les lèvres pour en laisser échapper une phrase; mais il lui fut impossible de la finir.

— C'est-à-dire, avait-il commencé, que...

Mais il ne parvint jamais à formuler le reste de sa pensée; il paraît que c'était chose scabreuse, délicate et difficile; car il resta court, honteux et confus.

Heureusement Luidgi, qui écoutait distraitement, to

entier à la contemplation d'un camp autrichien, vint interrompre ce dialogue.
— Garde à nous, dit-il, nous allons toucher terre!
Et Jean se remit aussitôt à jeter du lest hors de la nacelle; mais les sachets de sable avaient diminué, et le moment approchait où l'on n'aurait plus rien sous la main pour alléger le ballon.

Pourtant l'inquiétude ne fut pas longue. Luidgi poussa un cri de joie.
— Qu'y a-t-il? demanda Jean.
— Le Pô! dit Luidgi, et derrière lui la liberté!
Et il indiqua une dépression de terrain.
On ne voyait pas encore le fleuve, mais on apercevait son lit.
— Allons, nous arriverons à bon port! s'écria Jean en jetant le dernier sac.
Mais le ballon, très-dégonflé déjà, se releva de peu de chose, dix mètres à peine.
— N'importe! dit Jean, nous raserons peut-être les flots, mais nous traverserons.
L'eau parut bientôt.
Malheureusement, le fleuve faisait un coude assez brusque; il en résulta que le ballon, au lieu de marcher dans le sens d'une rive à l'autre, suivit dans l'air une ligne parallèle au cours d'eau.
— Vraiment, c'est jouer de malheur! s'écria Luidgi en serrant les poings.
L'aérostat, filant au-dessus du Pô, baissait sensiblement; et le lit du fleuve ne se redressait pas.
Jean prit une résolution qui pouvait sauver les voyageurs; il saisit son chacal et le lança par-dessus la nacelle.

La comtesse, quoique fort pâle, avait courageusement envisagé le péril; elle conservait toute sa présence d'esprit.
— Il y a cruauté à nous sacrifier votre fidèle compagnon, dit-elle d'un ton de reproche.
— Lui, sacrifié! fit Jean. Il nage mieux qu'un terre-neuve!
Le chacal, en effet, remontait le courant avec une aisance inouïe; il suivait le ballon.
Celui-ci baissait, baissait toujours.
Et le fleuve ne se redressait pas.
Jean avait aux lèvres une grave question qu'il n'osait faire, mais la nacelle fauchait presque l'eau; cependant il hésitait encore.
Le salut dépendait de la réponse qu'il recevrait.
— Madame, demanda-t-il à la comtesse, savez-vous nager?...
— Non, dit-elle.
Puis, en véritable Vénitienne, c'est-à-dire avec la grandeur d'âme d'une Romaine, elle ajouta d'une voix ferme:
— Mais c'est assez de sacrifices pour nous; Luidgi, qui ne sait pas nager non plus, mourra avec moi. Nous vous défendons de chercher inutilement à nous sauver.
— Le fleuve est trop large.
— Vous ne réussiriez qu'à mourir avec nous.
Jean eut un mouvement de fierté magnifique.
— Luidgi, ordonna-t-il, débarrassez-vous de vos vête-

— Luidgi, dit la comtesse, vous êtes un lâche si vous souffrez ce dévouement.
— Sois tranquille! dit le jeune homme.
Et d'un bond il sauta dans le fleuve.
Jean n'eut pas le temps de s'opposer à cet acte de courage.
— Mille tonnerres! gronda-t-il furieux. En voici un qui m'échappe. Mais vous, madame, je vous arracherai à la mort malgré vous.
Et le front plissé, la lèvre frémissante, foulant toute convenance aux pieds à cette heure suprême, ne songeant qu'au danger, point à la pudeur, il fit voler tous les voiles de laine, de soie et de lin qui enveloppaient la jeune femme; puis d'un bras la tenant pâle, atterrée, muette de tant d'audace, il se déshabilla de l'autre.
Il était temps.
La nacelle touchait la surface du fleuve.
Il se jeta dans les flots avec elle.
Malheureusement un autre danger les menaçait.
Il eût sauvé la jeune femme; il nageait trop bien pour ne pas gagner la rive; mais un poste autrichien, attiré par le bruit, ne comprenant rien à l'apparition du ballon, voyant des formes humaines se débattre dans les flots, dirigea une vive fusillade sur elles. L'ordre était de tirer sur tout ce qui voudrait traverser le fleuve; et les Croates tirèrent. Et la comtesse, soutenue par Jean, se sentit abandonnée; le jeune homme avait été blessé.

VII

A terre! — La Naïade. — Une réminiscence latine. — D'un élan de tendresse dans une position scabreuse. — Où le chacal de Jean se montre sous un jour nouveau; comment il épargna à la comtesse des regards indiscrets. — D'un abîme qui séparait Jean de la comtesse. — Dix hommes et un pendu.

A peine la comtesse avait-elle senti Jean l'abandonner, qu'elle fut ressaisie par lui; il continua à nager vigoureusement.
Quoiqu'une balle lui eût traversé les chairs du bras gauche, Jean n'avait rien perdu de sa force et de son énergie.
On aborda. En touchant la rive, la comtesse murmura avec désespoir le nom de son frère.
Jean cacha la jeune femme derrière un arbre pour la dérober aux yeux des Croates qui tiraillaient toujours; pourtant leurs chefs firent cesser le feu, quand ils reconnurent que les fugitifs avaient gagné la terre. La guerre, quoiqu'imminente, n'étant pas déclarée, les Autrichiens ne pouvaient pas envoyer des balles sur le territoire italien.
Jean allait se rejeter dans le fleuve pour y chercher Luidgi mort ou vivant; mais il entendit le rauque aboiement d'appel de son chacal le long du bord.
Il courut de ce côté.
Luidgi, évanoui, était étendu sur la grève.
Le chacal, qui suivait les balles à la nage, entendant un

placé par celui d'intelligence, quand il s'agissait de certains animaux qui se rapprochent de nous.

Mais vous lui avez rendu sa place ; le voilà tout heureux de la reprendre.

— Pourquoi avez-vous préféré ce chacal à un chien ? demanda la comtesse.

— Parce que Jacques est plus fin, plus fidèle, plus dévoué que le meilleur caniche.

— Je croyais ces animaux très-féroces.

— C'est une erreur qui court le monde, comme tant d'autres, accréditée par des naturalistes comme M. de Buffon et consorts qui n'ont jamais étudié les mœurs des animaux ; il y a toute une révolution à faire dans cette partie de la science. Toussenel l'a déjà commencée.

Mais le grand obstacle à toute rénovation, c'est que la science officielle se roidit contre tout progrès.

Nos académiciens, par exemple, au lieu de chercher avec les hardis pionniers de l'avenir le problème de la navigation aérienne, rient de leurs efforts.

Ils ne feraient pas ce que vous avez fait ; ils ne monteraient pas en ballon.

— Je n'ai pas de mérite, fit la comtesse ; j'ai plié devant la force.

— Un reproche ! dit Jean.

— Oh non ! dit-elle. Je suis tout heureuse à cette heure de partager avec les oiseaux ce privilége de sillonner ainsi l'espace.

Je vous dois cette reconnaissance de m'avoir fait éprouver des sensations inconnues pleines d'une poésie inexprimable.

Et la jeune femme embrassait avec ivresse d'un seul regard l'immense panorama qui s'étendait sous ses pieds, des Alpes Noriques aux Apennins. La nuit était si belle, si étoilée, si limpide, que les cités se détachaient en relief, et l'œil voyait, surgissant du sol, ces ruches humaines, bordant les grands cours d'eau de la vallée du Pô.

Au milieu du silence profond de la nature, villes et villages dormaient ; et cependant un demi-million de soldats, échelonnés le long du fleuve, allaient bientôt se heurter et rougir ces bords tant de fois arrosés de sang !

Jean, lui, ne pensait ni à la guerre prochaine, ni à la magnificence du spectacle qui s'étalait au-dessous de lui : il regardait la comtesse et ne songeait qu'à elle. Non que la beauté de la jeune femme fît quelque impression sur lui, Jean avait tant vu de jolies filles, blondes ou brunes, au teint cuivré ou à la peau blanche !

Dans sa vie errante, il avait eu des bonnes fortunes à rendre jaloux don Juan !

Ce qui l'attirait dans la jolie Vénitienne, c'était la douceur inexprimable de ses traits, c'était le charme infini de ses formes, souples, ondulées, harmonieuses.

Le sein surtout, accusé sous le châle, était admirablement modelé ; il avait ces contours suaves et chastes qui, chez certaines madones, sans aiguiser la volupté charnelle, éveillent les tendresses profondes, les amours voilés, les ivresses sans fin du désir idéal.

Jean, sans y songer, se laissait tomber peu à peu dans une contemplation extatique.

La comtesse leva les yeux...

Leurs regards se rencontrèrent...

Il fut surpris...

Sans doute il éprouva un choc, une commotion de l'âme, car il rougit et détourna la tête.

Elle sourit avec indulgence.

Quelle est la femme qui s'arme de rigueur pour celui qu'elle surprend dans une admiration respectueuse, comme était celle de Jean ?

Mais, sans savoir pourquoi, celui-ci se sentait embarrassé : il cherchait des mots qu'il ne trouvait pas ; elle lui vint en aide :

— Vous étiez tout songeur ! dit-elle.

— Oui, dit-il avec un soupir.

Je réfléchissais que, sans amis, sans parents, je vais seul par le monde. Mais il est étrange que cette idée me vienne cette nuit, pour la première fois, depuis bientôt quinze ans que je suis orphelin.

— Il faut vous créer une famille.

— Comment ?

La question était naïve, mais le conseil que la jeune femme allait donner à Jean était à mille lieues de la pensée de celui-ci.

— Comment ? avait-il demandé.

— En vous mariant, dit la jeune femme.

— Moi ! fit Jean brusquement, jamais !

Ce mot, le ton dont il fut dit, le geste dont le jeune homme l'accompagna, l'espèce d'énergie farouche de cette dénégation, frappèrent la comtesse.

— Pourquoi ? demanda-t-elle. On ne devrait dire, ni jamais, ni toujours ; c'est un proverbe français.

— Parce que c'est impossible, dit Jean. Vous expliquer les motifs confus qui me font repousser cette idée, serait chose difficile ; mais j'ai là un vague instinct qui me crie que je ne me marierai pas.

Puis il reprit :

— C'est singulier. Il y a huit jours, j'aurais ri au nez de l'ami qui m'eût parlé d'épouser la plus jolie fille du monde ; aujourd'hui, je me sens triste à cette pensée que d'autres ont mis leur main dans la main d'une femme et qu'ils vont ensemble, s'étreignant ainsi tendrement dans le chemin de la vie ; ce qui ne m'arrivera pas.

— Pourquoi vous refuser à l'espérance que ce bonheur est fait pour vous ?

— Parce que...

Jean s'arrêta.

Puis soudain il reprit :

— Non ! J'ai un pressentiment inexplicable ou plutôt une indéfinissable répulsion pour le mariage ; mon esprit regimbe quand, faisant défiler devant moi toutes les images féminines que je connais, je me demande : Epouserais-tu celle-là ?

— Quoi ! toutes ? fit la comtesse.

— Oui ! dit Jean.

Mais comme la jeune femme le regardait étrangement, il tressaillit, ouvrit les lèvres pour en laisser échapper une phrase ; mais il lui fut impossible de la finir.

— C'est-à-dire, avait-il commencé, que...

Mais il ne parvint jamais à formuler le reste de sa pensée ; il paraît que c'était chose scabreuse, délicate et difficile ; car il resta court, honteux et confus.

Heureusement Luidgi, qui écoutait distraitement, tout

corps tomber à l'eau et ayant reconnu un ami au flair, avait saisi le jeune homme par ses vêtements et l'avait traîné vers le bord.

Ce chacal était digne de faire un Terre-Neuve.

Jean prit Luidgi dans ses bras, courut vers la comtesse et déposa son frère devant elle.

— Vivant, dit-il avec le laconisme des hommes d'action dans le péril.

Elle poussa un soupir étouffé; la joie brisait son cœur dans sa poitrine.

Jean vit son sein palpiter avec violence, de grosses larmes couler sur ses joues; puis soudain, dans un élan irrésistible de reconnaissance, elle se jeta au cou de son sauveur et l'étreignit dans ses bras.

Jean faillit perdre la tête.

Mais ce mouvement d'expansion dura ce que dure un éclair.

La comtesse revint à elle; dans le premier moment d'effusion délirante, elle avait tout oublié; mais les âpres baisers de la brise sur ses épaules nues, lui rappelèrent la situation où elle se trouvait; en un instant, elle retrouva les pudiques alarmes, les chastes hontes, les réserves féminines.

Elle courut se réfugier dans les arbres de la rive.

Toute cette scène était étrange, et Jean put se croire en dehors de la vie réelle, en pleine mythologie; il put supposer qu'il venait de serrer dans ses bras une naïade frémissante, subitement affolée et fugitive.

Fugit ad salices, — elle fuit vers les saules, — eût dit un Latin.

Jean se trouvait fort sot.

Que faire?

Il n'osait se rapprocher des arbres, il y entendait les sanglots convulsifs de la jeune femme qui pleurait; toute émotion violente se traduit par les larmes chez les natures féminines.

Heureusement, le regard de Jean s'arrêta sur Jacques qui, assis sur son derrière, regardait son maître, étonné sans doute de sa contenance.

Ce fut un trait de lumière.

Le jeune homme montra au chacal les vêtements de Luidgi, toujours évanoui, et il indiqua ensuite la femme à son intelligent compagnon. Jacques comprit et s'élança à l'eau, suivant le courant.

Il allait à la recherche des effets dont son maître s'était débarrassé.

Pendant ce temps, Jean prodiguait des soins à Luidgi, qui reprenait ses sens.

— Ma sœur!

Tel fut le premier mot du jeune homme.

— Sauvée! dit Jean.

— Où est-elle?

— Là! dans les saules! elle attend un châle ou une robe que mon chacal va rapporter.

Luidgi rassuré sur la comtesse, songea à la mort à laquelle il échappait.

— Je vous dois mon salut et la vie, s'écria-t-il avec attendrissement.

A partir d'aujourd'hui, reprit-il, je suis pour vous un frère, prêt à tout sacrifier pour vous prouver ma reconnaissance.

Et simplement, noblement, il tendit sa main à l'aventurier français, pour sceller ce pacte d'amitié et de reconnaissance.

Quelques instants après, Jacques revenait.

Il tenait dans sa gueule le châle dont son maître avait enveloppé la comtesse.

Jean le tordit et en exprima toute l'eau; puis il montra les saules à son chacal et lui dit à haute voix :

— Va porter cela là-bas!

Sans doute la comtesse avait suivi toutes ces péripéties d'une oreille attentive, car elle aida aux recherches du chacal.

— Jacques! appela-t-elle d'une petite voix tremblante, Jacques! par ici!

D'un bond le chacal fut près du bouquet d'arbres d'où l'appel était parti, mais il en ressortit bientôt et vint à son maître qu'il regarda d'une certaine façon, en aboyant d'une certaine manière.

— Il paraît que tu as besoin de moi! dit Jean qui connaissait les façons de son compagnon.

Et il le suivit.

Le chacal mena son maître le long du fleuve, vers un point situé en face d'un îlot qu'avait formé un amoncellement de joncs, à quelque distance du bord.

Jean vit tous les vêtements réunis en paquet en tête de cet îlot.

Près de là, aussi, surnageait à demi le ballon effondré.

— Va chercher! dit-il.

Mais Jacques ne bougea pas.

— Qu'est-ce que cela veut dire? pensa Jean.

Et il se jeta à l'eau.

Les Autrichiens, qui avaient cessé de tirer tant que les fugitifs étaient restés sur la rive, firent feu quand ils s'aperçurent que l'un d'eux redescendait dans le fleuve; mais celui-ci plongea aussitôt.

Quand il ressortit, sa tête seule dépassait les flots; les Croates le perdirent de vue.

Il atteignit le paquet de hardes, et reconnut qu'il était tellement enchevêtré dans les branches d'un arbre mort, arrêté aussi par les joncs, que le chacal n'avait pu dégager que le châle.

Jean parvint, non sans peine, à dénouer les nœuds qu'avait faits le courant, et il revint à bord avec son fardeau, bien précieux pour lui en un pareil moment.

Il retourna vers Luidgi après avoir endossé son pantalon et son paletot.

La comtesse, drapée dans le cachemire, avait quitté sa retraite.

Elle rougit à l'aspect du jeune homme; mais la lune n'était pas si brillante qu'elle pût mettre en lumière les joues empourprées de la jeune femme; pourtant Jean évita de la regarder en face, devinant sa confusion.

Il tordit en silence les robes et les jupons, les porta dans un bosquet de peupliers et se retira.

La comtesse, sans mot dire non plus, gagna le boudoir champêtre que la nature lui offrait, et fit de son mieux une toilette de naufragée.

Pendant qu'elle s'habillait, Luidgi dit à Jean :

— Il faut nous mettre en quête d'une maison; nous ne pouvons passer la nuit ici.

— C'est fait; répondit Jean.

— Comment cela?

— Mon chacal est parti à la recherche d'une habitation quelconque. Je lui ai dit tout à l'heure : « Allons, Jacques, trouve-nous une case. » Et il s'est mis en course le nez au vent.

— Mais c'est merveilleux.

— Du tout. Le chacal est aussi intelligent que le chien, plus même. Que ne fait-on pas faire à un caniche avec de la patience et du temps! Jacques, dans nos voyages, me découvre tout ce dont j'ai besoin : de l'eau, du gibier, des silos, des cachettes, des pistes de régiment, des habitations. Quand il en aura éventé une, vous l'entendrez m'appeler.

Un aboiement, en effet, se fit entendre.

— Voilà, fit Jean; que vous disais-je?

Et il répondit en imitant le cri du chacal.

— C'est admirable, fit Luidgi.

La comtesse revint en cet instant.

Elle était toute pâle de froid.

— Anita, dit Luidgi joyeusement, nous allons gagner une maison et tu te réchaufferas; prends le bras de M. Jean, et marchons un peu vite.

La jeune femme passa sa main sous le bras de son sauveur, et ils se dirigèrent vers le point d'où le cri de Jacques était venu.

Luidgi impatient avait pris les devants.

Jean aurait bien voulu parler; il sentait que son silence pesait à la comtesse. Mais il ne savait comment aborder le chapitre des excuses; car il se faisait un crime, à cette heure, de la façon brusque dont il avait joué son rôle de femme de chambre dans la nacelle.

Enfin il se décida.

— Madame, dit-il, vous voyez un homme au désespoir; je vous ai encore froissée. Deux fois, une nuit, j'ai agi de violence envers vous, avec d'excellentes intentions, il est vrai; mais, sans les emportements de mon maudit caractère, j'aurais pu me conduire avec plus d'égards et obtenir les mêmes résultats.

— Tenez, dit la comtesse en lui tendant son front, voici ma réponse!

Jean posa ses lèvres sur ce front pur, qu'inondaient à profusion les plus beaux cheveux du monde.

— Vous êtes un noble cœur, reprit la comtesse, vous avez une âme chevaleresque. Vous vous plaigniez ce soir d'être seul au monde; moi et Luidgi ferons cesser cet isolement. Voulez-vous que je sois votre sœur?

— Vous ne songez pas que vous êtes une patricienne, et que je suis une sorte de bohème, répondit Jean avec une certaine amertume.

— Un *bohème* à la façon des chevaliers d'autrefois, s'écria la comtesse.

Puis tout à coup elle s'arrêta.

Elle avait vu la manche du paletot de Jean fendue jusqu'au coude; dans un mouvement, la fente s'était entr'ouverte; le mouchoir dont le jeune homme avait enveloppé son bras était ensanglanté.

— Vous êtes blessé! s'écria la comtesse qui ne s'en était pas encore aperçue.

— A peine! dit Jean.

— Votre sang coule!

— Si peu! fit-il. Et pour vous, j'en donnerais jusqu'à la dernière goutte.

— Que faire! mon Dieu, pour vous prouver ma gratitude, murmura la jeune femme.

— Rien, dit Jean. Quand je vais vous quitter tout à l'heure, vous me donnerez un objet venant de vous; je le conserverai précieusement, et, dans mes voyages, le soir, au feu des bivacs, pendant les longues rêveries qui précèdent le sommeil, je songerai à vous. Et ce sera pour moi une douce joie de penser qu'en Europe, une femme qui voulait m'appeler son frère, ne m'a pas tout à fait oublié; que, dans votre cœur, il y aura une petite place où mon souvenir subsistera. Puis, vous me permettrez, n'est-ce pas, de vous envoyer quelques présents de loin en loin? Je vous rappellerai un homme qui vous doit un bonheur inespéré.

— Lequel?

— Celui d'être rattaché à la terre par une affection sérieuse et profonde. Avant vous, voyageur toujours pressé, sans cesse inquiet du nouveau, amoureux seulement de l'inconnu, je n'avais au cœur que la soif du plaisir et j'ignorais ce que c'était que la tendresse.

Il me semble maintenant que mon âme s'est ouverte à des sentiments nouveaux; on dirait que cette mystérieuse sympathie qui s'appelle la voix du sang me pousse vers vous. Et puisque vous avez été généreuse au point de parler à un aventurier d'amitié fraternelle, je vous l'avouerai, j'éprouve un trouble inexplicable à cette enivrante pensée que vous m'écrirez quelquefois, et que vos lettres seront signées : Anita, votre sœur. Je me ferai des illusions.

— Non, dit la comtesse. Vous aurez mieux que cela.

— Et quoi!

— La réalité.

Vous demeurerez près de nous. Pourquoi nous quitter? Qui vous appelle au loin? Rien.

— Demeurer, fit Jean.

Vous n'y réfléchissez pas!

— Tout au contraire.

— Madame, dit Jean avec une gravité presque solennelle, il y a entre moi et vous un abîme. Ce qui est possible à distance ne le serait pas de près.

— Que voulez-vous dire?

— Je ne puis vous expliquer cela aujourd'hui; mais je vous révélerai un jour mon secret... quand je serai parti.

— Et cet abîme est si grand que rien ne saurait le combler?

— Hélas! oui, fit Jean.

— N'y a-t-il pas un proverbe français qui dit : Ce que femme veut, Dieu le veut.

— C'est vrai.

— Eh bien! rien n'est impossible à Dieu; je suis femme et je voudrai...

Jean sourit d'un air incrédule.

— Vous doutez, fit la comtesse d'un air mutin qui lui seyait à ravir.

Vous verrez, moi aussi je suis tyrannique... comme vous... quand il s'agit du bonheur de ceux que j'aime.

Pourquoi diable! alors celui-ci nous empêche-t-il d'exécuter un espion et un traître. (Page 18.)

Jean la regarda un instant à la dérobée, il eut comme un rayon d'espoir.

Puis, redevenu sombre, il reprit :

— Non, c'est impossible.

La comtesse avait saisi ce regard; peut-être avait-elle lu dans l'âme du jeune homme.

Toujours est-il qu'elle ne parut point renoncer à son projet.

Luidgi, qui marchait en avant, s'était arrêté tout à coup auprès du chacal qu'il avait rejoint; il aurait voulu passer outre que c'eût été difficile. Jacques, les yeux flamboyants, lui barrait le passage en grondant sourdement.

— Eh! fit Jean, voici encore du nouveau.

Puis, se tournant vers la comtesse, il la pria à voix basse de se cacher derrière une haie avec Luidgi.

Le jeune homme prévoyant un danger, voulait refuser; il tenait à prendre sa part du péril; mais Jean ordonna, et Luidgi s'était aperçu que l'ex-zouave avait une volonté de fer. Il obéit.

La comtesse prit Jean à l'écart avant de se placer à l'abri derrière la haie :

— Jurez-moi, lui dit-elle, de ne pas vous exposer, et je vous laisse aller. Sinon...

— Sinon... fit Jean.

— Je vous suis.

Elle semblait bien déterminée à le faire.

— Ecoutez, dit Jean, inutile de me demander aucun serment. Je veille à votre sûreté; donc je serai très-prudent; vous me croyez, n'est-ce pas?

— Oui, dit-elle.

Mais que peut-il donc se passer près d'ici, sur une terre italienne, qui menace des Italiens?

— Je ne sais, fit Jean.

A coup sûr, pourtant, il y a quelque chose d'assez grave.

Jamais Jacques ne m'a donné en vain une alarme ou un conseil. Mais attendez-moi.

— Vous revenez vite au moins?

— Je le promets.

Et Jean, se glissant dans l'ombre, suivit son chacal qui rampait devant lui; la comtesse les regardait s'éloigner avec une vive inquiétude.

Ils atteignirent ainsi un bouquet d'arbres.

Là, Jean fut frappé de stupeur.

Au milieu d'un enclos planté de mûriers, se trouvaient une dizaine de soldats italiens. Parmi eux pas d'officier.

Sceaux. — Typ. et stér. M. et P.-E. Charaire.

JEAN CHACAL
Par Louis NOIR

Le brave animal aurait étranglé l'officier. (Page 23.)

A un mûrier un homme était accroché par une corde ; il se débattait dans les convulsions de l'agonie.

Cet homme était un prêtre !... Il portait soutane.

VIII

Le principe de la neutralité ; du danger de ne pas l'appliquer. — Femme et soldats. — D'un officier qui paraît à propos. — Jean fronce les sourcils ; mauvaise humeur évidente. — Politique féminine. — Entre deux hommes. — La cassine.

Jean avait pour principe absolu de ne jamais se mêler de ce qui ne le regardait pas.

Pour qu'il intervînt, il fallait que son cœur fût pris par quelque côté.

Dans ses longues campagnes, il avait dû adopter ce système de neutralité absolue ; quand il portait secours à quelqu'un, c'est que ce quelqu'un était un enfant ou une femme, ou un ami, ou un Français.

Cette fois, ce qui se passait ne touchait Jean en aucune façon.

JEAN CHACAL 3.

— Pour que des soldats pendent ce prêtre, il faut qu'il ait commis quelque crime, pensa le jeune homme. Laissons faire.

Et il attendit fort tranquillement.

Bien souvent il avait assisté à de plus terribles scènes sans être ému.

Que de fois, au Mexique, il avait vu des Apaches torturer des Sonoriens, et des Sonoriens torturer des Apaches, sans porter secours ni aux uns ni aux autres ; pourtant il avait ramené à sa mère une enfant de quatorze ans, capturée par une tribu.

Pour Jean, les *Peaux-Rouges* avaient bien des torts envers les *Blancs* ; mais aussi les *Blancs* avaient plus d'une peccadille à se reprocher envers les *Peaux-Rouges*.

Il les laissait vider leurs différends et se scalper mutuellement.

Mais une enfant !

Quel mal cela peut-il avoir fait ?

Aussi Jean avait-il sauvé cette petite au péril de ses jours.

Tel était son caractère.

Donc, notre aventurier, attendant le dénouement de cette

scène, regardait indifféremment les grimaces du pendu, quand il entendit un bruit de pas près de lui.

C'était la comtesse et Luidgi.

Ils n'avaient pu se résigner à rester inactifs plus longtemps.

Quand il les reconnut, il se glissa vers eux et les arrêta à temps pour qu'ils ne fussent point vus des soldats; la jeune femme et son frère avaient marché à l'aventure sur les traces de leur compagnon ; ils auraient passé près de lui sans le voir.

— Pas un pas de plus ! fit Jean.

— Qu'y a-t-il ? demanda Luidgi à mi-voix.

— Peu de chose, répondit Jean. Des soldats pendent un prêtre ; mais je suis intrigué, parce que je ne sais pas pourquoi.

— Un prêtre ! murmura la comtesse.

— Oui, là ; dit Jean.

Et il indiqua les mûriers.

Le malheureux abbé s'agitait encore.

— Et vous restez là, tous deux ! demanda la jeune femme avec indignation.

— Dam ! fit Jean, ça ne nous intéresse guère.

— Mais cet homme se meurt.

— Il en meurt tant ! Si on s'occupait de ces choses-là en guerre, on n'en finirait pas.

— Est-ce vous, si bon, si généreux, qui pouvez parler ainsi ?

— Mon Dieu, oui ; dit Jean.

La comtesse était comme anéantie en voyant, sous cette nouvelle face, le caractère de son sauveur ; elle semblait atterrée.

Mais Jean ajouta :

— Après tout, pour peu que cela vous fasse plaisir, j'interviendrai.

— Courez alors.

Jean n'en écouta pas plus long.

Il chercha et retrouva dans la poche de son pantalon mouillé un couteau-poignard qui y était resté ; il l'ouvrit, et courut aux mûriers au milieu des soldats ébahis, grimpa le long de l'arbre avec l'adresse d'un chat, et coupa la corde d'un coup de revers.

Le pendu tomba.

Jean redescendit.

Mais les soldats, remis de leur frayeur, voulurent se jeter sur lui.

La comtesse se reprocha alors son mouvement de pitié ; déjà Jean, entouré, s'était mis en défense ; déjà Luidgi se précipitait à son secours.

Alors elle s'élança vers les soldats en leur criant :

— Arrêtez !

A la voix de cette femme qui surgissait tout à coup dans l'ombre, d'une façon si inattendue, les fantassins italiens reculèrent.

Puis un sergent s'avança.

— Qui êtes-vous, vous autres ? demanda-t-il.

— Des fugitifs vénitiens, répondit la comtesse.

— Pourquoi diable alors celui-ci (et le sergent désignait Jean) nous empêche-t-il d'exécuter un espion et un traître ?

— C'est moi qui l'en avais prié ! murmura la comtesse.

— Eh bien ! signora, vous avez eu tort, dit le sergent un peu radouci.

En ce moment une voix sonore retentit, poussant un juron formidable.

Les soldats s'enfuirent tous, y compris le sergent.

Un officier parut.

— Albert ! s'écria la comtesse à sa vue.

— Albert ! répéta Luidgi.

Et ils coururent vers le capitaine.

— Quoi ! vous ! lui ! s'écria-t-il.

Et il embrassait Luidgi.

Et il embrassait aussi la comtesse.

Jean fronça les sourcils.

— Ah ! cousin, dit Luidgi, tu arrives bien à propos pour nous expliquer tout ce drame.

— Pas avant que je sache comment il se fait que je vous retrouve, dit le capitaine.

« Mais, venez, je suis cantonné ici près. »

En même temps, il donna un coup de sifflet et des soldats accoururent.

— Emportez cet homme, dit-il ; tâchez qu'il revienne à lui. Faites-le soigner.

Il désignait le pendu.

Les soldats obéirent.

La comtesse remarqua que Jean se tenait à l'écart ; elle courut à lui et l'amena près de son cousin :

— Albert ! lui dit-elle, je te présente notre sauveur ; un Français !

— Monsieur, dit l'officier en tendant la main à Jean, je vous sais un gré infini de m'avoir conservé une aussi jolie cousine.

Soit que le mot déplût au jeune homme, soit bizarrerie de caractère, il ne tendit pas sa main vers celle du capitaine.

Il y eut un instant de profond silence.

La comtesse, avec un tact parfait, détourna l'attention de ces deux hommes qui se mesuraient du regard ; elle voulut épargner à Jean l'explication de son refus singulier et même provoquant.

— Albert, dit-elle, nous mourons tous de faim, de soif, de fatigue et de froid.

« Conduisez-nous, je vous en prie, près d'un bon feu qui nous séchera. »

— Voici mon bras, chère cousine, dit le capitaine avec empressement. Je vais vous offrir l'hospitalité dans une ferme, à deux cents pas d'ici.

La comtesse n'accepta pas le bras de son cousin.

— Merci, Albert, dit-elle.

« J'ai une robe mouillée à porter ; c'est lourd et fatigant, je vous assure. »

Et ramassant ses jupes de ses deux mains, elle marcha seule.

Jean parut se rasséréner.

La jeune femme épiait avec une attention extrême toutes les impressions qui paraissaient sur le visage du jeune homme.

— Anita, demanda le capitaine, ne satisferez-vous pas ma curiosité ?

— Et vous la nôtre ? demanda la comtesse.

« Voyons, dites-nous quel est cet homme que nos fantassins voulaient pendre. »

— Oui, dit Luidgi, conte-nous cela, Albert.

« Tes soldats sont donc devenus des sacripants... des bandits !

« Qu'a fait ce prêtre ? »

— C'est un émissaire bourbonnien, répondit le capitaine. Nous avons beaucoup de Napolitains dans nos rangs, et les prêtres réactionnaires leur prêchent la désertion. En même temps, ils nous espionnent et livrent nos secrets à l'ennemi.

« Cet homme que vous avez vu là, s'est adressé aux Calabrais de ma compagnie.

« Il est mal tombé.

« Aujourd'hui, tous les Napolitains sont Italiens de cœur et d'âme ; à ce point, qu'ils entrent en fureur à l'idée qu'on puisse les croire capables de trahir la patrie commune.

« Il paraît qu'ils avaient été tant de fois sollicités par les émissaires bourbonniens, qu'ils avaient résolu de faire un exemple ; ils étaient décidés ce soir à pendre le premier qui se présenterait à eux.

« Ce fut celui-ci.

« Ils firent mine de le suivre ; il les guidait au fleuve, vers un point où des patrouilles autrichiennes tiennent des barques à la disposition des déserteurs ; mais au lieu d'aller jusqu'à la rive, ils s'arrêtèrent en route pour accrocher leur homme à un mûrier. Vous êtes arrivés à point pour sauver cet agent de la réaction.

« Quand je dis sauvé, entendons-nous.

« On le livrera à un tribunal qui le fera peut-être fusiller. »

— Tiens, fit Jean avec philosophie, j'avais donc raison tout à l'heure. On m'a poussé à intervenir ; j'ai coupé une corde, croyant faire une bonne action ; voilà que je n'ai réussi qu'à donner deux agonies à un homme.

« Celui-ci serait bien tranquille à cette heure, endormi pour l'éternité.

« On va le rappeler à la vie.

« Puis il éprouvera les angoisses de l'attente ; puis enfin il sera tué. »

— Albert ! demanda la comtesse, comment peut-on sauver ce malheureux ?

— En demandant sa grâce au roi, répondit le capitaine, et il ne vous la refusera pas.

— Je l'obtiendrai ! dit la comtesse.

Puis se tournant vers Jean :

— Vous voyez bien, lui dit-elle doucement, que vous n'aurez rien à vous reprocher.

Jean se mordait les lèvres.

Luidgi avait remarqué, comme la comtesse, tout ce qu'il y avait d'amertume dans la façon dont Jean avait dit :

« On m'a poussé. »

Le jeune Vénitien ne savait à quoi attribuer cette mauvaise humeur ; il en fut désolé.

La comtesse, elle, semblait profondément attristée aussi du reproche indirect de son compagnon ; l'officier, devinant quelque drame au fond de tout cela, ne voulut pas s'aventurer à quelque remarque imprudente ; il se tut.

On arriva sans mot dire à la ferme.

Une compagnie était campée sous les hangars de cette *cassine*.

IX

L'hospitalité. — D'une collation improvisée. — Jean change encore de figure. — Le premier amoureux de la comtesse. — Indiscrétion de jeune homme. — Dénouement.

On entra dans la cuisine de ce vaste bâtiment, un grand feu flambait dans la cheminée.

Deux factionnaires qu'on venait de relever y réchauffaient leurs membres engourdis.

— Eh ! vous autres, dit le capitaine, qu'on aille chercher du vin, du pain, et ce que l'on pourra trouver de mieux pour un dîner.

« Qu'on éveille aussi notre hôtesse. »

Le capitaine semblait très-aimé de sa troupe, Jean le remarqua ; c'était un magnifique officier, franc, loyal, gai et brave. Un Romagnol enfin.

C'est tout dire.

Jean lui rendit, en lui-même, toute justice ; un instant son sourcil resta froncé ; puis sa physionomie s'éclaircit soudain, il avait pris sans doute un parti.

La fermière s'était levée.

— Ma brave femme, dit le capitaine, voici une émigrée vénitienne qui attend de vous un bon lit.

— Bien, dit la paysanne. La maison est à vous et à elle. Je vais vous faire servir tout ce dont vous pouvez avoir besoin. Si la signora veut me suivre, je vais lui prêter des vêtements secs.

— Envoyez-en aussi pour ces messieurs, dit l'officier.

— On y court.

Et, en effet, un *ragazzo* (gamin) apporta bientôt des vestes de rechange.

La comtesse redescendit aussi quelques instants après en jupes de paysanne romagnole.

Elle était plus belle ainsi que dans sa toilette de grande dame. Jean fut comme ébloui.

Il évita de la regarder.

Elle s'en aperçut bien.

La fermière avait servi une collation à laquelle on fit honneur ; à la fin de ce repas, la comtesse se leva pour se retirer.

Elle parut inquiète des dispositions de Jean ; mais lui la regardait d'un œil ami ; elle se rassura pleinement.

— Je vous donne la bonne nuit à tous ! dit-elle en se retirant, les confondant tous trois dans ce même souhait ; mais elle eut un sourire particulier à l'adresse de son sauveur ; ce qui parut le charmer.

Il suivit la jeune femme du regard jusqu'à ce qu'elle eut disparu au sommet d'un escalier.

— Et vous ? dit l'officier, quand sa cousine se fut retirée ; il faut vous trouver un gîte.

— Une botte de paille suffira pour moi, dit Jean en riant. Un vieux soldat n'a pas les côtes tendres... un zouave surtout.

— Vous avez été zouave ? demanda l'officier.

— Oui ! dit Jean.

— Eh bien ! sacrebleu ! touchez donc là, s'écria le Vénitien, tendant encore sa main au Français.

Cette fois elle fut cordialement serrée.

— Tiens ! pensa Luidgi, il a changé de figure et d'avis ; aux lumières, les traits de mon cousin lui ont plu.

Le lit des deux jeunes gens fut bientôt terminé ; deux bottes de paille, étendues dans la chambre, non loin du feu.

Le capitaine prit congé de ses hôtes.

— Boña notte, dit-il.

« Moi, je vais veiller à mes patrouilles, pendant que vous ronflerez. »

A peine s'était-il éloigné, que Jean, seul avec Luidgi, questionnait ce dernier.

— Quel est donc ce capitaine ? demanda-t-il.

— Un de nos cousins, répondit le jeune Vénitien.

— Il paraît avoir une affection bien tendre pour vous, reprit Jean insidieusement.

— Oh ! fit Luidgi, ce n'est pas surprenant.

« Il devait épouser Anita ; du moins il l'aimait passionnément. Notre mère était veuve, noble, mais pauvre comme on ne saurait se l'imaginer.

« Peut-être Anita aurait-elle accepté la main d'Albert ; mais elle fut demandée en mariage par un riche seigneur vénitien ; elle vit dans cette union un moyen de donner l'aisance à notre mère ; elle se maria là où était la fortune, là où n'était pas son cœur.

— Et lui ?

— Albert ?

« Il s'engagea de désespoir. Mais au lieu de se faire tuer, il est devenu capitaine. »

— Depuis combien de temps votre sœur est-elle veuve ? demanda Jean.

— Une année à peine.

— Ah !...

Luidgi à ce mot regarda son interlocuteur ; mais Jean lui avait tourné le dos.

— Bonsoir, dit-il au jeune Vénitien. Je tombe de sommeil.

— Moi aussi, dit Luidgi.

Cinq minutes après il ronflait.

Dix minutes plus tard, Jean se levait, tirait quelques pièces d'or de ses poches et les déposait sur la cheminée en écrivant au charbon sur le mur :

« C'est pour payer les vêtements que j'emporte. »

Puis il quitta la ferme sur la pointe du pied suivi de son chacal.

Prêt à refermer la porte, il se retourna, hésita, puis se décida tout à fait.

Il s'enfonça dans la campagne.

X

D'une ombre qui épiait Jean. — Comment on ramène l'enfant boudeur à la maison. — Proposition tentante. — Le mari jaloux. — Devant la madone. Un vœu solennel. — Délicatesse française. — Une fortune à refaire, un million à gagner. — L'escarmouche. — On va en découdre.

Jean n'avait pas remarqué qu'une ombre, penchée sur le palier d'un escalier donnant sur la cuisine, avait épié tous ses gestes.

Il avait à peine fait cent pas hors de la ferme qu'il entendit marcher derrière lui ; il se retourna brusquement et aperçut une paysanne qui venait droit à lui.

C'était la comtesse.

Jean se sentit aussi mal à l'aise qu'un écolier pris en faute.

— Où donc allez-vous ainsi ? demanda la jeune femme d'un ton de reproche.

Il ne répondit point.

— Vous vouliez nous quitter, n'est-ce pas ? reprit-elle de sa voix douce qui avait le don de remuer profondément le cœur du jeune homme.

— Oui ! fit-il avec effort.

— C'est mal d'en agir ainsi avec ceux qui vous aiment. Venez. Je veux avoir avec vous une explication.

Et elle le conduisit vers une de ces petites chapelles qui bordent en si grand nombre les chemins de l'Italie.

Devant cette chapelle, sous une statue de la Madone, un banc de bois était posé sur deux pierres

— Asseyons-nous, dit-elle.

Et il obéit.

Elle se plaça à ses côtés ; elle prit ses deux mains dans les siennes, — ce qui le fit légèrement frissonner, — et lui dit, en le caressant du regard :

— Croyez-vous qu'il est possible, après ce qui s'est passé entre nous, que je n'éprouve pas pour l'homme brave, dévoué, héroïque qui m'a sauvée, une admiration et une estime profondes ?

Il voulut parler.

— Laissez-moi achever, interrompit-elle. Je ne veux pas vous imposer ma volonté ; je sais que vous avez des goûts aventureux ; la tranquillité vous pèserait. Que vous me quittiez pour courir le monde, je le comprends. Mais partir sans me dire adieu, voilà ce que je ne comprends plus.

Jean voulut encore prendre la parole ; mais elle ne le lui permit pas.

— J'avais rêvé, dit-elle, — un beau rêve pour moi, — que, fatigué de vos courses si longues à travers tant d'obstacles et de dangers, vous éprouveriez un certain charme à vous reposer près de nous. Je pensais enfin que vous aviez pris votre rôle de frère au sérieux ; et j'aurais été une si bonne petite sœur pour vous ! Mais je m'étais trompée.

— Non, s'écria Jean. Luidgi, que les liens du sang unissent à vous, ne vous aime pas plus que moi, mais cette existence heureuse que vous prétendez me donner est tout à fait irréalisable.

— Mais en quoi donc ? dit la comtesse. En Italie, on ne se choque pas, comme en France, de l'amitié qu'une femme accorde à un homme. On n'incriminera pas à première vue une jeune veuve, parce qu'elle offre à un ami l'hospitalité sous son toit ; nos mœurs autorisent ce qui serait blâmé dans votre patrie. Quand on saura que la comtesse X... a adopté pour frère l'homme auquel elle doit la vie, on trouvera cela tout naturel... Qu'avez-vous encore ?... Ne me croyez-vous pas ? Du reste, nous irons à Naples, nous irons à Palerme, à Alger, à Paris, si vous le voulez ; là où nous serons inconnus ; nous voyagerons si vous le désirez ; j'adore, moi aussi, le mouvement et les pérégrinations lointaines.

Jean secoua la tête.

— Alors, s'écria la comtesse, il y a donc bien réellement un abîme entre vous et moi !

Et elle se leva désolée; puis elle s'assit vivement, reprit les deux mains du jeune homme et lui dit encore :

— Avouez qu'il est navrant pour moi de sentir que vous avez un secret, d'espérer que l'obstacle qui nous sépare n'est pas infranchissable et de vous voir garder un mutisme obstiné.

Jean n'y tint plus.

— Tenez ! fit-il brusquement, on a raison de prétendre que les femmes sont admirables par le cœur, mais qu'elles ont l'esprit léger.

Et debout à son tour, les bras croisés, la lèvre rageusement plissée, il continua :

— Ainsi, vous voilà, jeune, belle, veuve depuis un an, ne pouvant manquer d'être recherchée en mariage par les hommes les plus distingués. D'autre part, vous rencontrez sur votre chemin un aventurier qui se conduit assez bien envers vous pour mériter votre estime et une fraternelle affection. Vous vous dites que cet homme serait au comble de la joie de passer le reste de ses jours choyé et fêté par une famille, lui qui n'a ni parents, ni amis, ni quoi que ce soit à aimer. Certes, vous ne vous trompez pas en pensant que vous faites miroiter aux yeux de cet homme la plus grande félicité qu'il ait rêvée. Mais vous oubliez qu'un jour tout cela sera brisé, quand ce pauvre diable aura pris l'habitude du bonheur.

— Pourquoi ?

— Parce que vous avez vingt-deux ans; parce que vous êtes femme, parce que vous aimerez, vous aimez même, un homme qui vous épousera... Et dites-moi, madame, de quel œil votre mari verrait ce frère adoptif, cet aventurier que vous voulez lier à votre destinée? En vérité, c'est folie que de céder ainsi au premier mouvement de reconnaissance, que de préparer, aux autres et à soi, mille embarras pour l'avenir. Que l'Italie n'ait pas les préjugés de la France, je le sais; qu'elle admette, comme possible, l'amitié pure entre un homme de cœur et une honnête femme, je le sais encore... Mais un mari ? Jamais.

Puis, avec un dépit plein de bonhomie, Jean ajouta comme se parlant à lui-même :

— C'est si jaloux, un mari !

La comtesse en sourit.

— Voilà donc ce grand mystère, dit-elle.

— Oui ! fit Jean.

— Eh bien ! rassurez-vous. Jamais personne n'aura le droit de prendre ombrage de cette présence.

— Vous vous sacrifiez.

— Pas du tout.

— Vous l'avez déjà fait. Vous êtes si généreuse que vous exagérez vos devoirs.

— Qui vous l'a dit ?

— Luidgi ne m'a-t-il pas raconté votre mariage et votre dévouement.

— Ah ! fit la comtesse en riant; je comprends tout. Vous vous êtes imaginé que j'aimais Albert; que, veuve à cette heure, je donnerais ma main à mon cousin pour le récompenser de son amour?

— C'est assez naturel !

— Heureusement, c'est impossible.

— Je ne vois pas cela.

— Luidgi a oublié de vous dire qu'Albert est marié depuis six mois.

Jean chancela et se retint au mur de la chapelle.

— Bien vrai ? fit-il.

— Puisque je vous l'affirme.

— Vous l'avez aimé pourtant !

— Jamais. Albert est venu me rendre visite un mois après la mort de mon mari. Il me demanda de me fiancer à lui pour l'épouser quand le temps légal de mon veuvage serait écoulé. J'ai refusé.

— Cependant... autrefois...

— Autrefois il avait pris pour de l'amour ce qui n'était qu'amitié. Voilà mon prétendu beau dévouement réduit à des proportions bien modestes. Qu'en pensez-vous?

— Que, pour le passé, tout s'explique; mais l'avenir n'est pas à vous.

La comtesse regarda Jean bien en face.

— Si pourtant je puis affirmer que jamais ce que vous doutez n'arrivera ! dit-elle.

Jean sembla douter.

— Me croyez-vous bonne catholique ? demanda la comtesse avec autorité.

— Oui, dit-il.

— Pensez-vous que je puisse mentir ?

— Non.

— Eh bien ! devant la Madone, je jure que, pour des motifs secrets, ce que vous craignez tant, ne saurait arriver un jour. Etes-vous satisfait ?

— A une condition. C'est que, par la Madone aussi, vous allez faire encore ce serment que vous ne prenez pas cette résolution poussée par la reconnaissance.

— Je le jure ! Et maintenant ?...

— Oh ! maintenant, s'écrie Jean, je ne souhaite plus rien, je ne demande plus rien. Jamais je n'aurais rêvé tant de joie !

Et il se jeta aux pieds de la jeune femme.

— Que faites-vous donc? dit-elle. Relevez-vous, Jean, on tombe aux genoux d'une maîtresse; mais on embrasse une sœur.

Et ils échangèrent un baiser.

Cependant Jean réfléchit encore.

— Elle ne peut se marier, pensait-il; une jeune femme comme elle ne l'aurait pas affirmé devant la Vierge, si ce n'était pas la vérité. Qui peut l'en empêcher ?

— Est-il donc impossible, demanda-t-il, de connaître cet obstacle qui vous défend le mariage ?

— Impossible ! Non, dit la comtesse. Mais je veux qu'une intimité plus grande nous unisse, que l'habitude nous ait réellement faits frère et sœur avant de vous révéler mon secret. L'obstacle n'en est pas moins insurmontable. Supposez, par exemple, que ce soit un vœu solennel fait dans une circonstance grave, un vœu que je ne transgresserai pas pour tout au monde.

— Si c'est cela, pensa Jean, elle ne rompra jamais ce vœu; car les Italiennes ont une foi fervente.

— Alors vous restez ?

— Oui, dit Jean.

— Nous partirons demain pour Milan; je louerai une villa aux environs; nous...

— Un instant, dit le jeune homme. J'accepte tout cela en principe.

— Encore un *mais* qui va venir! s'écria la comtesse en frappant la terre du pied avec une mutine et adorable impatience. Vos *mais* me désolent.

— Pourtant vous allez m'approuver. J'ai dépensé des millions dans ma vie; je le regrette amèrement à cette heure; si j'étais riche, mon bonheur commencerait tout de suite. Mais un sentiment de fierté que vous comprendrez, m'ordonne de refaire ma fortune.

— Oh! fit la comtesse. Ceci est bien d'un Français. Vous avez, vous autres, des raffinements de délicatesse qui vous font honneur; malheureusement, je ne saurais combattre votre résolution. Serez-vous long à rétablir vos affaires?

— Deux mois de guerre suffiraient.

— Vous ne me refuserez pas de vous aider.

— Comment?

— En opérant sur une plus large échelle, vous réaliserez de plus grands bénéfices. Je vous prêterai cent mille francs.

— C'est inutile, dit Jean. J'ai pour principe de n'engager jamais plus de vingt mille francs dans une affaire.

— Ceci est une mauvaise défaite. Vous êtes trop rigoureux sur le point d'honneur. Mais je sens bien que je lutterais en vain contre votre volonté. Donnez-moi votre bras et rentrons.

— Peut-être ferions-nous mieux de rentrer l'un sans l'autre? dit Jean.

— Pourquoi?

— Si votre frère, votre cousin, un soldat, nous voyait ensemble?

— Il n'en tirerait aucune conclusion. J'ai derrière moi cinq années d'honneur qui répondent de ma vertu. Et puis, en Italie, encore une fois, on n'incrimine pas les actes les plus simples; on laisse aux femmes une liberté inconnue en France. Venez!

Et ils rentrèrent; Luidgi dormait profondément.

Elle remonta dans sa chambre; Jean s'assit devant l'âtre; il ne pouvait dormir.

— Evidemment je l'aime comme un fou, murmura-t-il; elle m'aime peut-être. Il est clair, après son serment, que nous ne pouvons être l'un à l'autre. Je vais avoir une singulière existence : l'enfer et le paradis à la fois. Mais pourvu que de temps à autre elle me laisse baiser le bout de ses doigts, ce sera toujours une ineffable volupté.

Jusqu'au jour Jean tisonna.

A l'aube une fusillade très-violente retentit.

— Aux armes! cria le capitaine Albert.

— Tiens! pensa Jean, on va en découdre; ça m'amusera.

La fusillade redoublait.

XI

Le combat. — Camarades on sait mourir! — La neutralité et un massacre. — Où Jacques mérite l'admiration d'une compagnie. — Combat d'un homme et d'un chacal. — Monsieur je vous tuerai!

La compagnie avait sauté sur ses armes et courait vers le Pô.

Jean et Luidgi la suivirent.

Il va sans dire que Jacques, le nez au vent, la queue en trompette, les oreilles couchées, le poil hérissé, tenait la tête de colonne.

En pareille circonstance, il jouait toujours le rôle d'éclaireur.

On arriva sur la grève.

Le soleil s'était levé, chassant la brume; il éclairait une scène dramatique.

Une douzaine de jeunes Vénitiens, armés de fusils de chasse, se trouvaient sur la rive autrichienne; ils se tenaient embusqués derrière des peupliers et soutenaient un feu très-vif contre un poste de Croates.

Ces derniers, au nombre de huit ou dix, restaient à distance; ils attendaient des renforts qui ne pouvaient tarder. Les émigrants acculés au fleuve devaient être pris ou noyés.

— A l'eau! Passez à la nage! cria Jean arrivé des premiers.

— Impossible, lui cria-t-on de l'autre bord; nous avons des blessés qu'il faudrait abandonner et nul de nous ne sait nager.

La compagnie italienne parut.

Les Vénitiens poussèrent un hourrah! Personne n'y répondit dans les rangs; les soldats baissaient la tête.

Jean s'étonna.

— Pauvres enfants! s'écria le capitaine Albert; ils sont perdus!

— Secourez-les, dit Jean.

— Impossible. Il nous est interdit de prêter notre aide aux émigrants, tant qu'ils sont sur le territoire ennemi, en plein jour surtout.

— Au diable les consignes! fit Jean.

— Mais vous ne comprenez donc pas que la protection qu'on leur accorderait serait considérée comme un acte d'hostilité par les Autrichiens. Et Dieu sait si, dans les circonstances où nous sommes, ils profiteraient de la plus petite agression pour faire avorter les efforts de notre diplomatie.

— C'est vrai! dit Jean. Mais j'aperçois une barque; je vais me mettre à la nage et je la leur conduirai.

En effet, une nacelle suivait le courant à la dérive. Nous expliquerons plus tard comment elle se trouvait abandonnée au courant.

Jean allait se mettre à l'eau.

— Arrêtez! dit Albert. Ma consigne porte que non-seulement je ne puis venir, ni moi, ni mes soldats, au secours des fugitifs: mais elle m'enjoint d'empêcher qui que ce soit de leur porter assistance. On vous verrait et l'on prétendrait que vous êtes un soldat déguisé en civil.

— Mais sacrebleu! gronda Jean, on va les égorger, ces jeunes gens!

On apercevait une troupe de renfort qui accourait au pas de course.

Les soldats demandaient à leur chef de ne pas laisser massacrer leurs frères; mais, lui, sachant quel immense retentissement aurait la plus légère violation de territoire, refusait énergiquement de se rendre à leurs prières.

Vingt fois ces scènes désolantes se renouvelèrent tant que la guerre ne fut pas commencée.

Les jeunes gens, héroïques, comprenaient la situation et se résignaient.

— Camarades ! cria l'un d'eux à la compagnie en se levant, vous allez voir comment les Vénitiens savent mourir.

Et ses paroles furent accueillies par un long cri d'enthousiasme de la part de ses compagnons d'infortune.

— C... S... D..., gronda le capitaine Albert, sacrant et s'arrachant la moustache avec rage, je donnerais pourtant ma vie pour les sauver.

— Attendez, s'écria Jean illuminé par une idée subite ; il ne leur faut qu'une barque, ils l'auront. Jacques ! s'écria-t-il.

Le chacal accourut.

— Vois-tu la nacelle là-bas ? fit Jean. Conduis-la à l'autre rive.

Et il indiqua le groupe de Vénitiens à son intelligent compagnon.

Jacques se jeta à l'eau.

— Si la barque a une chaîne, une corde quelconque traînant dehors, mon chacal la saisira dans sa gueule, fit Jean.

— Dites-vous vrai ? demanda le capitaine.

— Vous allez voir.

Jacques, en effet, fit le tour de la nacelle, cherchant par où avoir prise ; il aperçut une liasse de chanvre servant d'amarre, la prit dans sa gueule et revint vers Jean.

Mais celui-ci, du geste, lui indiqua l'autre rive en lui criant :

— Là-bas ! là-bas !

Et Jacques comprit cette fois.

— Allons, vous autres ! cria le capitaine. Courez à cette barque qu'on vous amène.

Les jeunes gens, emportant leurs blessés, longèrent le bord du fleuve tout en entretenant le feu. Jacques, lui, faisait des efforts prodigieux. Il parvint à aborder.

Il était temps.

Les Vénitiens sautèrent dans l'embarcation après y avoir placé les blessés, et, saisissant les rames, ils se hâtèrent de franchir le Pô ; six d'entre eux continuaient à tirer pour riposter aux Croates.

Une centaine de Tyroliens parurent sur la grève comme le canot était encore au milieu de l'eau ; mais la compagnie italienne faisait face aux fugitifs ; impossible de leur envoyer une décharge, sans risque de blesser les soldats.

Les ordres aux sujets de la neutralité étaient aussi sévères du côté des Autrichiens que du côté des Italiens ; les Tyroliens s'abstinrent de faire feu, dans la crainte même d'une imprudence ; les chefs, voyant tout espoir de rattraper les émigrants perdu, éloignèrent leur troupe.

Toutefois, un officier supérieur, qui venait d'arriver à cheval, resta et héla le capitaine Albert.

— Monsieur, lui cria-t-il, un de vos soldats a conduit cette nacelle à ces fugitifs.

— Non, monsieur, répondit le capitaine.

— On l'a vu.

— On s'est trompé.

— La barque n'est pas venue toute seule, je suppose !

— Non ! dit Jean. On va vous la renvoyer par celui qui l'a menée là-bas.

Et comme le canot avait accosté, tout le monde en sortit.

Alors Jean fit ce qu'il avait promis ; il renvoya Jacques sur l'autre bord.

— Vous voyez, monsieur, dit Albert en riant, que nul de nous n'a enfreint le droit des gens ; c'est cet animal qui a sauvé les émigrants ; il n'est pas soumis aux lois internationales.

L'officier autrichien ne répondit rien ; il attendit que Jacques fut près de lui.

— Il veut le considérer de près pour s'assurer que ce n'est pas un homme déguisé en chacal ! s'écria Jean en riant. Ma foi, à son aise.

Et pendant que l'on allait chercher les brancards pour les blessés, chacun regardait ce qui allait se passer.

Jacques arriva à bon port.

— C'est un chacal, monsieur, cria Jean ; regardez-le bien, vous ne verrez pas son pareil.

Jacques se secouait à tout rompre pour sécher sa fourrure ; l'officier tira un pistolet de ses fontes et le coucha en joue.

Mais Jean avait sifflé sur un ton suraigu, et le chacal, mis en garde par ce signal, s'était rusé à la façon des panthères ; si bien que l'officier le manqua.

Alors, d'un bond prodigieux, Jacques sauta à la gorge de son adversaire, qui tomba de cheval ; le brave animal aurait étranglé l'officier, si Jean n'avait vu des soldats accourir.

Il siffla encore d'une certaine façon et Jacques, quittant sa proie, revint au plus vite.

Cependant l'officier s'était relevé ; il avait une morsure profonde au cou.

— Monsieur, lui cria Jean, vous êtes un misérable ; tôt ou tard je vous tuerai.

— Et moi ! dit Albert, je pense vous rencontrer bientôt et j'espère vous tuer aussi.

— Quel gredin ? gronda Jean entre ses dents. Ça n'a pas pour un liard de courtoisie.

En ce moment un autre officier parut.

— Messieurs, dit-il, chacun est responsable de ses actes ; comme officier et comme gentilhomme, je déclare que je trouve odieux l'acte de mon collègue.

Et il salua gracieusement en se retirant.

— S'ils étaient tous comme celui-là, dit Jean.

— Il y en a beaucoup qui lui ressemblent, répondit le capitaine Albert, rendant justice à ses adversaires. Individuellement, les Autrichiens sont les meilleures gens du monde ; politiquement parlant, ils commettent des atrocités pour maintenir leur domination. Mais voici des brancards ; retournons à la ferme.

XII

Un complot. — Une corde lâchée. — Le mépris d'une femme. — Ne jugez pas sur les apparences. — Deux maris pour un. — A qui l'aura. — La mort en décide. — Au secours.

Pendant que l'on s'acheminait lentement vers la cassine, Jean interrogeait un émigrant.

Quand ils furent à portée, ils s'arrêtèrent (Page 31).

— Ah çà ! lui dit-il, comment avez-vous donc organisé votre évasion ?

— Fort bien, dit le jeune homme ; mais un malheureux hasard a tout dérangé. Nous sommes de Mantoue. Nous connaissons un jeune soldat du Tyrol italien qui était tout prêt à nous rendre service ; nous avions comploté qu'il déserterait avec nous.

Comme il affichait les sentiments les plus anti-italiens, on avait confiance en lui dans sa compagnie ; il était souvent de garde le long du Pô. Les Autrichiens ont des intelligences avec nos réactionnaires ; ils cherchent à provoquer des trahisons dans nos rangs, espérant que vos Napolitains déserteront, ils tiennent des barques à leur disposition ; la nuit, quand les ténèbres empêchent de constater la violation de la neutralité, des soldats se placent dans les canots, prêts à répondre à des signaux convenus, partant de la rive italienne, et à aller chercher les déserteurs qu'amèneraient les bourbonniens.

Souvent notre ami, le Tyrolien, était chargé de faire faction auprès d'une nacelle, pendant qu'un poste campait près de là.

Nous convînmes de profiter d'un moment où il monterait cette garde, de sauter dans la barque avec lui et de fuir ; nous nous munîmes d'armes que le comité secret nous donna et nous nous tînmes cachés dans une ferme près du Pô. A la nuit et à l'heure fixée, notre complice, en faction, détacha l'amarre du canot, le mit à flot, le poussant du pied, et nous attendit ; mais un Autrichien, réveillé par quelque bruit, nous entrevit et cria : Aux armes !

Le poste engagea le feu avec nous ; nous nous jetâmes entre lui et la rive, vers le canot.

Par malheur, notre ami reçut une balle qui l'étendit raide mort ; l'amarre s'était échappée de ses mains, et la barque fila au gré du courant.

Nous ne savions pas nager.

Nous suivions le canal, le long du bord, espérant que le flot le porterait près de nous ; combattant de notre mieux. Vous savez le reste.

— Oui ! dit Jean ; vous êtes des braves. Malheureusement je crois que vos deux blessés n'en réchapperont pas.

— Ils ont trouvé la mort qu'ils cherchaient. Peut-être est-il bon qu'ils meurent tous deux !

— Pourquoi ?

— C'est tout un drame. Ils aimaient la même jeune fille ;

Sceaux. — Typ. et stér. M. et P.-E. Charaire.

JEAN CHACAL
Par Louis NOIR

La jeune fille tira de sa corbeille l'unique bouquet qui s'y trouvait. (Page 34.)

mais elle avait fait choix de celui qui a reçu une balle dans la poitrine.
— Un beau garçon ! fit Jean.
— Survinrent les bruits de guerre.

Pietro, l'amoureux favorisé, au lieu de se montrer bon italien, afficha ses prédilections pour l'Autriche ; nous le prîmes tous en haine.

Le bruit courait même qu'il dénonçait ses camarades à la police.

Cela dura pendant un mois.

Sa fiancée ne voulut plus le voir et ne lui cacha pas son mépris.

Il parut se résigner.

Mais voilà qu'un soir il se présenta chez la jeune fille et lui annonça qu'il était obligé de quitter la ville et d'émigrer, parce que, faisant partie du comité national secret, commençait à être soupçonné, malgré ses protestations de dévouement à l'Autriche.

La jeune fille s'évanouit en apprenant combien elle s'était trompée sur le compte de son ancien fiancé, qui au lieu de trahir l'Italie, s'exposait à être fusillé en jouant ce rôle terrible.

Les parents de la jeune fille apprirent alors au jeune homme une triste vérité ; elle s'était mariée, devant un prêtre, quelques jours auparavant avec le rival de celui qu'elle avait cru traître à la patrie ; elle avait mis pour condition à cette union qu'elle ne serait consommée qu'après la guerre, à laquelle son mari devait prendre part.

Elle avait juré de n'appartenir qu'à un défenseur de la cause italienne.

Survint le mari.

On lui raconta ce qui s'était passé.

— Viens ? dit-il à Piétro simplement.

Et ils s'éloignèrent.

A cent pas de la maison, il demanda à son rival :

— Vois-tu une solution à notre embarras ? En droit, elle est à moi ; mais, en bonne justice, elle devait t'appartenir. Le prêtre ne nous aurait pas bénis que je te la céderais ; car, en te laissant calomnier, tu as été héroïque ; mais nous sommes mariés. Voici ce que je te propose. Nous allons émigrer ; nous nous battrons contre l'ennemi commun ; nous ferons tout pour nous faire tuer ; si l'un de nous survit, elle sera sa femme.

— C'est bien ! dit Piétro.

Et ils se mirent de notre complot, continua le jeune Italien ; et ils s'exposèrent avec tant de témérité, cherchant la mort selon leurs conventions, qu'ils furent atteints tous les deux.

— Sang et tonnerre ! s'écria Jean. Voilà un trait digne de deux Romains.

Il se rapprocha des blessés, prenant doucement la main de chacun d'eux et la pressant en signe d'admiration.

— Puisque vous êtes de Mantoue, peut-être connaissez-vous cet officier qui a voulu tuer mon chacal ? demanda Jean au jeune homme qui l'avait si bien renseigné déjà.

— Oui, dit celui-ci, c'est le major S...

— Bien ! dit Jean.

Et l'on rentra dans la cassine.

La comtesse dormait profondément au dire de la fermière.

Tout à coup on entendit dans sa chambre le bruit d'une vitre brisée qui tombait avec fracas ; au même instant la jeune femme criait au secours !

XIII

L'histoire de deux pigeons. — Le massacre des innocents. — Petite remise. — Les tonneaux pleins de chair humaine ! — Le passe-port volé. — Départ pour Bari (1).

Jean et Luidgi se précipitèrent vers la chambre de la comtesse.

— N'entrez pas ! cria la jeune femme qui s'habillait à la hâte.

Et elle riait.

— Attendez un instant, je vous rappellerai, reprit-elle ; j'ai eu une terreur folle.

La fermière était accourue aussi.

— Ce n'est rien, dit-elle ; ce sont les pigeons qui reviennent.

— Les pigeons ? fit Jean.

— Oui. Des messagers qui nous apportent des nouvelles de Mantoue.

— C'est moi, madame, cria-t-elle à la comtesse ; puis-je entrer ?

— Oui, dit la jeune femme.

La fermière pénétra dans la chambre de la comtesse et en ressortit bientôt avec deux pigeons qui portaient, pendu à leur cou, chacun un message.

— Tenez, dit-elle à Luidgi, lui tendant les lettres, descendez dans la cour, vous trouverez mon fils et vous lui remettrez ceci. Il a entendu le bruit de la vitre cassée ; il doit avoir sellé un cheval.

Luidgi se hâta de porter les lettres à ce courrier improvisé.

— Vous voyez, dit la fermière à Jean, que nous pouvons savoir ce qui se passe au-delà du Pô, malgré les Tudesques et leur surveillance. Tous nos paysans des rives du fleuve ont envoyé à des amis de l'autre rive un ou deux couples de pigeons qu'on tient enfermés. Les comités secrets, quand ils ont une communication à faire, la portent à quelqu'un de ceux qui ont nos petits messagers ailés à leur disposition ; on la confie à l'oiseau, qui part à tire-d'ailes. Mais comme on tient à être prévenu de son arrivée, même pendant la nuit, on dispose une vitre à l'entrée du pigeonnier, de telle sorte que l'oiseau frappant du bec pour entrer, fait tomber le morceau de verre qui se casse avec fracas. On accourt et on expédie la lettre aux autorités les plus voisines. Mes pigeons à moi, étant privés, venaient, chaque matin, dans la chambre que j'ai cédée à la signora, me demander leur déjeuner ; ces pauvres petites bêtes avaient coutume de frapper à un carreau que j'ai arrangé de façon à ce qu'il cédât au moindre coup. De là l'effroi de la signora réveillée en sursaut ; elle a eu grand'peur sans doute en voyant voltiger autour de sa tête ces deux pigeons, effrayés eux-mêmes de ne pas me reconnaître.

— L'idée de vos paysans est ingénieuse, dit Jean, admirant cette ruse du patriotisme.

— Oui, mais elle coûte cher à mes amis.

— Pourquoi ?

— Les Croates se sont aperçus du départ d'un couple de pigeons qui s'élevaient d'un toit avec un papier sous l'aile. Ils ont dénoncé la chose à leurs chefs. Ceux-ci ont donné l'ordre de rechercher tous les pigeons et de les exterminer ; les Croates, qui mangent ces pauvres petits oiseaux, leur font une guerre sans pitié ; ils tuent à coup de fusils tous ceux qu'ils trouvent chez nos fermiers. Vous pensez bien qu'ils ne se gênent pas pour abattre aussi les poules. Quand on se plaint de ce qu'ils n'ont pas épargné une de ces dernières, ils répondent qu'ils visaient des pigeons, mais que le plomb s'est égaré.

— Tiens ! fit Jean, ils sont moins bêtes que je ne le croyais, ces Croates.

— Vous dites ? fit la fermière.

— Rien, répondit Jean.

Sa réflexion était cruelle à entendre pour une Italienne. En ce moment la comtesse ouvrait sa porte.

— Eh bien, mon ami, dit-elle à Jean en lui tendant la main, je vous ai encore dérangé. Je suis vraiment trop poltronne. Mais dites-moi, songez-vous à organiser notre départ ; nous ne pouvons rester ici.

— Nous y déjeunerons toutefois, dit Jean.

— Volontiers, dit la comtesse.

— Si la signora y consent, reprit la fermière, je vais préparer un bon repas ; puis, au retour de mon fils qui ne peut tarder, on attellera un char-à-bancs qui conduira madame et ces messieurs jusqu'à la station de chemin de fer la plus voisine.

— C'est parfait, dit Jean.

— Et votre blessure ? demanda la jeune femme avec inquiétude.

— Rien ! moins que rien ! fit Jean. Tenez.

Il leva l'appareil et montra à la comtesse que la chair avait été effleurée seulement.

— Allons, dit-elle, nous vous guérirons vite. A tout à l'heure.

La comtesse qui avait à faire sa toilette, rentra dans sa

---

(1) Comme le lecteur peut croire que nous inventons nos épisodes, nous lui rappelons qu'ils sont authentiques. Tous les journaux italiens ont raconté ceux que nous avons rapportés déjà. Nous engageons aussi les incrédules à lire la *Patrie*, l'*Opinion nationale* et le *Siècle* des mois de mai, juin et juillet. Ils verront que nous n'imaginons rien.

chambre; Jean s'en alla se promener autour de la ferme avec Luidgi qui lui raconta que l'on avait organisé quarante bataillons de garibaldiens et qu'il comptait s'engager dans l'un d'eux.

— Nous irons à Bari, dit-il; je connais le colonel Nicotera qui y est. Il m'acceptera de suite.

— Eh bien, dit Jean, nous partons ce matin même.

En rentrant à la ferme, Jean trouva le déjeuner servi; le capitaine Albert attendait les jeunes gens en causant avec la comtesse.

Le repas fut charmant.

Un médecin militaire était venu qui avait examiné les deux blessés de la matinée et déclaré qu'il répondait d'eux; en sorte que le seul motif qui eût pu attrister les convives était écarté.

Le capitaine avait raconté à sa cousine l'histoire de ces deux jeunes gens.

— N'est-ce pas, qu'ils sont admirables? dit-elle à Jean.

— A ce point, répondit ce dernier, que l'on hésitera à ajouter foi à ce fait.

— J'en sais vingt autres aussi touchants, dit le capitaine. Chaque jour une bande d'émigrants arrive après avoir accompli quelque fait héroïque. Ainsi, une dizaine de jeunes gens de Venise s'étaient placés dans des tonneaux venus pleins de salaisons et renvoyés vides par un brick de commerce, pour être remplis de nouveau à Marseille. Le comité avait organisé cette évasion avec beaucoup d'adresse; les barriques avaient des doubles fonds; l'air venait par la bonde ouverte; on opéra l'embarquement sans exciter le moindre soupçon. Mais le dernier tonneau, mal arrimé, tomba à la mer. Eh bien! le jeune homme qu'il enfermait sentit l'eau remplir peu à peu la barrique, en passant par le trou ménagé pour la respiration; il s'enfonçait, pourtant il eut le courage de ne pas pousser un cri d'appel. On le sauva au moment où il coulait bas.

— Ceci est digne de Sparte, dit Jean.

— Voici qui est d'un Français, reprit le capitaine. Un de vos compatriotes, voulant faire passer à l'étranger un jeune homme auquel il s'intéressait, lui prêta son passeport en lui recommandant de se plaindre du gouvernement dans un café. La police arrêta le jeune homme, qui exhiba des papiers français et fut reconduit à la frontière, de brigade en brigade, par la force publique. Une fois qu'il eut franchi le pont qui le séparait de l'Italie, il cria aux gendarmes:

« Voici des papiers que j'ai dérobés à un voyageur français, dans son hôtel; veuillez les lui remettre. »

Et il lança son portefeuille au milieu du pont. Inutile de dire combien la maréchaussée de Sa Majesté apostolique était furieuse de ce bon tour. Avoir escorté et conduit elle-même à la frontière un homme qu'elle aurait dû arrêter. Quelle humiliation!

Et le capitaine Albert fit le récit de vingt anecdotes semblables.

— Allons, dit Jean au dessert, avec de pareilles histoires vous ferez tant que je finirai par m'engager avec Garibaldi. Je bois à la libération de Venise!

— Puisse votre souhait se réaliser, dit Albert. Nous ne marchanderons pas notre sang pour y arriver.

La voiture était prête

L'on se dit adieu.

Jean, Luidgi et la comtesse gagnèrent rapidement la première station et arrivèrent à Bari le lendemain

Luidgi fut engagé le jour même...

Ici se termine le premier épisode des aventures de Jean Chacal. Nous allons entrer dans la seconde partie de notre récit.

XIV

Les garibaldiens. — Un miracle. — D'une amitié que forma Luidgi avec un volontaire. — Ce qu'était Giuseppe. — D'un soupçon qui traversa l'esprit d'un sergent au sujet de Giuseppe. — Le duel. — Mort d'homme. — Guet-apens.

Luidgi avait été bien accueilli par le colonel Nicotera, un ami de sa famille; il avait été immédiatement incorporé parmi les volontaires.

L'improvisation du corps des garibaldiens est une des merveilles de notre époque.

L'Italie, trois mois avant l'époque où les hostilités commencèrent, se trouvait sur le pied de paix; pour soulager ses finances elle avait désarmé. Nous dirons plus tard comment elle réorganisa son armée régulière; mais la création des quarante bataillons de jeunes gens qui devaient être confiés au général Garibaldi, se fit avec une rapidité inouïe.

Le 20 mai on ouvrit les bureaux d'enrôlements.

Le 28 du même mois, cent mille hommes étaient inscrits dans les municipalités.

Le 30, quarante mille jeunes gens étaient arrivés à Côme, à Varèse et à Bari, dépôts où les régiments s'assemblaient.

Le 4 juin, les bataillons étaient constitués.

Le 6 du même mois ils étaient habillés, armés, et on les exerçait.

Le 16, ils étaient à la frontière.

Le 27, ils se battaient.

Cadres, officiers, uniformes, souliers, munitions, fusils, tout manquait.

On suppléa à tout.

Excepté la France de 1792, jamais peuple ne donna au monde un pareil spectacle.

Luidgi était au 6e régiment.

Jean et la comtesse, logés dans un hôtel, vinrent visiter le jeune homme à la caserne; ils assistèrent à ses premiers exercices.

La comtesse, malgré les dangers prochains, souriait en voyant son frère coquet et joli soldat sous les armes.

Depuis trois jours, Luidgi était garibaldien, quand le colonel Nicotera ordonna une marche forcée pour éprouver ses soldats.

Il avait remarqué que nombre d'entre eux étaient bien jeunes; il craignait qu'ils ne résistassent point à la fatigue.

En conséquence il voulait emmener son régiment à cinq lieues de Bari et le ramener le même jour; ce qui donnait une étape de dix lieues.

Le colonel avait arrêté dans son esprit qu'il renverrait tous ceux qui resteraient en route.

Luidgi avait la certitude de ne pas être laissé en arrière;

était trop bien constitué pour cela. Déjà il avait promptement lié connaissance avec plusieurs camarades ; les amitiés faciles sont le privilége de la jeunesse.

Parmi ceux qu'il préférait était un Sicilien de seize ans, auquel on en aurait donné quatorze au plus, un véritable enfant.

C'était le plus beau type d'adolescent qu'une mère pût rêver pour son fils.

Il avait ce noble et gracieux visage du midi, au galbe allongé, presque oriental, qu'on lui pardonnait d'être un peu trop accusé, et dont le dessin était si correct et si pur.

Le nez, légèrement busqué, aux narines mobiles, et le front haut, légèrement fuyant, formaient un de ces superbes profils d'aigle qui vont si bien aux natures ardentes et dominatrices.

La bouche, un peu mince, avait les lèvres frémissantes, expressives, pour le dédain surtout, mais adorables quand elles souriaient.

Les yeux, noirs, grands, profonds, fascinateurs, illuminaient cette tête remarquable ; et de longs cils, voilant la prunelle, en tamisaient discrètement, aux heures d'émotion, la lumière trop vive.

Les sourcils, minces, droits, formant une seule ligne, couraient d'une tempe à l'autre, et donnaient un cachet d'étrangeté à la physionomie de ce jeune homme.

La voix démentait un peu les traits.

Elle était douce comme celle d'une jeune fille.

Etait-ce l'effet de l'extrême jeunesse de ce volontaire? Malgré sa mâle beauté d'adolescent, malgré la résolution de caractère qu'annonçaient les lignes générales de la figure, il y avait en lui un je ne sais quoi qui annonçait une de ces âmes chastes qu'on craint d'effaroucher.

A ce point que ses camarades, le voyant rougir quand ils plaisantaient sur certains sujets, s'abstenaient de tenir des propos trop libres devant lui ; ils respectaient instinctivement l'ignorance de leur compagnon, qu'ils considéraient comme un enfant auquel on devait certains égards.

Lui, pourtant, ne s'était jamais plaint ; mais tous ces garibaldiens étaient de braves jeunes gens, bien élevés, l'élite de la population, — sur cent mille on avait pu choisir! — Ils avaient toutes les délicatesses des cœurs généreux.

On avait remarqué que le jeune Sicilien avait des timidités inexplicables, des répulsions singulières.

S'il allait au cabaret, un juron l'effrayait et le faisait sauter sur sa chaise ; si un sergent instructeur le grondait un peu sous les armes, les larmes lui venaient aux yeux.

Mais, en une certaine circonstance, il avait fait preuve d'une grande énergie.

Un réactionnaire, dans un café, n'osant fronder le gouvernement en face, n'avait rien trouvé de mieux que de chercher querelle aux garibaldiens. C'était un fils de famille bourbonnienne, bretteur enragé, redoutable tireur au fleuret.

Il plaisanta Giuseppe sur son air gauche.

Un jeune volontaire plus âgé voulut prendre fait et cause pour l'adolescent ; mais, lui, ne le permit pas ; il donna rendez-vous au Bourbonnien, à une heure de là, sur la plage.

On s'y rendit.

Giuseppe avait déclaré qu'étant insulté il choisissait le pistolet.

On échangea deux premières balles sans résultat ; les témoins déclaraient l'honneur satisfait ; mais ce n'était pas le compte du volontaire.

— Continuons! dit-il, le sourcil froncé, l'œil sanglant, le visage contracté par une expression de férocité qui effraya ses compagnons eux-mêmes.

Et on rechargea les armes.

L'adversaire de Giuseppe fut tué roide.

On pense qu'un pareil acte de la part d'un si jeune homme, lui attira une grande réputation au régiment ; mais il resta ce qu'il était auparavant, réservé, presque craintif.

Il ne se lia avec personne.

Pourtant, dès qu'il vit Luidgi, il lui fit un accueil qui surprit tout le monde.

C'est qu'aussi Luidgi avait la tête la plus attrayante du monde.

Sa sœur avait le type vénitien, lui avait le type lombard ; c'était presque un Gaulois.

Il était bon, rieur, primesautier, ses manières avenantes gagnaient de suite les cœurs, ses allures dégagées, peu communes en Italie, lui donnaient l'esprit français ; les mains se tendaient toutes seules vers les siennes ; il était tout cœur et tout effusion ; on le voyait et on l'aimait.

Insouciant et brave, ayant toujours aux lèvres une chanson et un éclat de rire au fond du gosier, beau garçon du reste, bien découplé, il était fait pour plaire aux Italiennes par le contraste.

Mais, comme sa sœur, le trait le plus saillant de son caractère, était une générosité sans bornes et une bonté inépuisable.

Le premier jour, Luidgi fut placé à côté de Giuseppe dans le rang.

Il avait mis, pendant les repos, la bonne humeur dans le peloton par ses lazzis ; on avait reconnu un boute-entrain.

Après l'exercice, il avait offert à Giuseppe qui avait ri de ses bons mots, de venir déjeûner avec lui.

Giuseppe refusa.

— Voilà qui est fort, avait dit Luidgi turbulent ; j'arrive ici, je vois un camarade qui me convient, je lui offre à déjeuner et il refuse.

Et, sans plus de façon, passant le bras de Giuseppe sous le sien, il l'avait entraîné au café ; paralysant ses efforts de résistance tout en plaisantant ; l'enlevant par la taille, quand il ne voulait pas marcher.

— Giuseppe va se fâcher! murmuraient les camarades.

Mais point.

Giuseppe que personne ne traitait familièrement, se laissa brusquer de la meilleure grâce du monde par Luidgi.

Et ils déjeunèrent tous deux.

En revenant Luidgi tutoyait son jeune camarade ; mais celui-ci lui disait vous.

On s'étonna.

Luidgi seul ne remarquait pas cette différence de ton dans le dialogue ; il était étourdi!

Et le jeune Sicilien semblait du reste trouver la chose très-naturelle.

Luidgi avait amené son ami dîner chez sa sœur ; on

pensé s'il avait exhibé Jean Chacal, qu'il aimait et qu'il admirait tant ! Il avait fait à son camarade les honneurs de son sauveur et du fameux Jacques, qui fit bon accueil à Giuseppe.

Ce dernier avait considéré Jean avec une curiosité bien naturelle. Il avait plu à celui-ci et à la comtesse. Tout était donc pour le mieux dans le meilleur des mondes possibles, quand arriva le jour de la promenade militaire dont nous avons parlé.

Pour des jeunes gens, trois fois vingt-quatre heures est plus qu'il n'en faut pour se lier intimement.

Aussi le matin de la promenade, les deux volontaires se considéraient comme de vieux amis.

Il se passa une scène assez futile entre eux, quand la diane sonna, qui eût fait pourtant réfléchir un observateur.

— J'ai peur de ne pas être assez fort pour cette maudite marche! dit Giuseppe en prenant son fusil.

— Je te porterai et tu arriveras, dit Luidgi.

Et, le prenant dans ses bras, il le souleva comme une plume.

Les volontaires remarquèrent que le jeune Sicilien, ainsi pressé dans les bras nerveux de son ami, avait rougi d'abord, puis qu'il avait fermé les yeux et était devenu fort pâle ; quand Luidgi le remit à terre, il chancela et sembla tout étourdi.

— T'ai-je donc fait mal ? s'écria Luidgi.

— Non ! dit le jeune homme en se remettant. J'ai eu un éblouissement. Mon père, que j'ai perdu, me pressait ainsi sur sa poitrine ; ce souvenir m'a tout bouleversé.

— Hum ! hum ! fit un vieux sergent instructeur tout bas ; — j'ai mon idée !

— Aïe ! fit Giuseppe les yeux étincelants. Vous dites, sergent ?

— Moi ! rien, fit le sergent.

Tout fut dit.

L'on ne prit pas davantage garde à cet incident ; le bataillon se forma et se mit en marche.

Comme il sortait de la ville, deux hommes de mauvaise mine et un vieillard mis avec élégance assistaient au défilé ; ils regardèrent Giuseppe avec une attention toute particulière.

— Vous l'avez bien reconnu, n'est-ce pas, demanda le vieillard aux deux sacripants qui étaient à ses côtés.

— Oui, dirent-ils ; qu'il s'écarte un instant et c'est fait !

— Envoyez toucher après le coup, ajouta le vieillard, les cent marengos (napoléons d'or) seront prêts.

— C'est dit, Excellence.

Et les bandits suivirent de loin le bataillon.

XV

Petit plan d'assassinat mijoté à loisir. — Si j'étais femme ? — Confession d'un cœur de seize ans. — Léger comme un Français. — Maîtresse et épouse. — D'un baiser ravi pendant le sommeil. — Les coups de stylet.

La première partie de l'étape, qui consistait à se rendre dans un village situé à cinq lieues de Bari, s'accomplit assez rapidement ; les volontaires tenaient à honneur de marcher comme de vieux soldats.

A cinq ou six cents pas en arrière du bataillon, les deux misérables que nous avons signalés devisaient, préparant leur crime.

L'homme qui les payait était le comte ***, père du jeune réactionnaire que Giuseppe avait tué en duel.

— Crois-tu que nous réussirons, disait le premier, c'est bien scabreux ?

— Bah ! répliqua l'autre, c'est facile, pour peu que le petit s'écarte avec son camarade ; tu sais, ce grand garçon qui ne le quitte plus.

— Songe que c'est auprès du bataillon qu'il faudra le frapper.

— Oui, mais les circonstances nous favoriseront ! Voici ce qui va se passer. Après leur marche, ces jeunes gens seront harassés ; on leur fera faire la grande halte et la sieste aux environs du village. Ils déjeuneront. Ensuite, la chaleur aidant, rompus de fatigue, ils iront se disséminer sous les arbres ; et ils s'endormiront à l'ombre des bosquets. Que nos deux jeunes gens soient un peu à l'écart, nous arrivons à pas de loup, nous leur plantons nos stylets dans la poitrine, et ils passent de vie à trépas sans s'éveiller. Nous avons exécuté des coups plus dangereux ; et il ne s'agissait pas de cent marengos !

L'argument parut péremptoire à l'autre bandit, qui ne fit plus d'observations.

Vers onze heures, on arrivait au village.

Le colonel annonça qu'on ne repartirait qu'à trois heures de l'après-midi.

Chaque volontaire tira de son bissac son morceau de pain et les autres vivres dont il s'était muni ; presque tous, ayant bourse garnie, se procurèrent du vin aux auberges du bourg ; puis les bandes joyeuses se dispersèrent dans les vergers voisins, après que l'on eût, toutefois, placé les sentinelles aux faisceaux.

Giuseppe et Luidgi s'enfoncèrent dans la campagne, cherchant un coin écarté.

— N'invitons-nous pas quelque camarade ? avait demandé Luidgi.

— Non, avait répondu le Sicilien. Tous nos compagnons sont trop bruyants ; on ne peut avoir de causerie intime avec eux, tandis qu'avec vous...

— Ah çà ! fit Luidgi, pourquoi ne me tutoies-tu pas ? Entre amis...

— Ça me gênerait.

— Alors j'ai eu tort de vous dire tu, dit Luidgi d'un air froissé.

— Bon ! vous voilà fâché ; vous êtes plus enfant que moi, tenez !

Enfin, y a-t-il des raisons pour que nous ne soyons pas sur le pied d'égalité dans le dialogue ?

— Je suis le plus jeune.

— Plaisanterie ! J'ai seize ans comme vous, moi. Je suis plus grand, voilà tout. Tu me tutoieras, je le veux, ou nous nous brouillons.

— Eh bien ! soit, dit Giuseppe non sans avoir hésité.

Et pendant une bonne demi-heure, il eut grand mal à s'habituer à cette familiarité.

— Par la Madone ! s'écria Luidgi, une jeune femme

n'éprouve pas plus d'embarras pour s'accoutumer à dire toi à son mari, que toi à ton camarade.

Le jeune Sicilien ne répondit pas et détourna la conversation.

— Déjeunons, dit-il en s'asseyant au fond d'une espèce de ravin, d'où l'on entendait, mais très-affaiblis, les éclats de rire des groupes de volontaires, moins écartés des faisceaux que les deux amis.

— Nous sommes très-loin de nos compagnons; observa Luidgi, quand on sonnera le rappel, l'entendrons-nous?

— Oui, dit Giuseppe, j'ai l'oreille fine.

Puis, d'un ton boudeur :

— Ça t'ennuie peut-être d'être seul avec moi? fit-il. Tu préférerais vider des *fiasques* (bouteilles) avec les autres?

— Ma foi, non ! dit Luidgi; à vrai dire ça m'étonne; car autrefois j'aimais à faire tapage. Mais je prends tant de plaisir à causer avec toi, que je me résigne sans regret à tes caprices de sauvage. Car tu es un petit sauvage.

— C'est vrai ! J'aime la solitude. Affaire d'éducation.

Ils avaient étalé à terre leurs provisions, et Luidgi avait entamé une tranche de mortadelle et décoiffé son bidon plein de vin.

— A toi, dit-il à son ami, lui présentant à boire.

Celui-ci mouilla à peine ses lèvres.

— Vrai ! tu fais mon désespoir, dit Luidgi en riant. Tu sembles mépriser le vin, l'ami du soldat, comme disent les Français. Par moment, tu as de si drôles de manières, qu'on te prendrait pour une jeune fille.

Giuseppe pâlit et regarda fixement son ami.

— Oh ! fit celui-ci, sentant que le jeune Sicilien cherchait à fouiller sa pensée; te voilà furieux; tu n'aimes pas que l'on touche à cette corde-là. Ne me fais pas de si grands yeux; je n'ai pas voulu te froisser. Tu as la sobriété et les effarouchements d'une femme; voilà ce que je voulais dire ; mais tu as le cœur et l'âme d'un homme, voilà ce que je sais; tu l'as prouvé dans ton duel. Tu ne devrais pas t'offenser d'une plaisanterie; je conçois du reste que tout jeune, élevé loin du monde par ta mère, comme tu me l'as raconté, il sois moins diable que nous autres. Mais ça viendra.

Giuseppe sourit d'un air de doute.

— Ne t'imagines-tu pas que tu resteras toujours sage, rangé comme un petit saint? dit Luidgi. Voyons, là, au juste, sans mentir, quel âge as-tu? demanda-t-il.

— Seize ans comme toi.

— J'ai peine à le croire; tu dis cela pour paraître plus homme; mais si tu avais seize ans, tu aurais déjà aimé.

— Tu as donc aimé, toi? fit Giuseppe un peu rouge et comme inquiet.

— Tiens ! fit Luidgi avec un accent et un geste inénarrables.

— Beaucoup?

— Parbleu !

Giuseppe parut contrarié.

— Ça parait te chiffonner qu'un jeune homme de ton âge soit plus avancé que toi dans le chapitre des bonnes fortunes! dit Luidgi. Mais il ne tient qu'à toi de rattraper le temps perdu. Quand nous sommes à l'exercice, il y a de jolies femmes qui se promènent au Champs-de-Mars pour nous voir et qui te sourient. Réponds à leurs agaceries. Tu es un gentil garçon, sais-tu?

— Tu trouves?

— Mais oui.

— A ce propos, je vais t'adresser une question singulière.

— Va...

— Si j'avais une sœur me ressemblant, l'épouserais-tu au cas où son nom et sa fortune seraient dignes de ton titre et de ta position?

— Les parchemins, fit Luidgi, psitt!... je m'en soucie comme du roi Ferdinand. Les florins, je m'en moque. Tu es fils de la veuve d'un capitaine, m'as-tu dit, et ta mère n'est pas riche; donc ta sœur n'aurait pas de dot. Eh bien! ça ne m'arrêterait pas.

— Ah ! fit Giuseppe. C'est d'un brave cœur cela. Mais, néanmoins, tu ne me réponds pas carrément et tu ne me dis pas si tu l'épouserais?

— A quoi bon? Tu n'as pas de sœur.

— Qu'en sais-tu?

— Tu en as une?

— Je ne dis pas cela. Mais enfin suppose-le.

— Si elle te ressemblait, si elle avait ton caractère, si elle était en femme ce que tu es en homme, je te jure qu'elle n'aurait pas d'autre mari que moi.

— Vrai !

— Ma foi, oui.

Le visage de Giuseppe rayonna.

Puis un nuage vint l'assombrir.

— Je ne sais pas, dit-il, si je te donnerais ma sœur, toujours en admettant que j'en aie une.

— Et pourquoi? fit Luidgi un peu scandalisé.

— Ne m'as-tu pas dit que tu avais eu déjà beaucoup de liaisons?

Luidgi regarda son ami comme on regarde un phénomène; puis, d'un grand air de supériorité :

— Brisons là ! lui dit-il.

— Mais... fit Giuseppe.

— Non, cessons de causer sur ce sujet; tu es vraiment trop en retard et je ne voudrais pas te donner certaines explications qui m'entraîneraient trop loin, et dont, peut-être, tu serais offusqué. Que puis-je dire à un Italien de seize ans qui paraît croire qu'on doit apporter à sa femme un cœur vierge de toute passion antérieure?

— Mais, je ne prétends pas cela ! fit Giuseppe d'un air piqué; je sais que ce serait ridicule. Seulement, à en juger par ton passé, ta femme serait bien à plaindre dans l'avenir. Tu parles de tes anciennes maîtresses si légèrement que tu me parais les avoir aimées très-superficiellement; et, si j'avais une sœur, je voudrais qu'elle fût adorée de son mari.

Or, tu me sembles incapable d'une affection sérieuse.

— Moi! fit Luidgi.

— Dame! Franchement, as-tu déjà éprouvé une grande passion?

— Non.

— Tu vois bien! Tu es léger comme un Français; tu serais infidèle; tu rendrais ta femme malheureuse!

— Malheureuse! Une femme qui m'aimerait! Giuseppe, je sens que j'ai trop bon cœur pour cela.

— Tu la délaisserais; et elle pleurerait sur son abandon.

— Non. Je suis incapable de causer quelque chagrin à qui que ce soit.

— Pourtant... d'après tes aveux... tu as été fort volage, mon cher.

— C'étaient des maîtresses! de ces femmes qui ne s'attachent pas sérieusement. Mais si une fille de bonne maison, gentille, unissait sa vie à la mienne; si elle se livrait tout entière, sans réserves; si je sentais son cœur soudé au mien, je t'assure, Giuseppe, que je lui vouerais une tendresse profonde; et qu'il me serait facile de lui rester fidèle, en songeant qu'un simple caprice lui coûterait une larme. Du reste, par toi-même, tu vois qu'il est facile de m'accaparer. Quand je me vois aimé, j'aime; je me donne vite et solidement. Tu es exclusif, je le vois bien, ne le nie pas; tu es même jaloux dans tes affections, mais elles sont sincères; cela suffit, je te laisse me dominer, me prendre tout entier. Est-ce le fait d'un caractère capricieux?

— Allons, non, dit Giuseppe joyeusement.

— Tu vas m'avouer la vérité, alors. Tu as une sœur? car tu ne m'aurais pas sondé avec tant d'insistance; ne me cache rien, voyons.

— Je ne veux pas mentir, dit le Sicilien. Donc, ne me force pas trop dans mes retranchements; j'ai un secret de famille à garder. Qu'il te suffise de savoir qu'une jeune fille que l'on dit belle, qui se dévouera à toi de tout cœur quand elle te connaîtra, qui mérite, je le crois du moins, — la tendresse d'un galant homme, qui t'a vu du reste et qui m'a fait des confidences à ton sujet, qui t'aime enfin, n'attend que la fin de la guerre pour m'autoriser à te faire connaître son nom.

— Et elle te ressemble?

— Mets que nous sommes jumeaux et qu'à nous voir on nous prendrait l'un pour l'autre.

— Que la guerre finisse vite alors! s'écria Luidgi. Un ami comme toi, une sœur comme la mienne, M. Jean qui épousera la comtesse un jour, — une idée à moi, — puis par-dessus tout une délicieuse petite femme pour moi, vrai, je serai trop heureux. Quelle jolie colonie nous irons fonder au bord du golfe de Naples, dans une belle villa. Voilà un beau rêve!

— Te voilà bien ardent! dit Giuseppe.

— Après le portrait que tu m'as peint.

— Si tu allais avoir des désillusions.

— C'est que tu aurais exagéré.

Giuseppe ne répondit pas, il sourit.

Puis après avoir laissé errer son regard dans l'espace, il le ramena sur son ami.

Une question, ou un aveu, était sur ses lèvres; mais il s'arrêta à temps.

Luidgi ne s'aperçut de rien.

— Dormons, veux-tu? demanda le jeune Sicilien, qui voilait de ses longs cils ses grands yeux noirs d'où la joie s'échappait en rayons magnétiques.

— Dormons! fit Luidgi. J'allume un cigare et je vais le fumer en sommeillant à demi; je suis sûr que je ferai des songes d'avenir délicieux.

Et ils s'étalèrent sur l'herbe.

Mais Luidgi remarqua que son ami semblait mal à l'aise sur le gazon.

— Attends, dit-il, tu n'as pas la tête assez haute.

Et il courut chercher une pierre, arracha des herbes, et en bourra son berret, plaça cet oreiller sur la pierre et dit à Giuseppe:

— Appuie ta tête là-dessus.

— Mais toi?

— Je vais en faire autant pour moi.

— Suis-je paresseux, dit le jeune Sicilien, je te laisse arranger tout cela au lieu de t'aider.

— Pauvre ami! dit Luidgi, tu n'es pas fort et tu es bien fatigué.

— Va, dit Giuseppe, j'accepte tes services; mais je te revaudrai tout cela un jour.

Et ils échangèrent une chaude poignée de main; puis ils se couchèrent sur le sol tapissé de verdure.

Peu à peu ils fermèrent les yeux.

Au-dessus d'eux, dans les arbres qui bordaient le ravin, parurent bientôt deux têtes sinistres qui contrastaient avec leurs deux visages souriants.

C'étaient les assassins envoyés contre eux.

— Ils dorment! fit l'un tout bas.

— Pas encore! répondit l'autre.

Giuseppe s'était en effet relevé sur son coude; il avait regardé tout autour de lui; mais les deux bandits avaient retiré leurs têtes.

Il se crut seul.

Alors le jeune Sicilien se mit à genoux, contempla longuement son compagnon avec une sorte d'ivresse, puis, se penchant vers lui, il effleura son front de ses lèvres.

Luidgi ne s'éveilla pas.

Giuseppe se releva, caressa encore longtemps du regard son ami, de la main lui envoya un baiser, et il se recoucha auprès de lui.

Les deux bandits se regardèrent surpris.

— Eh! fit l'un, quelle aventure! Ce Giuseppe est une femme peut-être.

— Qui l'eût cru! fit l'autre.

— Je lui trouvais l'air d'une jeune fille.

— Mais son duel?

— Ah! dame, ça déroutait les soupçons. Quelle gaillarde, si ce n'est pas un homme.

— La voilà bien endormie cette fois.

Pour les bandits, il n'y avait plus de doute sur le sexe de Giuseppe, qui avait fermé les yeux et dont le corps gracieux avait la pose abandonnée que donne le sommeil.

— Devons-nous prévenir le comte de notre découverte? demanda le plus jeune des bandits, et lui annoncer que c'est une jeune fille.

— Imbécile! dit l'autre. Et s'il changeait d'idée; bonsoir les marengos!

— Alors il est temps.

Ils descendirent tous deux à pas lents, rampant vers les jeunes gens. Quand ils furent à portée, ils s'arrêtèrent et levèrent le bras en même temps; les stylets brillaient au soleil.

Les deux bandits s'entre-regardèrent pour mesurer leurs coups de façon à frapper ensemble...

Tout à coup un rauque aboiement se fit entendre, un bandit fut étreint à la nuque.

L'autre se leva pour fuir.

Mais Giuseppe, qui était levé le premier, tira sa bâton-

Ils s'efforcèrent de cacher leurs angoisses et leurs souffrances à leurs bourreaux. (Page 39.)

nette de son fourreau, se jeta avec un bond de panthère sur l'assassin et lui plongea son arme entre les deux épaules, avant qu'il pût se retourner.

— Eh ! fit une voix, celle de Jean, voilà un rude coup de baïonnette.

Au même moment, le second bandit râlait son dernier souffle d'agonie ; Jacques, le chacal de Jean, lui avait coupé la gorge ; le brave animal se léchait férocement les lèvres toutes sanglantes en regardant son maître avec ses petits yeux brillants.

Luidgi était stupéfait.

Jean expliqua aux jeunes gens qu'il avait appris le départ du bataillon, et qu'il était venu pour savoir comment les deux amis supporteraient cette marche ; nous laissons à penser si Jacques et son maître furent remerciés avec effusion par ceux qu'ils venaient de sauver.

Quant à Jean, il ne se lassait pas d'admirer Giuseppe :

— Quelle poigne solide, pour un enfant, murmura-t-il.

Et Giuseppe souriait de ce compliment.

On appela des volontaires, et on les mit au fait de ce qui s'était passé ; tout le bataillon accourut ; on porta les cadavres aux autorités, et on fit une ovation aux jeunes gens.

Nul ne douta que ce ne fût le comte X... qui, pour venger son fils, n'eût soldé les assassins.

Les volontaires étaient dans l'enthousiasme du second trait par lequel Giuseppe venait de s'illustrer ; les deux amis furent les lions du jour.

Le bruit de ce qui était arrivé se répandit à Bari.

Le comte X... en fut prévenu.

C'était un homme puissant, riche, ayant à ses ordres une véritable armée de brigands, il était dans la province le chef du parti bourbonnien et disposait de toutes les bandes qui, réfugiées dans la montagne, rançonnaient le pays au nom de François II.

Il fit venir son intendant Jacopo, un homme en qui il avait mis toute sa confiance.

— Langelo est-il ici ? demanda-t-il.

— Oui, Excellence, répondit l'intendant.

— Et son second fils aussi ?

— Oui, Excellence.

— Qu'on me les envoie.

Langelo était un des plus dangereux chefs de brigands qui eût désolé le royaume de Naples ; c'est à sa bande qu'appartenaient les deux scélérats tués par les garibaldiens.

Sceaux. — Typ. et stér. M. et P.-E. Charaire.

En effet, la toiture s'embrasait. (Page 44.)

Le comte eut avec ce misérable un long entretien en présence de son second fils.

Quand il fut terminé il congédia le bandit, puis dit à Paolo son héritier à cette heure :

— Vous savez maintenant ce que vous devez faire, monsieur.

— Provoquer en duel ce jeune homme, répondit Paolo.

— Et l'amener où vous savez, ajouta le comte ; vous n'êtes pas très-brave, au moins soyez adroit.

Le jeune homme sourit.

— Monsieur, dit-il, vous serez content.

Un nouveau et terrible danger planait sur les deux jeunes gens.

XVI

Des fleuristes. — Messages d'amour. — Les fureurs d'Oreste. — L'enlèvement d'une calèche. — Enfant et colosse. — Ginna. — Portrait et portrait. — Le cartel.

En Italie, on a coutume de dîner au café.

Giuseppe et Luidgi, assez riches tous deux pour se passer de l'ordinaire de la caserne, étaient attablés vers cinq heures de l'après-midi dans le meilleur établissement de Bari ; leur entrée y avait fait sensation.

A toutes les tables, on se les désignait comme les héros du jour.

Les réactionnaires, du reste peu nombreux, leur jetaient à la dérobée des regards furibonds.

Les patriotes les regardaient avec des sourires amicaux.

Les femmes, — en Italie les dames fréquentent certains cafés, — les caressaient de l'œil en minaudant sous l'éventail.

Giuseppe était au supplice.

Luidgi était ravi.

Ils étaient l'objet de la curiosité générale depuis une demi-heure, et chacun causait de leur exploit, quand survint une bouquetière.

Toutes les villes d'Italie ont des fleuristes, — charmante coutume, — qui viennent vous offrir des œillets et des roses qu'elles déposent devant vous; lorsqu'on veut les payer, elles ont disparu.

Pour leur faire accepter quelque argent, il faut le lendemain les saisir au passage; elles mettent une certaine coquetterie à écarter l'idée de mercantilisme de leur profes-

artistique; elles ne veulent pas être marchandes de bouquets, mais des jeunes filles offrant des fleurs ; souvent aussi elles sont des messagères d'amour.

Dans le midi de la Péninsule, les grandes dames et les bourgeoises ont souvent des caprices ; il n'est pas rare qu'elles fassent savoir à un cavalier qu'il a été remarqué.

Une de ces fleuristes était entrée au café.

Elle alla droit à Giuseppe.

Celui-ci prévit un éclat, il rougit.

La jeune fille tira de sa corbeille l'unique bouquet qui y trouvait ; c'était une rose et une branche de laurier ; elle le présenta au jeune homme qui dut accepter. On crut dans la salle à une gracieuseté de la fleuriste; il y eut un murmure approbatif; mais comme elle se retira sans rien donner à Luidgi, on comprit que c'était une galante invitation.

En effet, la jeune fille avait posé sa corbeille sur la table ; il se trouva qu'une lettre était restée sur le marbre.

On chuchotta autour des jeunes gens.

Giuseppe aurait voulu être à cent lieues de là ; il mit la lettre dans sa poche.

A peine les bruits soulevés par cette petite scène s'étaient-ils apaisés, qu'une autre fleuriste entra, vint droit aussi à la table des deux jeunes gens et renouvela le petit manége de la première.

Seulement elle laissa deux lettres, une pour chacun.

— Bon ! dit Luidgi en prenant la sienne, tu auras le choix, mon cher. De grâce, fais donc honneur à notre uniforme et aie bonne contenance.

En même temps il brisait le cachet du pli qu'on lui avait remis, et il en tirait une photographie qui contenait au bas un distique de Pétrarque, un rendez-vous et une signature.

Luidgi triomphait.

La signature était celle d'une des femmes les plus élégantes et du meilleur monde de Bari; ce qui ne signifie point qu'elle fût très-chaste : risquons-nous à dire que ses cheveux blonds sont encore les plus beaux de l'Italie, à ce point qu'on les cite.

Avec cela jolie à damner un cardinal.

Mais chut, c'est assez.

Ce Luidgi était un heureux garçon ; la tête lui tourna tout à fait. Si bien que quand survint une troisième fleuriste, il accepta son bouquet, mais lui rendit sa lettre avec un geste si crâne, que des rires mal comprimés partirent de tous côtés.

Trois rendez-vous ! Toutes les femmes raffolaient des deux jeunes gens !

Cette fois Giuseppe ne rougit pas ; il pâlit, il devint livide.

— Es-tu, enfant, dit Luidgi ; un rien te contrarie ; on est garibaldien ou on ne l'est pas, que diable ! J'en connais qui donneraient un bras pour recevoir ainsi des *messages*; toi, ça te bouleverse.

Giuseppe, les dents serrées, ne répondait rien...

On était au dessert.

— Hâtons-nous de sortir, j'étouffe ! dit le jeune Sicilien.

Luidgi demanda l'addition, paya, et ils quittèrent le café tous deux.

Ils défilèrent en quelque sorte sous une double rangée de regards braqués sur eux, le jeune Sicilien fit appel à toutes ses forces pour ne pas chanceler; il prit même le bras de Luidgi qui sentit la petite main de son ami le presser avec une force étrange ; mais lui, tout fier, rayonnant d'orgueil, passait en affectant des allures de mousquetaire.

Il faisait damner son compagnon.

Sur le trottoir une foule de gens du peuple assemblés aux vitres regardaient les volontaires qui *avaient tué deux brigands* (on avait reconnu les corps de deux bandits fameux). Cette foule s'ouvrit quand ils sortirent ; puis un enfant cria tout naïvement : *Evviva !*

Ce fut comme un signal.

Il y eut un tonnerre de bravos, de cris, de trépignements, de hourras.

On aimait tant les garibaldiens !

Puis ceux-là semblaient si jeunes pour avoir fait un si beau coup !

Cette ovation fut pour Giuseppe si désagréable, qu'il faillit rentrer au café. Il était troublé au point de ne plus voir clair ; devant lui était un équipage appartenant à un bourbonnien ; il le prit pour une de ces calèches de place qui stationnent devant les cafés, et il y monta.

— A la bonne heure ! se dit Luidgi ; pour un garçon timide, il a de l'audace. Le bon tour. Les réactionnaires seront furieux ; leur enlever comme cela un landau à leur barbe !

Et il monta.

— Fouette ! cria-t-il au cocher.

Celui-ci n'osa désobéir ; l'attelage partit au trot.

— Ils prennent la voiture du baron C... B..., cria un ouvrier.

La foule trouva le trait ravissant et applaudit à outrance.

— Encore ! fit Giuseppe furieux.

— Per Dio ! fit Luidgi, tu mérites bien cela. T'emparer de la voiture de ce pauvre C... ! Tu as de drôles d'idées.

— Ah ! fit le Sicilien en crispant les poings, c'est à un bourbonnien, cette voiture ! Eh bien, tant pis ! Cocher, à l'hôtel d'Italie.

— Mais, signor, mon maître...

Giuseppe se dressa menaçant.

— Drôle ! fit-il ; parle donc un peu de ton maître ; c'est moi ton maître ! Et désobéis... Foi de garibaldien, je t'étrangle !

C'était chose risible que de voir cet enfant parler ainsi à un colosse. Ce cocher était monumental et digne de servir de modèle pour une cariatide ; mais il se tut. D'abord au fond du cœur, il était Italien ; puis, comme tout bon laquais, il n'était pas fâché qu'on humiliât son maître.

— Mon cher, dit Luidgi, tu es étonnant, tu crains toujours le scandale, et voilà que tu en soulèves un dont notre colonel sera peut-être fort mécontent.

— Vous, laissez-moi ! dit Giuseppe, les yeux étincelants, votre conduite est indigne !

Luidgi éclata de rire.

Le jeune Sicilien exaspéré, n'osant faire un esclandre en pleine rue, pinça son ami jusqu'au sang.

— Aïe ! cria Luidgi, demonio ! tu me fais mal ! Voyons, calme-toi, je t'en prie.

Mais Giuseppe était en proie à une surexcitation qui l'empêchait de rien entendre.

On arriva à l'hôtel.

Le jeune Sicilien sauta à bas de la calèche ; Luidgi voulut le suivre.

— Non, dit-il, restez !

Et Luidgi, pour ne pas le contrarier, le laissa aller tout seul.

— Pauvre garçon ! murmura-t-il. J'aurai du mal à le former ; il est tout effaré de nos bonnes fortunes. Ces Siciliens ne voient donc jamais de visages humains dans leurs montagnes ? A-t-il peur de s'exhiber un peu ! Le fait est que nous avons eu un vrai succès ; revoyons un peu cette jolie blonde.

Et il tira la photographie de sa poche, la contemplant amoureusement.

Giuseppe redescendit.

En voyant son ami en extase devant ce portrait, il poussa une sorte de rugissement, d'un bond fut dans la calèche, saisit la carte à deux mains, la déchira avec rage et trépigna dessus avec fureur.

— Ah ! fit Luidgi blessé, voilà qui passe les bornes ! Je suis bon enfant ; mais vous êtes tyrannique, Giuseppe.

Le jeune Sicilien baissa la tête.

— Vous avez des colères de gamin, reprit Luidgi ; mais elles vont trop loin.

Giuseppe se mordait les lèvres.

— Où allons-nous ? demanda le cocher.

— Conduis-nous dans un restaurant qui ait des cabinets isolés ! ordonna le Sicilien.

Luidgi parut surpris.

Toutefois, les deux jeunes gens gardèrent le silence jusqu'au moment où la voiture s'arrêta.

— Tiens et va retrouver ton maître, dit Giuseppe en donnant un marengo au cocher.

Celui-ci eut un tel éblouissement qu'il s'écria en brandissant son fouet :

— Evviva Garibaldi !

Cette exclamation d'un valet du baron C... ne laissa pas que de mettre la rue en émoi.

— Venez ! dit Giuseppe à son ami.

Et il l'entraîna dans un petit salon séparé.

— Des glaces ! vite ! ordonna-t-il au garçon pour s'en débarrasser.

Et sitôt servi, il ferma la porte.

Luidgi s'était assis avec la majesté d'un homme qui attend des excuses et les exigera d'autant plus complètes qu'il a moins de torts.

Le jeune Sicilien passa derrière sa chaise ; puis, brusquement, en lui entourant le cou de ses deux bras, il lui mit devant les yeux un portrait-carte.

Luidgi poussa un cri d'admiration et de surprise ; jamais il n'avait vu plus belle femme que celle dont il tenait la splendide miniature entre ses mains tremblantes : il eut des éblouissements.

Un peu revenu du premier moment de surprise, il remarqua une ressemblance frappante entre cette jeune fille et Giuseppe ; mais, celui-ci plus bronzé, avait, malgré tout, quelque chose de mâle, de décidé, qui constituait une différence essentielle, quant au caractère du visage.

Puis la Sicilienne (elle portait le riche costume des Palermitaines), avait une chevelure d'une richesse inouïe qui ondoyait sur le front, sur le col et sur les épaules ; elle était toute jeune, mais le sein naissant s'accusait sous le corsage avec une grâce enchanteresse.

Enfin c'était bien les traits de Giuseppe ; mais avec une expression toute autre ; c'était son sang, c'était sa taille ; mais une robe, dessinant certains contours, donnait au corps toutes les suavités féminines.

Luidgi voulut porter la miniature à ses lèvres ; une main l'arrêta :

— Non, dit Giuseppe.

— Ah ! fit Luidgi dépité.

— Ne la profane pas, dit le jeune Sicilien. Pourquoi ce baiser à une femme pure et chaste qui te demanderait tout ton amour, quand tu aimes cette drôlesse qui t'a donné rendez-vous.

Luidgi ne répondit pas d'abord, mais il se retourna, regarda son ami.

— Voyons, dit-il, ne peux-tu rien me confier ! Si j'étais sûr que cet ange-ci m'aimera !

— Que ferais-tu ?

— Tout.

— C'est bien vague. Lui serais-tu fidèle seulement ?

— Oui.

— Tu n'irais pas ce soir là où cette courtisane t'a convié ?

— Non.

— Bien vrai ?

— Puisque je te l'affirme.

Comme un enfant, Giuseppe frappa ses deux mains l'une contre l'autre, et, encore comme un enfant, il se mit sur les genoux de son compagnon.

— Ecoute, lui dit-il avec une câlinerie fraternelle, tu veux tout savoir. C'est ma sœur ! Elle et moi, nous nous aimons tendrement ; pour tout au monde, je ne voudrais pas lui causer un chagrin. Notre mère nous avait conduits ici ; elle va repartir avec Ginna ce soir même.

— Je ne la verrai donc pas ? fit Luidgi.

— Non. C'eût été impossible, du reste, pour des raisons de famille très-sérieuses. N'insiste pas là-dessus.

— Tout est mystère avec toi !

— Tu vois bien que non, puisqu'en ce moment je te dévoile, malgré la défense de ma mère, un de nos secrets, sachant que tu le garderas.

— A quoi bon cacher que tu as une sœur ?

— Tu es vraiment très-singulier ; ne pouvons-nous avoir des ennemis, une vendetta dans la famille ; ne t'ai-je pas raconté que nous vivions isolés, nous cachant.

Luidgi se paya de cette réponse.

— Je me résigne à ne pas comprendre, dit-il ; continue comme si c'était chose claire.

— Laisse-moi te faire une nouvelle question ?

— Va.

— Est-ce sur l'honneur que tu promets d'être fidèle à ma sœur ? Songe que tu prends un engagement sérieux ; Ginna est si fière que si tu la délaissais pour une autre, elle se tuerait.

— Mais, mon cher, pour une petite femme comme cela, je ferais l'impossible ! Des crimes même !... Infidèle ! Jamais avec une adorable créature comme celle-là ; jamais, au grand jamais.

— Sache donc tout. Ginna t'a vu plusieurs fois. D'abord elle m'a demandé qui tu étais ; puis elle m'a fait l'aveu que tu lui plaisais ; puis enfin ce soir même, au moment de quitter Bari, quand j'ai eu embrassé ma mère, elle m'a remis cette photographie en me disant : « Si tu vois qu'il me trouve jolie, si tu crois qu'il me prendrait pour femme, dis-lui que je le regarderai comme mon fiancé. »

— Chère Ginna ! s'écria Luidgi.

Et il couvrit le portrait de baisers passionnés.

Giuseppe rayonnait de joie.

— Retourne cette carte, dit-il.

Son ami obéit et lut sur le revers :

« A Luidgi pour la vie !   « GINNA. »

— Ai-je eu raison de déchirer la photographie de cette courtisane ? demanda le jeune Sicilien.

— Oui ! dit Luidgi.

— Tu n'es plus fâché ?

— Oh ! non.

— Allons nous promener alors.

— Attends encore que je la voie tout à mon aise.

Et le jeune homme dévora des yeux la gracieuse image de Ginna ; puis il la plaça sur sa poitrine.

— Quel dommage que je n'aie pu l'apercevoir un instant, me jeter à ses pieds, lui exprimer tout ce que j'éprouve pour elle. Où et comment m'a-t-elle vu ?

— Partout où nous allions.

— Jamais je ne l'ai remarquée.

— Elle portait un voile épais.

— Quel dommage !

Le jeune Sicilien, profitant de ce que son ami ne le regardait point, riait de son enthousiasme :

— Tu dois comprendre maintenant ma contrariété de tout à l'heure. Je tiens à te marier avec Ginna. J'ai juré de lui montrer fidèlement ce que tu ferais et ne ferais pas. Si tu avais accepté l'invitation de cette pécore qui t'a écrit, tout était fini. Jamais nous n'aurions été beaux-frères.

— Pauvre Giuseppe, dit Luidgi, tu as dû souffrir !

— Oui ! Plus encore que tu ne le crois. Mais descendons au café, peut-être seront-ils moins sots ici que là-bas.

Le jeune Sicilien semblait pressé de quitter ce petit salon où il avait eu hâte d'entrer ; il était en proie à une émotion profonde que son compagnon, préoccupé, ne remarqua point.

Ils descendirent dans la grande salle du café.

A peine étaient-ils assis que Jacopo, l'intendant du comte de..., venait remettre à Giuseppe le message suivant :

« Un frère qui désire venger son frère vous attend près d'ici pour régler les conditions d'un combat ; il espère que vous viendrez. Si vous êtes délicat n'amenez qu'un témoin ; ébruiter ce duel, serait vouloir l'éviter ! »

— Nous vous suivons, dit Giuseppe, après avoir tendu sa lettre à Luidgi.

Et tous deux, ils sortirent du café avec Jacopo.

XVII

Tartuffe à dix-sept ans. — D'une ville, d'un chirurgien et d'une caserne de gendarmerie de fantaisie. — Une vipère. — A vous, messieurs. — Le chemin creux. — La montagne. — Le supplice.

Les deux jeunes gens trouvèrent Paolo, le second fils du comte, à la sortie de la ville.

Il était accompagné d'un témoin.

— Messieurs, dit Paolo avec une politesse exquise, c'est bien à vous d'être venus.

— Il est des appels auxquels les gens de cœur s'empressent d'accourir toujours, dit Luidgi. Nous sommes à votre disposition.

— Avez-vous réfléchi à ma situation ? demanda Paolo, toujours courtois.

— Elle est douloureuse ! dit Luidgi. Par devoir, vous devez venger votre frère ; au fond de l'âme, vous savez qu'il a été au-devant de son sort.

— Ce n'est pas ainsi que je l'entends, messieurs ! je désirais attirer votre attention sur ce point. Si je tue mon adversaire, la police m'inquiétera ; je suis Bourbonnien, ce sera un prétexte.

— Je ne le crois pas.

— J'en suis convaincu, au contraire. De plus, la populace pourrait me faire un mauvais parti à Bari.

— Enfin, que désirez-vous ?

— Attendez un peu. Il faut que je vous avoue encore que, destiné à l'état ecclésiastique, je n'ai jamais appris à tirer l'épée ; au pistolet, je suis de force très-médiocre ; votre ami, au contraire, est très-habile.

— Concluez, je vous prie.

— Je viens vous demander, m'adressant à vos sentiments d'honneur, d'accepter une proposition qui conciliera tout, me mettra à l'abri des tracasseries de la police, des persécutions du peuple, et qui égalisera les chances entre mon adversaire et moi.

— Voyons la proposition !

— J'ai là une calèche. Nous monterions dedans. En peu d'instants elle nous conduirait à la Magdalena, une petite localité des environs, qui est assez importante ; le blessé y trouvera un chirurgien pour lui prêter secours ; ce chirurgien loge près de la caserne des carabiniers ; nous y arriverions à la nuit tombante. On mettrait pied à terre à cent pas de la ville, on se battrait dans la pénombre ; on aurait le droit de marcher l'un sur l'autre et de tirer sa balle à volonté. Grâce au crépuscule, l'adresse de votre ami serait à peu près annihilée. Voilà ce que je vous offre, messieurs. Si vous me refusez, je me battrai comme, quand et où vous voudrez ; mais si je meurs, vous m'aurez assassiné. Un duel à Bari, à la clarté du soleil, qui guiderait l'œil exercé de votre compagnon, ce serait me vouer à une mort certaine, et si je survivais, je serais forcé de m'exiler. A la Magdalena, au contraire, vainqueur ou vaincu, on ne saura rien.

Luidgi se retourna vers Giuseppe.

— J'accepte, dit le jeune Sicilien.

Ce Paolo avait été si adroit, si mielleux, qu'il n'avait pas excité la moindre défiance.

Luidgi, connaissant l'énergie de son ami, le sachant adroit et déterminé, regardait Paolo comme une victime du point d'honneur qui allait payer de sa vie la vendetta de sa famille.

Les deux garibaldiens, étrangers au pays, ignoraient que la Magdalena, son chirurgien, sa caserne des carabiniers, tout cela était une fable.

Cela n'existait que dans l'imagination de leur adversaire qui, pour écarter les soupçons, tenait à mettre les gendarmes en scène (les carabiniers sont les gendarmes de l'Italie).

— Avez-vous des armes, messieurs? demanda Paolo.

— Non, répondit Giuseppe, excepté nos baïonnettes, pourtant.

— Dont vous faites un terrible usage! reprit Paolo. Ah! messieurs, je suis douloureusement affecté des bruits qui courent à Bari; on accuse mon père d'avoir soldé ces deux brigands que vous avez tués. C'est une calomnie. Le comte est un honnête homme. Ces deux misérables auront obéi à un fanatisme sauvage qui n'a eu, en ces temps de révolution, que trop souvent l'occasion d'éclater. La mort de mon frère a du reste brisé le comte, qui est un vieillard; il a su que je voulais venger mon aîné, et m'a supplié de renoncer à cette idée, en me prêchant le pardon. Près de la tombe, il s'est rappelé les pieux conseils de la religion.

Giuseppe était tout ému.

Luidgi semblait attendri.

Ce Paolo jouait son rôle à ravir; Jacopo se disait que le comte n'appréciait pas son fils à sa juste valeur; il lui trouvait les plus brillantes qualités.

En somme, c'était une venimeuse vipère que ce garçon de dix-sept ans.

On monta dans la calèche.

— Je vous ai parlé d'armes, dit Paolo, mais je n'ai pas achevé ma pensée; l'idée du crime qu'on nous attribue a bouleversé tout mon être. Je voulais vous dire que nous avons là deux pistolets tout neufs. Voyez.

— C'est vrai, dit Luidgi. Ils sortent de chez l'armurier.

— Mais pour peu qu'ils ne vous conviennent pas, on rentrerait à Bari en prendre d'autres.

— Ceux-ci n'ont jamais servi évidemment, dit Giuseppe; il est inutile de nous déranger.

— Bien, messieurs. Je ne saurais dire combien votre confiance me touche; c'est une terrible chose que la politique; elle rend ennemis des gens faits pour s'aimer.

— Quel gaillard! pensait Jacopo, du haut du siége où il était monté et d'où il entendait tout. L'aîné était un bravache. Celui-ci est un vrai diplomate.

Il fouetta les chevaux; la voiture partit au galop, dévorant l'espace.

Les deux garibaldiens ne prirent pas garde que du train dont on allait, on faisait cinq lieues à l'heure; ce qui formait une distance assez raisonnable de la ville, au bout de deux heures que dura le trajet.

Les chevaux étaient excellents; ils *buvaient* la route, comme disent les Italiens.

La nuit tombait.

— On ne voit pas Magdalena, dit Giuseppe qui commençait à s'ennuyer.

— Nous y arrivons, dit Paolo.

Dix minutes après, — il faisait déjà sombre, — Jacopo se retourna sur son siége.

— Signori, dit-il, nous sommes encore à une demi-heure de la ville. Oserai-je vous donner un conseil?

— Parle.

— Peut-être vaudrait-il mieux se battre ici; le crépuscule est tombé, encore dix minutes et on n'y verra plus goutte; vous risqueriez de tuer les témoins.

— Cet homme a raison, dit Luidgi.

— Mais le blessé? observa Paolo jouant la comédie jusqu'au bout.

— La voiture est douce! dit Jacopo.

— Je crois que ce cocher nous a donné un avis excellent, observa le jeune Sicilien.

— A votre volonté, messieurs.

On descendit.

— Eloignons-nous un peu dans la campagne, fit Paolo; des voyageurs pourraient survenir et nous déranger si nous demeurions sur le chemin.

— Tenez, dit le témoin du jeune homme, j'entrevois là-bas un ravin qui fera notre affaire.

— Allons-y, dirent les garibaldiens.

La petite troupe se dirigea de ce côté.

Pour arriver au fond du chemin qui était profond, il fallait suivre un petit sentier.

— A vous, messieurs, dit Paolo.

— Nous n'en ferons rien, fit Luidgi.

Et à part lui :

— Décidément, pensa-t-il, ce jeune homme est de bonne race et bien élevé... Si j'osais... je prierais Giuseppe de l'épargner, au cas où ce serait possible.

Et Luidgi s'engagea dans le sentier derrière Paolo, après lui Giuseppe.

D'épaisses broussailles bordaient ce chemin.

Tout à coup un épais manteau tomba sur les épaules du jeune Sicilien; au même moment, une couverture paralysait les mouvements de Luidgi.

Ils furent terrassés tous deux avant d'avoir jeté un cri d'alarme.

Les deux jeunes gens se sentirent transportés d'abord à dos d'homme pendant un certain temps; puis on les plaça sur des mulets après leur avoir dégagé les jambes pour qu'ils pussent enfourcher leur monture.

Luidgi fit un mouvement.

— Bouge! lui cria-t-on, et tu meurs!

Le jeune homme se tint coi.

Après trois heures de marche, les mulets s'arrêtèrent; pendant toute la route, Luidgi avait entendu ricaner autour de lui une troupe d'hommes.

— Ce sont des brigands! pensa-t-il.

Et aussitôt son imagination travailla pour aviser au moyen de sauver sa tête et celle de son ami.

On fit descendre les jeunes gens et on les débarrassa du manteau et de la couverture qui les étouffaient; ils reconnurent qu'ils se trouvaient au milieu des montagnes.

Un paysage imposant et grandiose se déroulait devant eux; au-dessus de leur tête se dessinaient des pics sauvages, perçant la nue; au-dessous, des précipices insondables se succédaient jusqu'au fond d'une vallée qui s'étalait, microscopique, à la base des monts.

Au ciel les étoiles brillaient doucement.

On conduisit les prisonniers au fond d'une grotte creusée dans le roc; ils trouvèrent là un brasier ardent sur lequel rôtissait un mouton entier.

Les brigands, hommes primitifs, ont les allures des héros d'Homère; lesquels étaient quelque peu bandits aussi, si on veut les juger sans parti pris.

La bande, composée de dix hommes, pénétra dans la grotte que gardait une sorte de pâtre, élevé aux fonctions de cuisinier.

Les brigands s'assirent en cercle autour du feu, laissant les jeunes gens adossés aux parois du souterrain; Luidgi supposait qu'ils allaient dîner; mais point.

Ils tinrent un conseil de guerre.

Langelo présidait.

Tous ces misérables appartenaient à la classe des paysans, race dénuée de toute instruction sous le gouvernement des Bourbons; il en résultait que les natures violentes, énergiques, douées de passions que le travail ne suffisait pas à contenir, se jetaient dans la *malvivance* (brigandage); elles y apportaient toute la brutalité, toute la férocité de l'ignorance et de la cupidité.

Les cours d'assises ont révélé des faits inouïs; Cypriano la Gala mangeait le cœur de ses prisonniers.

Giuseppe, si brave contre les dangers ordinaires, semblait brisé par l'effroi; Luidgi, au contraire, soit insouciance, soit espoir, semblait très-calme.

Langelo était un type assez bizarre.

Ce chef grossier, sans éducation, avait un immense orgueil; il savait que quelques rares chefs de bande avaient laissé des traditions d'élégance et de faste; il s'était abouché avec les meneurs du parti bourbonnien, ce qui avait gonflé son amour-propre; il aspirait à se donner des airs de Fra Diavolo.

— Frères! dit-il, deux de nos camarades sont morts sous le couteau de ces scélérats que nous tenons entre nos mains à cette heure. Je viens vous demander quel supplice ils méritent; on votera à commencer par le plus jeune. Tâchons de trouver un châtiment épouvantable.

Les brigands opinèrent.

Ces gens-là s'étaient signalés par tant de cruautés, que Luidgi ne douta pas qu'ils n'inventassent quelque supplice effroyable; il avait une idée; il crut le moment venu de la mettre à exécution.

Il voulut parler.

— Qu'on le bâillonne! ordonna Langelo; et l'autre aussi! ça nous débarrassera de leurs criailleries.

Les deux garibaldiens furent mis dans l'impossibilité de proférer un mot.

Cette fois, Luidgi perdit de son assurance et jeta sur son compagnon un regard désespéré.

— Qu'on commence! dit Langelo. Parle, Orlando! Quelle torture te plairait le mieux pour ces misérables qui ont assassiné nos frères?

Celui auquel s'adressait cette question, proposa de déchiqueter les jeunes gens membre par membre; un autre, de les faire mourir de soif avec de l'eau sous les yeux; un troisième de les enterrer vivants; un quatrième de les pendre par un bras et de les laisser en pâture aux corbeaux; le suivant modifia cette idée en engageant Langelo à les attacher à un arbre après leur avoir ouvert le ventre pour que les vautours vinssent dévorer leurs entrailles.

Et ce fut jusqu'au douzième une énumération atroce de supplices affreux.

Langelo, lui, termina en émettant son avis :

— Je crois, dit-il, qu'en les approchant de ce foyer, à distance raisonnable, pour qu'ils cuisent peu à peu, on entretiendrait leur agonie pendant toute la nuit. Ce serait amusant de les griller vifs, en les retournant sous toutes les faces.

Toutes les têtes s'illuminèrent, tous les yeux resplendirent d'un éclat sauvage.

— Bravo, Langelo! crièrent les brigands.

— Vous m'approuvez? demanda le chef.

— Ton idée est superbe! C'est la meilleure! A l'œuvre!

Et on traîna les jeunes gens près des charbons.

— De dos ou de face? demanda Orlando qui se chargeait du rôle de tourmenteur.

— De dos d'abord, fit un brigand; c'est toujours ainsi que l'on commence un rôti.

Cette ignoble plaisanterie fut accueillie par un rire général.

Pour dépouiller les garibaldiens, il eût fallu les dégarrotter, ce qui eût pris du temps; Orlando, avec son poignard, se contenta de fendre, entre les deux épaules, la chemise de Giuseppe.

— Quelle jolie chair! dit-il. On en mangerait.

— Ceux qui voudront y goûter, seront libres, dit Langelo; moi, j'ai mangé le cœur d'un bersaglier (1). Mais ne leur ouvre pas leurs chemises; tout à l'heure elles prendront feu et les roussiront très-agréablement; ça leur cuira davantage.

— Capitaine, vous auriez mérité de vivre au moment où l'on brûlait les hérétiques; vous connaissez la manière de bien rôtir les gens.

Et Orlando laissa les garibaldiens exposés à la chaleur du brasier.

— Comme il ne faut pas que ces drôles nous échappent, dit Langelo au bandit, tire tes pistolets; si notre sentinelle nous donne la moindre alerte, brûle la cervelle à ces gens-là. Ça abrégera leur torture; mais on ne fait que ce qu'on peut. Du reste, il n'est pas probable que l'on viendra nous déranger.

Orlando obéit et tint en main ses armes. Dès lors, rien ne pouvait sauver les deux jeunes gens!

XVIII

Un amateur de musique. — Cent mille francs. — La bonne foi et *Fra-Diavolo*. — Encore un baiser. — Désespoir. — Il faut mourir.

Les deux jeunes gens, se sentant perdus, n'eurent plus qu'une pensée : Mourir dignement.

(1) Historique.

Ils s'efforcèrent de cacher leurs angoisses et leurs souffrances à leurs bourreaux; mais ceux-ci épiaient la moindre contraction de leurs traits.

— Une torche, ici, devant leurs figures! ordonna Langelo à ses hommes.

— Le chef a raison, dit Orlando, on ne voit pas bien leurs grimaces.

Les deux garibaldiens ayant en effet le dos au feu, leurs visages étaient dans l'ombre.

Une branche de pin résineux, embrasée au foyer, fut plantée en terre de façon à éclairer les traits des deux amis.

— Dites donc, fit un bandit, vous n'aimez donc pas la musique, vous autres?

— Si on *démuselait* ces petits gueux-là, j'ai idée qu'ils nous chanteraient quelque chose d'amusant, qu'en pensez-vous, les enfants, hé?

— Très-bien imaginé, dit Langelo.

Et lui-même enleva le bâillon de Giuseppe, pendant qu'Orlando retirait celui de Luidgi.

— Capitaine, s'écria le jeune homme, vous avez eu une fameuse idée en me mettant à même de parler; sans cela vous perdiez une fortune.

— Une fortune! s'écrièrent les brigands.

Et tous les regards brillèrent de convoitise.

— Retirez-nous d'auprès de ce feu qui commence à nous cuire! dit Luidgi.

— Voyez-vous cela! fit Langelo. Les retirer tout de suite comme cela!

— Dame, on n'est pas à l'aise pour parler; j'ai besoin, et mon ami aussi, de tout mon sang-froid pour vous expliquer comment vous avez cent mille francs à gagner avec nous, sans compter un autre plan que je soumettrai à votre approbation.

— Cent mille francs! répétèrent les bandits.

— Tout autant, pour notre rançon; puis nous verrons à autre chose ensuite.

— Capitaine, ça ne coûte rien de les écarter un peu, dit Orlando.

— Ecarte! fit le chef.

Evidemment, le coup avait porté.

— Nous sommes sauvés, pensa Luidgi.

Et il vit deux bandits le transporter avec certains égards hors de la portée des charbons; on en fit de même pour Giuseppe.

Les brigands, depuis que les garibaldiens pouvaient valoir cinquante mille francs chacun, leur témoignaient une certaine sollicitude.

— Je me nomme le marquis X..., dit Luidgi; ma sœur est fort riche; elle m'aime beaucoup; elle est veuve sans enfants et n'a plus que moi au monde. Qu'un de vous aille lui porter ce message de moi et elle consentira à donner les cent mille francs que je vous promets.

— Hum! fit Langelo.

— Vous dites?

— Je dis: Hum!

— Vous doutez?

— On voit souvent des prisonniers prêts de mourir qui inventent des fables pour se sauver et gagner du temps.

— Il est pourtant facile de s'assurer si je mens; ma sœur est à Bari.

— Il est vrai que ce n'est pas loin.

— Et l'on peut bien faire quelque chose pour gagner cent mille francs.

— C'est vrai! Eh bien! écris-nous cette lettre, et nous enverrons un messager.

— Il est bien entendu qu'après la somme touchée, nous serons libres tous deux, moi et mon ami.

— C'est dit! fit Langelo.

— Déliez-moi, alors!

On coupa les cordes qui retenaient les mains de Luidgi, et il prit son carnet sur lequel il écrivit une lettre pressante à sa sœur.

— Voilà! dit-il.

— Ce n'est pas un piége qu'on nous tend? demanda Langelo soupçonneusement.

— Votre messager pourra toujours s'informer si la comtesse est ma sœur.

— Allons, dit Langelo, regarrottez-le.

— Vous ne me croyez donc pas?

— Au contraire; mais maintenant que tu représentes cent mille francs pour nous, il y aurait folie à ne pas te surveiller.

— J'admets cela. Vous avouerez pourtant que nous ne tenons pas à mourir de faim. Votre mouton est rôti.

— Et vous voulez en manger? Qu'on serve ces signori, ordonna Langelo, revenant à ses imitations de Fra-Diavolo.

Mais il ajouta:

— Quand le repas sera fini, on les rattachera.

Puis il sortit avec les cinq bandits les plus vieux; il voulait tenir conseil.

Chaque troupe de brigands se divise en deux classes: les *novices*, qui sont en quelque sorte les apprentis, et les *anciens*. L'apprenti ne touche qu'un quart de prise.

— Que pensez-vous de ceci? demanda Langelo à ses hommes.

— C'est une bonne affaire, répondirent ses acolytes; mais il y a un danger.

— Le comte... qui veut voir les têtes des garibaldiens.

— J'y songeais.

— Si on l'envoyait promener! fit un brigand.

— Malheureux! Que ferions-nous sans lui?

— Il est certain qu'il nous rend de grands services; il nous envoie des vivres par ses pâtres, nous renseigne sur toutes les poursuites qu'on médite, nous indique dans ses fermes des gîtes sûrs.

— Et, fit Langelo, il nous récompense magnifiquement, si le petit François (nom donné à François II par ses partisans) remonte un jour sur le trône?

— Que faire?

— Empocher l'argent et tuer les jeunes gens tout de même, fit Langelo.

— Impossible! s'écrièrent les bandits tout d'une voix et avec une répulsion visible.

Ce scrupule de la part de pareilles gens peut étonner, mais il s'explique.

— Si les *malvivants*, après avoir reçu rançon, massacrent les prisonniers, dit Orlando, le métier est perdu; on

Voici pour ta trahison, vipère, tu ne siffleras plus. (Page 46.)

n'aura plus foi en nous. Jamais on n'a agi déloyalement dans la malvivance ; jamais, de mémoire d'homme, ce que tu veux faire, Langelo, n'est arrivé parmi nous. Quand les parents sauront qu'on touche l'argent et qu'ensuite on égorge le captif, tout sera fini pour nous et les autres. Les familles qui ne s'exécutent souvent que par point d'honneur, trouveront un merveilleux prétexte pour refuser leurs écus.

— Bah ! dit Langelo, on peut tout concilier. Nous tuerons le messager qui apportera l'argent ; nous l'enterrerons dans quelque coin bien caché ; puis nous répandrons le bruit que nous ne l'avons pas vu et qu'il s'est sauvé avec la bourse.

— Demonio ! quel homme précieux tu fais ! s'écria Orlando avec admiration.

— Je te vote un dixième en plus pour cette imagination ! dit un bandit.

La troupe était dans la joie.

— Je pars pour Bari à fond de train, dit Langelo. Qu'on veille sur ces gamins-là ! Je ne comprends pas comment nos amis ont été assez stupides pour se laisser égorger par de pareils enfants ! Cinq hommes resteront à la grotte. Quatre autres iront m'attendre, vers la pointe du jour, à la *Roche-Grise*, dans la cabane du berger, c'est là que je donnerai rendez-vous à la personne chargée de nous apporter les cent mille francs. Quand elle arrivera, nous la tuerons. Mon cheval !

On amena à Langelo un magnifique étalon sur lequel il sauta et qui l'emporta bride abattue à travers la montagne.

Bientôt le brigand eut disparu dans la nuit.

Les quatre compagnons rentrèrent dans la grotte, mangèrent une tranche de rôti et se dirigèrent vers la *Roche-Grise*, après avoir donné des ordres aux *novices*, sans toutefois les mettre dans le secret, ce qui était contraire aux us et coutumes de la malvivance.

Luidgi et Giuseppe ne se doutaient de rien cependant ; ils se croyaient délivrés ou à peu près ; car jamais, comme Orlando l'avait dit, les malvivants n'avaient manqué à leurs serments.

Ils avaient joyeusement dîné.

Puis Luidgi avait demandé qu'en l'absence du chef on leur laissât les mains libres, et il l'avait obtenu. Les novices se disaient qu'après tout, étant sur le point d'être mis en liberté, ils ne chercheraient pas à s'échapper ; puis sans armes, sous le regard d'une sentinelle, que pouvaient-ils faire ?

Sceaux. — Typ. et stér. M. et P.-E. Charaire.

Vous commanderez le feu!

Ils s'étendirent sur des peaux de moutons qu'on leur prêta; Luidgi, toujours insouciant, prit en main la photographie de Ginna, la porta à ses lèvres et ne tarda pas à s'endormir.

Giuseppe, lui, veillait en feignant de sommeiller.

Il se retourna vers son compagnon quand il fut certain qu'il était assoupi, et, écartant les boucles de cheveux qui couronnaient son front, il lui donna un baiser après s'être assuré que personne ne le regardait.

— Pauvre Luidgi, se dit-il, s'il savait...

Et il allait s'endormir aussi.

Mais il remarqua que les bandits chuchotaient entre eux; l'un des anciens était retourné sur ses pas; il avait, réflexion faite, été décidé que l'on mettrait les jeunes bandits au courant, vu les circonstances exceptionnelles.

Il va sans dire que, tout apprentis qu'ils étaient, les novices trouvèrent magnifique le plan du capitaine.

Ainsi le dernier refuge de la loyauté allait disparaître de la surface du globe.

Autrefois Fra Diavolo, parodiant un mot célèbre, avait pu dire:

— Si la bonne foi avait disparu du reste de la terre, on la retrouverait dans le cœur et dans la bouche des brigands!

Hélas! cette mémorable parole du plus poétique des scélérats allait recevoir un cruel démenti.

L'ancien s'éloigna, après avoir recommandé de faire bonne garde, ce qu'on lui promit.

Et les garibaldiens, à leur grande surprise, furent, en effet, regarrottés aussitôt; toutefois, on les laissa l'un près de l'autre.

— Que penses-tu, toi? demanda tout bas au jeune Sicilien Luidgi que ce nouveau garrottage avait réveillé.

— Qu'ils veulent toucher la rançon et nous massacrer après, répondit celui-ci.

— Il faut nous sauver!

— Impossible!

Et les deux jeunes gens échangèrent un adieu désespéré.

— Pauvre petite Ginna, murmura Luidgi.

Giuseppe sourit tristement à cette évocation.

— Elle ne te survivra pas! dit-il.

Et il allait faire quelque révélation; mais il se retint comme il l'avait fait vingt fois déjà.

— Elle m'aime donc bien! demanda Luidgi.

— À la folie! répondit Giuseppe. Tu sais que les Siciliennes sont femmes du premier mouvement; elle t'a vu et tout a été fini. Son cœur a volé vers toi.

Une larme brilla dans les yeux de Luidgi.

— Tâchons de dormir, dit-il.

Et tous deux, ils fermèrent les yeux.

XIX

D'un révérend père qu'on n'attendait pas. — D'un chien vigilant. — D'une robe qui tombe. — Deux poings armés. — Ne jamais désespérer. — D'une lutte entre deux malins. — D'un stratagème qui réussit. — Encore un obstacle. — Feu. — Les torches. — Jeter son toit par-dessus sa tête. — Les brûlots.

Le lendemain, vers dix heures et demie du matin, un révérend père, orné d'une barbe blanche magnifique et suivi d'un chien, se présentait au bas de la montagne, à l'entrée du sentier conduisant à la *Roche grise*.

Le vénérable ecclésiastique semblait tout poudreux pour avoir fait diligence; il était monté sur une mule qui semblait plier sous le poids de deux gros sacs : c'était la rançon.

Les brigands aperçurent le révérend; ils attendaient un autre messager et furent désappointés.

— Nous n'allons pas massacrer un prêtre, dit Orlando; ce n'est pas possible.

— Bah! fit Langelo, toujours habile à calmer les scrupules des siens. Ce n'est qu'un moine! Il n'est peut-être pas ordonné. Et puis, il n'y a pas à hésiter.

Et il marcha vers le révérend :

— Venez, mon père, lui dit-il d'un ton insinuant et ne craignez rien.

Le moine tremblait.

Toutefois, il laissa les bandits conduire sa mule vers la cabane située près de la *Roche-Grise*; on y fut bientôt.

Le révérend descendit et entra après avoir pris un sac; Langelo apporta l'autre.

On étala l'or et l'argent.

Quand Langelo vit que le compte y était, il fit un signe imperceptible à un bandit qui passa derrière le moine et leva son poignard; mais tout à coup le chien du révérend sauta à la gorge du bandit et l'étrangla.

Aussitôt la robe du moine tomba, il parut aux yeux des brigands armé de deux pistolets démesurément longs; il fit feu, deux hommes tombèrent, le reste s'enfuit.

— Canaille! dit-il en français.

Et il acheva le brigand qui râlait sous la dent du chien ou plutôt du chacal; car le moine n'était autre que Jean.

Cependant les trois bandits survivants s'étant jetés dans les broussailles se mirent à tirer sur la cabane.

— Diable, dit Jean, je n'ai que mes pistolets; la partie n'est pas égale.

Toutefois il prit ses dispositions de combat.

La position de Jean était fort critique.

Il avait contre lui trois hommes, tireurs adroits, gens très-habiles à la guerre d'embuscade; en outre, ils étaient armés de carabines, et lui n'avait que des revolvers.

C'était, il est vrai, des armes de choix; le canon fort long, portait fort loin; mais la lutte n'était pas égale.

Jean entendait les balles siffler tout autour de lui; car la maisonnette, faite de branchages entrelacés, n'offrait qu'une faible résistance aux projectiles.

Langelo, qui savait son métier, avait posté deux hommes d'un côté de la cabane; il leur avait enjoint de tirer à outrance.

Pour lui, il s'était placé derrière une roche, sur le point opposé.

Le plan du bandit était excellent.

Il supposait que le messager de la comtesse, effaré par les coups de feu, sortirait par le point opposé à celui où l'on tirait, et qu'il lui enverrait une balle quand il paraîtrait.

Jean, en effet, eut l'idée de battre en retraite et il allait exécuter son projet; mais c'était un homme trop prudent pour ne pas être défiant.

Il fit donc prendre le vent à Jacques, qui flaira maître Langelo derrière son embuscade.

— Bon! pensa Jean, il y en a un là; donc, là-bas, ils sont deux seulement.

Et il organisa sa défense en conséquence.

Avec une rapidité extrême, il se déshabilla et revêtit le costume du brigand que son chacal avait étranglé; puis, il revêtit de ses habits le bandit.

Cela fait, il disposa ses pistolets pour qu'ils fussent bien à portée de sa main, imita en bouleversant tout dans la maisonnette le bruit d'une lutte, criant en italien :

— A moi! à moi!

Et tout à coup, ouvrant la porte, il fit une double culbute, tenant le mort dans ses bras, et en fin de compte, il parut avoir terrassé celui-ci.

On eût dit vraiment, à distance, deux vivants qui s'étaient colletés et dont l'un avait renversé l'autre et le tenait sous lui.

Jean ayant la veste du bandit et tenant un genou sur la poitrine de celui-ci, qui n'avait garde de bouger, et pour cause, et qui était vêtu du costume de Jean, il en résulta que les bandits crurent que leur camarade, revenu à lui après un étourdissement, s'était jeté sur le messager et s'en était rendu maître.

— A moi! criait toujours Jean.

Et les brigands d'accourir.

— Tiens bon! criaient-ils.

Quand ils furent tout près, Jean cria :

— Pille, Jacques!

Puis, saisissant un pistolet, il cassa la jambe d'un de ses adversaires; le chacal tenait déjà l'autre; mais celui-ci effrayé en ne reconnaissant pas son camarade sous la veste que portait Jean, avait tourné le dos et le chacal ne le tenait que par le fond de sa culotte.

Il tirait d'un côté.

Jacques tirait de l'autre.

La culotte était solide.

Cette lutte aurait pu se continuer longtemps, si Jean n'avait envoyé une balle au bandit qu'il étendit raide mort.

Cela fait, l'ex-zouave sauta dans la cabane, suivi de son chacal.

Il se doutait que Langelo allait accourir et lui envoyer un coup de feu; il ne se trompait pas, il était temps.

Le bandit, entendant les appels et le bruit d'une lutte, mais ne voyant pas ce qui se passait, avait rampé de pierre en pierre, faisant un détour pour arriver à avoir vue sur le point où la scène que nous avons décrite se passait.

Il venait d'y arriver et avait tout compris quand Jean disparut.

Langelo le tenait déjà en joue.

Dès lors le chef se sentit seul.

Mais c'était un homme fort, brave en somme, qui ne se décourageait pas facilement.

— Eh! eh! se dit-il, les cent mille francs sont là! Je parviendrai bien à tuer mon homme; je n'aurai qu'un quart de prise à donner à chaque novice; mes anciens sont morts, je bénéficie d'autant.

Et sur ce raisonnement plein de justesse, il s'était rejeté dans la broussaille.

Jean, lui, avait pris les carabines des morts et il était parfaitement armé.

La lutte allait s'engager d'homme à homme entre deux fins matois, quand tout à coup apparut une troupe d'hommes dont l'un était à cheval.

C'était le comte X... qui, accompagné de Jacopo et de deux laquais, venait s'informer du sort des deux garibaldiens, dont il n'avait pas eu la patience d'attendre les têtes promises par Langelo.

Cette petite troupe, débouchant brusquement d'un sentier, surprit Langelo, qui méditait son plan d'attaque et était fort occupé de son ennemi.

Le premier mouvement du bandit fut excellent; il eut tort de ne pas s'en défier, et il le regretta amèrement plus tard.

— Prenez garde, Excellence! avait-il crié au comte; il y a un homme qui nous tient en joue dans cette petite masure là-bas.

Le comte descendit brusquement de cheval et s'abrita derrière un arbre; les serviteurs imitèrent leur maître avec un empressement facile à comprendre; puis, tous ensemble, ils se glissèrent dans un pli de terrain et tinrent conseil.

— Que s'est-il passé? demanda le comte.

— Excellence, répondit Langelo, notre métier est dur et les aubaines y sont rares.

A cet exorde, le comte fronça le sourcil.

— Ne vous fâchez pas, Excellence, reprit Langelo; je ne suis pas coupable. Mes *anciens* qui sont morts, pauvres diables! — et il aurait pu m'en arriver autant, — m'ont forcé la main; j'ai eu beau m'en défendre, j'ai dû céder.

— Au but! fit le comte.

Langelo vit qu'il fallait parler sans ambages; il raconta ce qui était arrivé.

— Croyez, Excellence, dit-il, terminant par un effronté mensonge, que si mes anciens ne m'avaient pas obligé à tenter ce coup, j'aurais d'abord songé à vous avant de songer à mes intérêts.

— Et que veux-tu faire? fit le comte.

— Tuer ce messager et vos deux ennemis! répondit Langelo. Les garibaldiens sont dans la grotte.

— Heureusement.

— Sous la garde de quatre *novices*.

— Tant mieux...

— Vous devriez aller les expédier avec Jacopo, et moi, secondé de vos deux laquais, je surveillerais ce drôle qui est là avec les cent mille francs. Quand les jeunes gens seront morts, vous reviendrez avec mes novices. Il est important de tuer ce scélérat qui est réfugié dans cette tanière. Il vous a vu.

— C'est vrai, dit le comte. Allons, puisque les garibaldiens sont sous ma main, je te pardonne. Veille bien surtout!

Et le comte, son fils et Jacopo coururent vers la grotte; ils ne devaient pas tarder à y arriver.

Langelo n'était pas homme à rester inactif en face d'un ennemi; il examina du coin de l'œil les deux laquais et les trouva délurés.

— Etes-vous des hommes? fit-il.

— Nous sommes d'anciens soldats de François II, répondirent-ils; nous n'avons pas peur.

— Eh bien! dit Langelo, pendant que les autres vont travailler là-bas, il faut travailler ici; tous ces coups de feu pourraient attirer les carabiniers, et les cent mille francs nous échapperaient. Vrai, ce serait dommage.

Langelo frissonnait rien que d'y penser.

— Je vous ferai mille francs à chacun si nous tuons ce drôle, dit-il. Et je crois qu'on peut y arriver facilement.

— Commandez, dirent les laquais.

— Il faudrait que vous fissiez un feu bien nourri pendant que j'exécuterai mon dessein. Mais, per Dio, occupez-le.

— Ne craignez rien.

Les deux valets se mirent à entretenir une fusillade bien dirigée et très-vive, si bien que Jean dut y répondre; il se fit un rempart de la table et de quelques meubles, puis il riposta.

Les coups portaient juste.

Il envoyait sa balle au jugé seulement, car les laquais ne se montraient point; mais ils entendirent à leurs oreilles plus d'un sifflement désagréable.

Pendant ce temps Jacques était en faction et à travers un trou que son maître avait fait dans les branchages, l'animal surveillait la face opposée à celle où l'ex-zouave tirait sur ses adversaires.

Tout à coup le chacal poussa un grognement d'avertissement qui attira l'attention du maître; celui-ci vit en effet un homme bondir avec une rapidité vertigineuse et courir vers la cabane.

Jean allait tirer.

Mais tout à coup son adversaire disparut derrière un petit mur en pierres sèches, à vingt pas environ de la masure; c'était le mur d'un enclos où l'on enfermait des moutons pendant la nuit.

— Diable! pensa Jean; il me serre de près celui-là : ma position s'aggrave.

Mais pas une balle ne partit de ce côté.

— Que veut-il? pensa l'ex-zouave. Veille bien, Jacques, dit-il tout haut.

Et il continua à tirer, laissant toujours une arme chargée pour recevoir Langelo s'il sortait de derrière son abri.

Le brigand n'en avait garde.

Il préparait un moyen sûr de s'emparer de son adversaire.

Quand on veut forcer un renard dans un terrier, on le fume; c'est ce que Langelo s'était dit, c'est ce qu'il allait faire.

Le bandit avait coupé à un pin plusieurs branches garnies de leur fruit résineux; on sait comme cet arbre flambe facilement. Langelo portait une douzaine de ces torches avec lui quand il avait couru se jeter dans son embuscade.

De là, il était assez près de la cabane pour pouvoir lancer une baguette de pin sur le toit; il en alluma donc une et l'envoya.

Elle tomba trop loin.

Il essaya d'une seconde, qui n'atteignit pas le but; mais une troisième mit le feu au toit.

Jean ne se doutait pas du danger terrible qu'il courait.

Tout à coup il lui sembla entendre une sorte de crépitement et sentir une forte odeur de résine au-dessus de sa tête.

— Ils m'incendient! s'écria-t-il.

En effet, la toiture s'embrasait.

Jean redressa sa table, sauta dessus, coupa les liens qui rattachaient les pieux formant la grossière charpente de la couverture aux angles de la cabane; puis, toute attache étant tranchée, il souleva le toit avec son fusil, lui donna une impulsion vigoureuse et le lança en l'air de telle façon, qu'il se renversa sur lui-même, roula au pied de la cabane, fit encore un tour et s'arrêta.

Le vent soufflait de telle façon qu'il ne portait pas la flamme vers la maisonnette.

— Brûle si tu veux, dit Jean.

Mais il triomphait trop vite.

Langelo avait encore plusieurs torches; il les envoya contre les branches formant les murailles ou les cloisons (comme on voudra) de la cabane.

Deux tombèrent si malheureusement qu'elles firent flamber aussitôt les feuilles sèches, et quelque effort que Jean tentât, il n'arriva pas à se rendre maître de l'incendie.

Dès lors, tout était dit pour lui.

En un instant, il fut environné de feu.

A ce moment aussi, les deux garibaldiens devaient succomber sous les coups de leurs ennemis.

XX

Sommeil sous le poignard. — Un désespoir utile. — De l'avantage d'avoir la main mignonne. — Une pierre dans un mouchoir. — Trois meurtres — Trop féroce. — Ginna. — La mauvaise étoile. Cendres et débris. — Le cul-de-sac.

Luidgi était un terrible garçon.

Il eût dormi sur le cratère d'un volcan; il eût fumé sur un tonneau de poudre.

Malgré la mort planant sur lui, ne voyant aucun moyen de salut, il s'était assoupi; Giuseppe, lui, veillait avec angoisse.

Dans son désespoir, il se tordait les mains.

A quelque chose, malheur est bon.

Le jeune Sicilien s'aperçut qu'à force de tourner et retourner ses poignets derrière son dos, il en relâchait les liens; et, comme il avait la main petite, que les cordes, un peu grosses, adhéraient mal à la chair, il espéra se débarrasser de ses entraves.

Il continua donc à presser, paume contre paume, ses deux mains, et à peser sur les cordes. Après un travail d'une heure, il parvint à dégager un bras; dès lors, il eut bonne espérance.

Il poussa du doigt son compagnon, qui s'éveilla, et lui dit tout bas de se retourner de façon à lui présenter ses poignets, ce que fit Luidgi.

Le jeune Sicilien, couché sur le flanc, feignant de dormir, mit une heure encore à dénouer les liens de son ami; enfin il y arriva.

Restaient les pieds.

En ce moment, les brigands, qui avaient joué aux dés, se couchèrent fatigués.

La sentinelle veilla seule.

Par malheur, elle se plaça tout contre les jeunes gens, à l'entrée de la grotte; de là, elle veillait à l'intérieur et à l'extérieur à la fois.

Pourtant, en prenant mille précautions, les volontaires purent, recroquevillant leurs jambes, les amener à portée de leurs doigts; et, sans bruit, patiemment, ils menèrent à bien leur tâche pénible.

Ils furent enfin dégagés. Giuseppe, approchant ses lèvres de l'oreille de Luidgi, murmura tout bas :

— Tuons d'abord le factionnaire.

— Avec quoi? demanda Luidgi.

— Avec ceci.

Et il mit dans la main de son camarade un caillou gros comme un biscaïen, qu'il avait trouvé à sa portée en tâtonnant sur le sol.

— Mets-le dans ton mouchoir et fais un nœud; ce sera une sorte de massue, dit-il encore.

Giuseppe parlait si doucement qu'à peine son souffle effleurait son ami; cependant le factionnaire se retourna, il avait perçu un léger chuchotement.

Mais les deux jeunes gens firent mine de dormir et il se retourna sans soupçons.

Luidgi plaça alors le quartier de roc dans son mouchoir et l'y enferma.

— A toi, son fusil! dit Giuseppe. A moi les pistolets!

— Bien! dit Luidgi.

Et il se leva sans effort, lentement, avec un sang-froid qu'admira son compagnon; puis il leva le bras, visant bien et prenant tout son temps.

Tout à coup le caillou siffla et s'abattit foudroyant sur le crâne du factionnaire qui s'affaissa sans même pousser un soupir.

Un bœuf ne tombe pas plus vite sous l'assommoir du boucher.

Mais le bandit ne s'étala point sur la terre; Luidgi le reçut dans ses bras, lui collant la carabine au flanc et le maintenant debout.

Cette action s'était accomplie avec peu de bruit; et l'ingénieuse idée qu'avait eue Luidgi, de saisir à bras le corps son adversaire, avait eu ce résultat d'éviter le retentissement qu'eussent produit sa chute et celle de ses armes.

Giuseppe s'était dressé et avait débarrassé aussitôt le factionnaire du petit arsenal dont tout brigand qui se respecte est muni : tromblon, pistolets, poignard, stylet ; puis on avait couché le mort.

Mais Luidgi avait reçu un flot de sang chaud sur les mains et il s'était aperçu qu'il sortait de la poitrine du bandit.

— Tu l'as donc?... fit-il tout bas.
— Achevé, interrompit le jeune Sicilien.

Puis il ajouta :
— C'est plus sûr !

Les autres brigands dormaient, sinon du sommeil des justes, du moins d'un sommeil semblable, c'est-à-dire profondément, comme s'ils eussent été d'honnêtes bourgeois.

— Tirons, chuchota Luidgi.

Et il les coucha en joue.

Mais le jeune Sicilien l'arrêta.
— Poignardons, fit-il.
— Pourquoi ?
— Il y a prudence à éviter les détonations à cause des autres bandits qui sont peut-être près d'ici. Puis il ajouta, à voix basse :
— Prends le premier.
— Et toi ?
— Moi, le troisième ; le second sera entre nous deux ; il ne saurait nous échapper.

Et le pistolet dans la main gauche, le stylet de la main droite, s'avançant sur la pointe du pied, ils arrivèrent tous deux contre leurs bourreaux, devenus leurs victimes ; ils se penchèrent...

Luidgi remarqua que les yeux de son ami étincelaient étrangement dans l'obscurité.

Le foyer, à peu près éteint, n'éclairait qu'à peine la grotte où se déroulaient les péripéties de ce drame.

Luidgi put voir pourtant le geste d'interrogation par lequel son ami lui demandait :
— Es-tu prêt ?
— Oui, indiqua-t-il, baissant la tête.

Les deux stylets disparurent dans les poitrines en même temps; puis chaque volontaire, mû par la même pensée, mit un genou sur la poitrine de chaque blessé et frappa celui de ses adversaires qui se trouvait au milieu des deux autres.

Celui-ci reçut un coup au cœur, le second au ventre ; il mourut sans crier.

Les deux camarades se débattaient.

Giuseppe s'acharna contre celui qu'il maintenait sous son genou.

Il était mort qu'il le frappait toujours !

— Un peu féroce ! pensait Luidgi qui s'était relevé et remarquait avec quelle joie fauve le jeune Sicilien fouillait de son arme les chairs du bandit.

Enfin, cette soif de vengeance s'apaisa.

Giuseppe s'était relevé un peu ; toutefois, il ne cessait de regarder son ennemi.

— Tu ne me rôtiras pas, toi, misérable, lui dit-il, la voix convulsive et les dents s'entrechoquant.

Et sa main crispée se portait instinctivement à la gorge de son adversaire, et le cou de celui-ci était tordu dans cette dernière étreinte de la haine.

— On voit, pensait Luidgi, que ces Siciliens ont du sang arabe dans les veines. Quelles rancunes ils vous ont !

Puis, comme trouvant une excuse :
— Mais ils savent aimer aussi !

Giuseppe, las enfin de meurtrir un cadavre, se releva ; il était tout à fait couvert de larges taches rouges qui, dans l'obscurité, paraissaient noires et plus sinistres encore ; quand il tourna son visage vers le foyer, on eût dit un masque de cire blanche ; sa bouche, d'ordinaire si gracieuse, avait un rictus cruel au coin des lèvres mates et serrées ; les yeux, dilatés démesurément, ressortaient fulgurants et jetaient, comme ceux de la race féline, des éclairs dans l'ombre...

Le jeune Sicilien semblait avoir perdu toute conscience de ses actes ; il avait l'air égaré, tenant à la main son stylet, d'où le sang tombait goutte à goutte ; ayant le regard fixe, le corps roidi par une convulsion nerveuse, la tête immobile, la bouche blémissante.

Luidgi eut peur qu'il n'eût perdu la raison.

— Giuseppe, dit-il, le touchant du doigt.

Au son de cette voix amie, qui le rappelait à lui, le jeune Sicilien poussa un cri rauque, il jeta son arme, puis, perdant connaissance, il tomba sur le sol.

Il s'était évanoui.

Une réaction violente s'était faite après cette crise ; elle abattait ce caractère énergique : ainsi sont les tempéraments nerveux, ils passent en un instant de l'extrême exaltation à l'extrême abattement.

Violentum non durat, ont dit les Latins de la décadence (ce qui est violent ne dure pas).

Luidgi se hâta de secourir son compagnon.

Bizarre contraste !

Il était, lui, aussi calme que le Sicilien avait été emporté, furieux, exaspéré ; singulier privilége des caractères insouciants, dont les Gaulois étaient le type le plus accusé ; il avait tué ses adversaires avec sang-froid ; il était sauvé ; il était joyeux, mais n'avait plus de haine.

Il trouva de l'eau dans une cruche.

Quand il voulut ouvrir la chemise de son ami pour lui donner de l'air, et asperger la poitrine et le col, il s'aperçut qu'en tombant le jeune homme avait empoigné l'étoffe de laine de telle sorte qu'il était impossible de mettre le sein à nu ; ses doigts étaient serrés avec une force incroyable, persistant malgré la syncope.

Luidgi se contenta de lui jeter des gouttes d'eau sur le visage.

Le jeune Sicilien revint à lui.

— Tu es fou, lui dit tranquillement Luidgi, de te mettre dans un pareil état.

— Mais songes-y donc, s'écria Giuseppe ; ils ont commencé à nous rôtir, ces scélérats.

Et toute sa fureur lui revint.

— Ils sont cinq encore, continua-t-il avec une sorte de rugissement ; cinq qu'il faut exterminer !

— C'est une idée, fit Luidgi.

— Il faut nous venger, gronda Giuseppe.

— Nous gagnerons une décoration ! fit Luidgi.

Les deux caractères se montraient dans ces deux phrases exclamatives.

— Nous allons leur tendre un piège, reprit le jeune Sicilien, nous placerons un de ces bandits en faction comme s'il était vivant, les autres s'approcheront sans défiance.

— Bonne idée !

— Nous nous déguiserons nous-mêmes avec les effets des morts, et nous tuerons nos adversaires à bout portant, quand, sans soupçons, ils pénètreront dans la grotte :

— Giuseppe, tu es un garçon d'esprit ! Tu nous feras donner la croix.

— Et puis, quand nous les aurons pulvérisés sous nos talons, il faut tâcher d'en avoir deux encore vivants, nous les brûlerons à notre tour.

— Pouah ! fit Luidgi.

— Tu ne veux pas ?

— Fi donc ! Des gens comme nous !

— Eh bien ?

— Rôtir des hommes ! Cela me répugne.

Le jeune Sicilien ne répondit rien, mais il eut un haussement d'épaules significatif.

— Quel démon ! pensa Luidgi.

Puis, tout haut :

— Habillons-nous, dit-il.

— Oui, dit Giuseppe.

Et parmi les morts, les jeunes gens choisirent chacun celui qui avait la taille la mieux en rapport avec la sienne.

Luidgi se débarrassa de son vêtement, dès qu'il eût trouvé son affaire.

Le jeune Sicilien à son tour s'arrêta au plus petit des novices et dit gaiement :

— J'ai mon mort ! as-tu le tien ?

— Oui, fit Luidgi, riant de cette plaisanterie funèbre.

Giuseppe se retourna.

Pour y voir, les jeunes gens avaient ranimé le foyer ; le jeune Sicilien aperçut le corps se profilant devant lui de son compagnon dans le *simple appareil d'une jeune beauté qu'on arrache au sommeil* : il n'avait gardé que son *inexpressible* (style anglais). — La langue française tend à devenir si *bégueule*, mais si *bégueule* ! qu'il faut des périphrases et des sous-entendus pour exprimer cette simple pensée : « Le jeune homme était en chemise ; » — enfin on y arrive tout de même.

Giuseppe poussa un léger cri et détourna la tête.

— Eh ! fit Luidgi.

— Rien, répondit son ami.

Seulement, craintif et empressé, il fit sa toilette de bandit avec la plus minutieuse précaution... pour ne pas s'enrhumer ; on l'eût supposé du moins tant il avait peur de livrer ses épaules aux caresses du vent qui pénétrait dans la grotte par intervalle.

Il eut une exclamation de satisfaction, quand il eut fini de s'équiper.

Luidgi avait terminé aussi.

Ils se regardèrent tous deux.

— Jolis brigands ! dit Luidgi. Je suis sûr que nous ne parviendrions jamais à effrayer des voyageurs. Voyons, Giuseppe, as-tu bien réfléchi qu'ils sont dix et que c'est beaucoup.

— Tu as peur ?

— Non.

— A la bonne heure ! Pour mon salut éternel, vois-tu, je ne voudrais pas renoncer au bonheur de tuer ce Langelo !

— Tu es vindicatif ?

— C'est ma nature.

— Partons alors, dit Luidgi ; mais je crains que nous n'attendions longtemps.

— Bah, nous causerons de Ginna !

Et ils devisèrent en effet de mille choses et d'une seule : de Ginna et de tout à propos d'elle.

Luidgi avait tiré la photographie de la jeune fille et il l'admirait, Giuseppe voyait l'amour de son ami grandir et il en était ravi ; Ginna fit le pivot de la conversation, on y ramenait toutes pensées, tous projets.

Et cela durant de longues heures.

Tout à coup un appel retentit :

— Les voici ! dit Luidgi.

Et les jeunes gens se retirèrent dans la grotte, laissant leur factionnaire mort en vue, à l'entrée du repaire et s'appuyant contre un mur.

Giuseppe, gonflant sa voix, répondit à l'interpellation, et par-dessus l'épaule de la sentinelle, il vit, en se haussant sur ses pieds le comte X... et sa suite.

— Luidgi, appela-t-il, ce ne sont pas les bandits.

Et le jeune homme accourut.

— C'est mieux, dit-il.

Jacopo et Paolo étaient descendus de cheval et venaient à la grotte ; le comte restait en selle.

— A ces deux-ci d'abord, dit Giuseppe ; à l'autre après.

Luidgi retira le factionnaire de façon à ce qu'il pût reculer pour livrer passage.

Jacopo ne se doutait de rien, ni Paolo non plus.

Le foyer était éteint depuis longtemps ; l'obscurité régnait dans le repaire.

— A toi le Jacopo, dit Giuseppe.

— Bon ! fit son ami.

Les deux hommes entrèrent.

— Il fait noir ici comme dans un four, dit Jacopo ; comment va-t-on, les enfants ? Nous apportons les ordres du chef. Où sont donc les petits garibaldiens, qu'on les exécute un peu devant Son Excellence qui est venue voir cela.

— Ces chers amis... commençait Paolo ironiquement, je serais heureux de leur serrer la main ; ils...

Mais il n'acheva pas.

En moins de rien, deux secondes, une lame d'acier le transperça deux fois.

— Voici pour ta trahison, vipère ! Tu ne siffleras plus, dit la voix de Giuseppe.

Jacopo, lui, recevait un seul coup ; mais il était traversé d'outre en outre.

Luidgi avait retrouvé sa baïonnette de garibaldien et il s'en était servi.

Pourtant l'intendant put pousser un cri ; ce fut une clameur d'avertissement pour le comte.

Celui-ci, inquiet, recula instinctivement ; il devinait un danger ; une balle que lui envoya Giuseppe l'éclaira tout à fait et il partit au galop.

Le projectile avait coupé une oreille à son cheval et il s'était senti touché au flanc.

— Sus! sus! cria Giuseppe.

Et il se mit à la poursuite du comte.

Luidgi le suivit.

Les deux jeunes gens couraient avec une rapidité extrême le long des pentes; en un quart d'heure, ils firent plus d'une lieue.

Tout à coup, à mille pas devant eux environ, ils aperçurent le comte arrêté sur un plateau; autour de lui, Langelo et les deux laquais étaient rangés, le fusil en main; près de là, un tas de cendres fumantes, restes de la cabane où s'abritait Jean. Sans doute, il avait été pris et massacré; mais les jeunes gens ignoraient ce qui s'était passé là.

Pour pousser plus loin, ils devaient s'engager sur le plateau; car des rocs à pic leur barraient le passage partout ailleurs.

Ils avaient quatre hommes devant eux !

Et ces quatre hommes se jetèrent dans les broussailles; ils attendirent que les jeunes gens essayassent de s'avancer pour les fusiller à l'aise; car les volontaires devaient s'exposer à découvert, tandis que leurs ennemis étaient abrités par des bouquets d'arbres.

Seulement les jeunes gens eurent cette consolation de voir des cadavres joncher le plateau.

— Il y a eu des bandits tués ! observa Giuseppe.

— M. Jean doit être venu apporter la rançon, dit avec douleur Luidgi; ils l'auront attaqué et massacré ! mais il s'est bien défendu : voici quatre morts !

— Quel brave soldat il était ! murmura Giuseppe.

Puis il reprit :

— Qu'allons-nous faire ? Nous sommes comme enfermés dans ce sentier; devant nous, ces gueux-là ! Derrière nous, la grotte qui forme un cul-de-sac, et qu'environnent des escarpements impossibles à franchir, nous sommes prisonniers !

— Il est écrit que ces brigands auront le dernier mot ! murmura Luidgi.

Et il parut découragé.

FIN DE LA PREMIÈRE SÉRIE.

JEAN CHACAL

Souvenirs d'un Zouave
1866
PAR LOUIS NOIR.
DEUXIÈME SÉRIE

XXI

Encore une bonne idée de Giuseppe. — Le phénix renaissant de ses cendres. — A travers les populations reconnaissantes. — Un télégramme du roi (1).

Il fallait prendre un parti.
Les deux jeunes gens se trouvaient au milieu d'un ravin qui descendait de la grotte au plateau; ils essayèrent, sans grand espoir, de trouver un sentier le long des pentes de cette gorge; ils n'y réussirent pas.

Ils durent se résigner à attaquer les bandits à découvert en traversant le plateau.

— Ecoute, dit Giuseppe, qui avait toujours des idées ingénieuses, ces gens-là ne savent pas comment nous nous sommes délivrés; ils peuvent supposer qu'on nous a prêté secours; nous allons faire mine d'avoir appelé des camarades à notre aide et nous courrons droit sur eux en hommes sûrs d'être soutenus.

(1) L'Italie, la Patrie, l'Opinion et les journaux italiens ont tous raconté comment deux prisonniers avaient massacré une bande de brigands; un décret royal conféra la décoration à ces jeunes gens. Ceci pour ceux qui ne croiraient pas à notre véracité d'historien.

— Bravo, dit Luidgi. Aussi bien, il faut sortir de cette position.

— Pour leur faire croire à la présence de nos amis, j'ai un bon plan, fit Giuseppe.

Et il ajouta :

— Jette-là un pistolet.

Luidgi obéit.

Le jeune Sicilien posa aussi un revolver sur le sol; puis il déchira un morceau de son mouchoir et le roula dans de la poudre.

— Qu'est-ce? fit Luidgi.

— Une mèche, dit Giuseppe.

Il arma les pistolets, coupa la mèche en deux morceaux, mit le feu à un bout, et appliquant l'autre sur l'amorce de chaque canon :

— Avançons maintenant, dit-il.

— Je ne comprends pas, fit Luidgi.

— Tu vas saisir! répondit le Sicilien en courant.

A mille pas de là, à l'entrée du plateau, il s'arrêta avec son ami, se coucha derrière un rocher et engagea Luidgi à en faire autant.

— Nous allons commencer le feu, lui dit-il; nous arriverons en aide à nos camarades supposés.

— Après?

— Les pistolets partiront et les brigands croiront, à ces détonations, que du secours survient.

— En effet, ils seront convaincus que ce sont des amis qui tirent par-dessus nos têtes.

Et Luidgi se mit à faire feu.

Puis tous deux, ils poussèrent des clameurs d'appel.

— A nous! Par ici. Ils sont là!

Tant et si bien que maître Langelo, tout fin qu'il était, aussi bien que le comte et ses laquais, commencèrent à s'inquiéter très-sérieusement.

Tout à coup deux détonations éclatèrent à mille pas en arrière des volontaires, qui se levant en brandissant leurs crosses de fusil, s'élancèrent sur les brigands, en continuant à crier de toutes leurs forces :

— A nous, camarades, à nous!

Le comte sauta sur son cheval, donnant le signal de la déroute; Langelo s'enfuit, les deux laquais déguerpirent. Luidgi campa une balle au vol, en quelque sorte, à l'un des laquais, l'autre tomba aussi foudroyé.

Pourtant Giuseppe n'avait pas tiré.

— Coup double! s'écria Luidgi.

Et les volontaires s'arrêtèrent; car de poursuivre les deux autres fuyards, il n'y fallait pas penser; ils avaient une avance trop grande.

— Cherchons un peu le corps de ce pauvre Jean, dit Luidgi; nous le retrouverons sans doute.

— Ne crains-tu pas qu'ils reviennent?

— Regarde-les détaler, fit Luidgi.

On aperçut en effet dans la plaine le comte et Langelo qu'il avait pris en croupe; ils allaient comme le vent.

— Quelle panique! fit Luidgi.

— Moi, dit Giuseppe, j'aurais voulu me venger de ces deux misérables-là!

— Tu les retrouveras.

— Espérons-le, dit une voix.

Les volontaires tressaillirent.

Cette voix partait de dessous les cendres de la cabane; ils étaient stupéfaits.

Bientôt les cendres, les débris furent soulevés, un homme parut.

C'était Jean.

Jacques sortit aussi des charbons et courut aux garibaldiens qu'il combla de caresses.

— Eh! fit Jean, vous me croyiez mort, mes maîtres; mais je ne trépasse pas ainsi.

— Comment en avez-vous réchappé? demanda Luidgi après avoir embrassé Jean.

— Venez voir.

Et Jean leur montra une porte de cave assez profonde, pratiquée dans le sol de la maisonnette.

— Le pâtre qui habite ici, dit-il, est un fin matois; il sert les brigands.

— Ça paraît probable, dit Giuseppe.

— C'est certain! fit Jean. Il tire des profits de sa petite industrie; il craint de les perdre. Aussi a-t-il creusé une sorte de cave, dont la trappe est recouverte de terre et se confond avec la terre battue qui sert de plancher à cette cabane; c'est si bien fait, que sans Jacques je n'aurais pas deviné cela.

— Ce bon Jacques! fit Giuseppe en flattant de la main l'intelligent animal.

— Il a flairé le pâtre, dit Jean.

— Le pâtre? interrogea Luidgi.

— Eh! oui. Ce brave homme, au lieu de s'éloigner, comme les brigands le lui commandaient sans doute dans des circonstances comme celles-ci, se tenait dans sa cave.

— Voyez-vous cela.

— Il entendait tout ce qui se passait.

— Quel intérêt y avait-il?

— Ne savez-vous pas que l'on paye richement ceux qui dénoncent les pourvoyeurs en poudre et en armes des bandits?

— C'est vrai. Il tenait à les connaître, et il aura cru que l'on avait donné aujourd'hui rendez-vous à quelqu'un d'eux.

— Allons le prendre, dit Luidgi.

— Inutile, dit Jean.

— Parce que?...

— Il est mort. Quand j'ai vu Jacques gratter la terre avec rage, j'ai deviné quelque chose. Ce brave chacal sentait un homme sous nos pieds. J'ai vu le bois de la trappe, mis à nu par les griffes de mon compagnon; je l'ai levée, puis rabaissée sur moi; vous concevez que ces branches n'ont pas fait un feu assez fort pour me cuire; et puis on avait de l'air.

— Par où?

Alors Jean montra que le souterrain avait un jour, une sorte de meurtrière, donnant sur une déclivité.

— J'ai tiré par là, dit-il.

— C'est donc vous qui avez tué le second laquais? Moi qui croyais avoir fait coup double.

— Et le pâtre? demanda Giuseppe.

— Que voulez-vous, j'étais de mauvaise humeur; il pouvait crier; il faisait un vilain commerce, je l'ai...

Jean fit un geste significatif.

Giuseppe lui saisit la main.

— A la bonne heure! s'écria-t-il, j'aime les hommes comme vous, moi.

— Ai-je donc hésité, moi! fit Luidgi.

— Non; mais tu as parfois des pitiés ridicules!

— A propos! dit Jean, comment vous êtes-vous sauvés, mes enfants? Encore un exploit!

Luidgi rayonnant raconta les scènes que nous avons décrites.

— Des petits héros! murmurait Jean, Castor et Pollux!

Il les embrassa tous deux.

Les deux garibaldiens ne tenaient plus sur terre; ils se sentaient des ailes, tant ils étaient joyeux.

— Allons au village voisin chercher la gendarmerie, s'il y en a, dit Jean.

A peine avait-il prononcé ces mots que deux carabiniers parurent; ils avaient été prévenus par un berger que l'on entendait tout à coup des coups de feu dans la montagne; ils accouraient.

On les mit au fait.

Ils se chargèrent de verbaliser et d'enterrer les morts; mais Jean avant de partir les pria de l'aider à déblayer les cendres de la cabane.

On trouva toutes noircies, chaudes encore, les pièces d'or et d'argent de la rançon.

— Eh! fit Jean en riant, nous gagnons cent mille livres à la trahison de ces gueux-là!

L'on se partagea la somme après l'avoir laissée refroidir; elle était lourde!

— Bah! dit Jean, c'est un de ces fardeaux que l'on porte gaiement, quoiqu'ils pèsent.

C'est ainsi qu'on arriva au village.

Là, toute la population était sur pied.

Quand elle sut ce qui s'était passé, elle fit un triomphe aux trois hommes qui l'avaient délivrée d'un voisinage aussi redoutable que celui de Langelo.

Cependant les vainqueurs mouraient de faim; on leur improvisa un repas copieux.

Pendant ce temps, on courut dans la montagne, avec ordre du syndic de ramener les cadavres des brigands, ce qui fut fait. Déjà le syndic avait fait jouer le télégraphe.

Il prêta sa voiture aux garibaldiens et à Jean pour retourner à Bari; il monta à cheval pour les escorter.

Tous les riches propriétaires du pays l'imitèrent. On plaça sur un chariot les corps des malvivants; la milice prit les armes et entoura le char qui portait ces trophées sanglants.

C'était un spectacle étrange et imposant, malgré ce qu'il avait de barbare et de primitif.

On arriva ainsi au bourg voisin.

Les paysans de cette localité se portèrent en foule au-devant de ce convoi singulier et en grossirent l'escorte; on défila ainsi, de village en village, pendant sept heures; on arriva sur le tard aux environs de Bari.

La nouvelle y était arrivée.

Tous les volontaires s'étaient massés aux portes afin d'acclamer leurs camarades.

Un peuple immense encombrait les abords de la ville; on eût dit qu'un conquérant allait faire une entrée solennelle dans la cité.

C'est que jamais, depuis que la *malvivance* désolait la province, on n'avait entendu parler d'un trait pareil de la part de leurs prisonniers; les autorités, pour éveiller l'esprit public et produire un grand effet d'exemple, secondaient le mouvement général.

On eût dit une fête officielle.

Le char parut.

Le convoi salua la cité.

Celle-ci répondit par une immense clameur.

Ce fut au milieu d'un indescriptible enthousiasme que les jeunes gens défilèrent jusqu'au palais municipal, où le syndic et les autorités les reçurent.

C'était à qui les embrasserait.

Pour la première fois Giuseppe soutint tant d'honneurs sans défaillance.

— A la bonne heure, lui dit Luidgi; tu deviens un homme, mon cher! Les moustaches vont te pousser.

Dieu sait ce que pensa Giuseppe de cette prédiction; mais il eut un sourire bien narquois.

Cependant, les jeunes gens et leur ami demandèrent congé aux autorités qui les félicitaient; ils voulaient embrasser la comtesse, mais le syndic avait reçu une dépêche.

— Attendez donc, leur dit-il.

Et il appela un domestique, auquel il donna un ordre.

— Le roi, dit-il, informé de votre conduite, vous accorde à tous trois la médaille du mérite militaire (distinction fort recherchée en Italie); de plus, nous avons décidé que la ville de Bari vous voterait des revolvers d'honneur.

Le domestique revint avec des coffrets.

— Voici les armes! dit le syndic.

Puis il voulut attacher lui-même les médailles sur les poitrines des jeunes gens.

A leur sortie, ceux-ci furent encore l'objet de bruyantes ovations qui les accompagnèrent jusqu'à l'hôtel qu'habitait la comtesse; longtemps la foule stationna devant les fenêtres.

— Anita! s'écria Luidgi en se jetant dans les bras de sa sœur, nous l'avons échappé belle!

La comtesse pleurait de joie.

Elle embrassa aussi Giuseppe, mais elle se contenta de serrer les deux mains de Jean.

— Nous voudrions bien dormir! dit Luidgi. N'as-tu pas un lit à nous donner?

La comtesse sonna; un domestique parut.

— Une chambre à ces messieurs, ordonna-t-elle.

Giuseppe, pour le coup, perdit contenance.

Toutefois il suivit son ami.

Quand ils furent dans le couloir, Giuseppe demanda à Luidgi :

— Tu es donc bien fatigué, toi?

— Oui, dit le jeune homme.

— Eh bien, moi, j'ai envie de m'amuser!

— Tu deviens donc enragé! s'écria Luidgi. Soit, amusons-nous, soit! allons au théâtre.

— C'est cela! dit Giuseppe.

Et il respira.

— Je saurai bien m'échapper! murmura-t-il.

Et en effet... il s'échappa dans la soirée.

Ce pauvre Giuseppe devait avoir ses raisons pour cela.

XXII

Où l'on s'aime.....

Cinq minutes après le départ des jeunes gens, Jean était assis auprès de la comtesse.

Elle le regardait souriante.

— Je ne vous ai pas récompensé, dit-elle.

— Ne suis-je donc pas trop heureux d'être auprès de vous, répondit-il; une minute à vos côtés se payerait par des heures de souffrance et d'ennui.

La comtesse arrêta ses grands yeux sur le jeune homme; il tressaillit; les yeux de la jeune femme reflétaient sa pensée, et cette pensée était qu'elle trouvait Jean intelligent, beau et brave, et qu'elle... l'aimait.

— N'avez-vous donc rien à me dire? fit-elle d'une voix caressante.

— Rien; sinon que vous me rendez bien heureux, dit-il.

— Rien à me demander? fit-elle encore.

— Non, dit Jean.

— Il me semble qu'il manque quelque chose à votre bonheur, mon ami. Voyons, cherchez.

Il eut peur de comprendre; une sueur froide perlait à son front.

— Mais ce vœu, murmura-t-il, ce vœu que vous aviez fait!

Elle se pencha vers lui, et ses lèvres effleurant les siennes, elle lui dit :

— C'était celui de n'être qu'à toi...

Jean, ivre de joie, l'entraça dans ses bras.

Mais elle se dégagea.

— Soyons raisonnables, dit-elle; nous nous aimons, nous le savons; nous nous marierons dans le plus bref délai.

Et elle s'enfuit.

XXIII

Du danger de boire dans la gourde d'un inconnu (1).

Cinq jours s'étaient écoulés : les hostilités étaient commencées.

(1). Le fait que nous allons rapporter a été raconté par tous les journaux italiens et par presque tous les journaux français.

Jean et la comtesse pressaient les formalités de leur mariage : ils étaient à Brescia.

Pour obtenir les papiers nécessaires à Jean, il fallait un délai d'un mois, y compris toutes les mesures à prendre pour la légalité parfaite de l'acte; en attendant, Jean persistait dans son projet de gagner une fortune honorable.

— Préjugé! disait la comtesse.

Mais Jean avait l'âme haute et fière.

Il avait obtenu facilement l'autorisation nécessaire pour fournir des vivres dans les camps; sa première spéculation était engagée; elle était originale : on la verra.

Luidgi et Giuseppe étaient entrés dans les guides de Garibaldi; le général tenait à s'entourer de jeunes gens déterminés, et il les avait admis.

Le quartier général garibaldien était établi à Slesenzano, petite ville située sur les bords du lac de Garde, à peu de distance de la place forte de Peschiera, qui appartient à l'Autriche.

Les deux armées étaient en présence.

En avant de Slesenzano on avait envoyé en détachement quatre guides; Luidgi et son ami en étaient.

Deux devaient veiller sur un mamelon, pendant que les autres se reposeraient à l'ombre d'une maison en ruines.

Giuseppe et Luidgi étaient dans la maison.

Depuis le matin, les deux jeunes gens montaient ce *piquet*.

A un kilomètre d'eux, sur les bords du lac, un homme et un batelier étaient couchés au fond d'une barque; un léger sifflement retentit.

L'homme se leva et répondit :

C'était le comte X... qui poursuivait sa vendetta.

Un individu, vêtu en paysan, parut bientôt; c'était Langelo grimé à n'être pas reconnu par sa mère.

— Ils sont à nous ! dit-il.

— Et comment?

— Si vous pouvez décider le commandant du poste le plus rapproché à envoyer une patrouille par ici, dans une heure, ils rafleraient ces quatre guides. Je leur ai versé rasade au nom de la patrie.

Ils se sont grisés?

— Non ; mais mon eau-de-vie contenait quelques gouttes d'opium; je méditais mon coup depuis longtemps.

— Il fallait en mettre une dose suffisante pour les tuer tout à fait.

— Excellence! tout aurait manqué. Le peu de laudanum qui se trouvait dans mon *acqua-vita* (eau-de-vie) en avait déjà changé le goût; ils n'en auraient pas bu suffisamment, la trouvant mauvaise.

— Bien, Langelo. Je te récompenserai. Rôde autour d'eux pour voir s'il n'y a rien de nouveau et si nous pouvons avancer; tu agiteras un mouchoir quand tu nous apercevras; je vois venir des cavaliers.

— Bien, Monseigneur.

Et Langelo s'éloigna.

— Toi, force de rames, dit le comte au batelier.

Et il longea la rive, jusqu'à la hauteur d'un avant-poste autrichien.

Ce misérable trahissant sa patrie, avait passé à l'ennemi ; les Autrichiens avaient pour lui une grande considération.

XXIV

Un peu de description. — Les garibaldiens au camp. — Vous serez vaincus et ce sera tant mieux. — Les bons conseils. — La rasade. — Les jarretières de Giuseppe. — Querelle d'enfants. — C'en était *une*, l'autre l'avoue. — Endormis (1).

C'était une heure avant que Langelo fût venu offrir à boire aux jeunes gens; ceux-ci causaient pendant que leurs deux compagnons fournissaient un peu plus loin leurs quatre heures de faction sur un petit tertre.

Il était six heures du matin.

Le soleil éclairait un paysage splendide.

Vers le nord, les Alpes Noriques avec leurs pics neigeux, leurs cimes aux nuages dorés, leurs précipices béants; les Alpes, montagnes géantes, pleines de sublimes horreurs.

A leur pied, le lac de Garde, bleu miroir teinté de pourpre par les premiers feux du jour, reflétant à des profondeurs infinies les crêtes renversées des pitons qui le bordent, la nue que le vent pousse au ciel et les villas que caressent ses flots limpides.

Puis, au loin, les Apennins perdus à l'horizon ! Entre eux et la chaîne tyrolienne, cette immense plaine du Pô, féconde, verdoyante, qui se déroule à perte de vue, semée de cités, de places fortes et sillonnée de cent rivières.

C'est là que s'est joué mille fois le sort du monde. Depuis Annibal jusqu'à Napoléon III, pas un pouce de ce sol qui n'ait été arrosé de sang humain; pas un champ où la charrue ne mette au jour, chaque année, quelques débris, restes mutilés d'un combattant.

A cette heure encore, deux nations allaient se heurter dans ces vastes champs de bataille de la Lombardie ; l'une était retranchée derrière le Pô, les montagnes, l'Adige et le Mincio, environnant les quatre forteresses géantes disposées en carré et qu'on appelle le quadrilatère.

Elle attendait.

L'autre s'apprêtait à franchir le Mincio pour venir se placer audacieusement au cœur du quadrilatère, pendant que cent mille hommes, passant le Pô, tourneraient le redoutable système de défense de sa rivale.

Garibaldi et ses volontaires, au nombre de quarante mille, gardaient les débouchés du Tyrol, pour empêcher une diversion de l'ennemi.

On voyait les camps du général s'étendant de Brescia à Desenzano, puis remontant vers les gorges jusqu'à Salo, et c'était un spectacle plein de poésie et d'animation que celui de ces bivacs établis sur les mamelons et imprimant aux sites où ils se dressaient un cachet d'une originalité pittoresque.

Ces chemises rouges, tranchant sur la verdure du feuillage et de l'herbe, donnaient au paysage un relief saisissant.

La campagne semblait plus vivante avec ces feux, ces fumées blanches, ces mille points remuant au flanc des collines, ces bruits de voix, d'armes et de chars, ces postes qui se détachaient sur les couronnements des mamelons, ces sentinelles planant au-dessus des vallées, ces clairons sonnant leurs fanfares éclatantes.

Puis çà et là, une batterie de canons trouait les bouquets d'arbres de ses gueules de bronze, piège tendu à l'ennemi.

Sur vingt lieues d'étendue, on voyait l'armée garibaldienne épandue, remuant au soleil. C'était imposant et gracieux à la fois; Giuseppe et Luidgi étaient ravis.

Tout à coup à leurs yeux parut Jean, suivi de *Jacques*.

Ce fut une grande joie pour les garibaldiens de revoir leur ami.

Nous recommandons le dialogue qui suit au lecteur; il y verra quelles furent les vraies causes de la défaite de Custozza.

— J'apporte de Brescia des nouvelles fraîches, dit Jean; on passera le Mincio demain.

— Vraiment ? s'écrièrent les jeunes gens.

— J'en suis sûr! dit Jean.

— La guerre va donc commencer sérieusement ?

— Trop sérieusement.

— Voilà un mot bizarre.

— Je m'explique, fit-il.

Les jeunes gens furent tout oreilles.

— Laissez-moi vous prédire l'avenir, dit Jean avec gra

(1) On lit dans un rapport officiel du général Garibaldi :
« Quatre guides ont été surpris et enlevés ce matin par l'ennemi ; j'ai le regret de vous annoncer que l'un d'eux est un émigré vénitien. Je crains qu'il ne soit fusillé. »

té ; je me connais en hommes et en batailles. L'Italie a
ne armée magnifique qui ne laisse rien à désirer comme
ravoure et organisation...
Les yeux des volontaires rayonnèrent.
— Malheureusement, continua-t-il, les généraux n'ont
t ne peuvent avoir l'habitude des grandes manœuvres ;
oilà où est notre point faible.
— Pourtant en 1859...
— Vous n'aviez à faire mouvoir qu'une aile, d'après les
ndications de l'état-major français. Puis on vient de commettre une faute énorme.
— Laquelle ?
— Partager les troupes en deux armées qui ne pourront
opérer de concert ; l'une, celle du roi, peut être écrasée
par toutes les forces ennemies ; l'autre aussi. Elles ne sau-
raient se secourir étant fort éloignées l'une de l'autre ; elles
seront battues à tour de rôle.
— Cialdini immobilisera une partie des forces autrichiennes en paraissant sur le Pô.
— Erreur ! On le laissera s'engager sans lui opposer
d'obstacles ; toutes les garnisons du quadrilatère s'abat-
tront sur l'armée du roi ; celle-ci vaincue, elles se retour-
neront contre Cialdini, qui aura toutes les peines du monde
à se replier en bon ordre.
— Vous prophétisez un désastre.
— Non ; seulement une défaite. Votre armée est trop
énergique, trop montée en enthousiasme pour que sa retraite devienne une déroute ; puis, pressés de courir à Cialdini, les Autrichiens ne poursuivront pas.
— Vous dites cela comme si vous étiez sûr, fit Giuseppe
un peu piqué.
— Si sûr que j'ai basé une spéculation de plusieurs cen-
taines de mille francs là-dessus.
— Gare de les perdre ! fit Giuseppe.
— Je ne le cache pas, je vous souhaite un revers finan-
cier, dit Luidgi.
— Ce serait le premier, dit Jean. Jamais je ne me suis
trompé dans mes prévisions ; je suis le Napoléon des marchands.
— Vous aurez votre Waterloo commercial ! s'écria Giu-
seppe avec un certain dépit.
— Je le souhaite, tant j'aime l'Italie ! dit Jean. Mais j'é-
tais venu apporter quelque chose.
— Quoi ?
— Les conseils d'un vieux soldat. Voici un petit carnet
que vous ferez bien d'étudier.
Et il leur remit un portefeuille dont les tablettes étaient
couvertes de recommandations.
— Allons, adieu ! leur dit-il. Demain on passe le Mincio ;
après-demain on le repassera après un échec.
Giuseppe frappa du pied la terre avec rage.
— Ne vous désolez pas, dit Jean ; cet échec sera utile
à l'Italie ; d'abord il vous ramènera à la prudence. Comme
les nations jeunes vous ne doutez de rien et vous avez un
incommensurable orgueil qui pourrait vous jeter dans
des dangers terribles. Puis, quand vous saurez ce qu'une
victoire coûte de sang et combien la réalité diffère du
rêve, vous apprécierez mieux les services et l'alliance de la
France.
Et Jean reprit souriant :
— L'Italie est comme ces jeunes gens de dix-huit ans,
intrépides dans la bonne opinion qu'ils ont d'eux-mêmes ;
es dures leçons de l'expérience lui manquent ; elle les
aura. Alors de même que le jeune homme devient un
omme, vous deviendrez une vraie nation et un grand
uple ! Dans deux fois quarante-huit heures, vous aurez
é par l'épreuve d'un revers, et vous aurez grandi de
oudées ; car une défaite vaillamment supportée ho-
us qu'un succès qui grise et entraîne à des folies.
au revoir.
i serra la main de Jean.
ppe, boudeur, refusa la sienne.
l'ex-zouave la lui prit de force et la secoua en riant ;
s'éloigna.

— Je ne l'aime plus, ton Français, dit Giuseppe.
— Il raisonne à son point de vue, reprit Luidgi ; ne lui
en veuille pas.
— Ces Français ! On dirait qu'eux seuls savent se bat-
tre ; on leur prouvera le contraire.
— Espérons-le, signori, dit une voix.
C'était celle de Langelo déguisé en paysan et impossible
à reconnaître avec ses favoris rasés et sa perruque.
— Que veux-tu, brave homme ? demandèrent les gari-
baldiens.
— Vous offrir à boire à votre première victoire au nom
de mon maître.
— Qui est ton maître ?
— Le propriétaire de cette ferme que vous voyez là-bas ;
il m'a ordonné de faire matin et soir le tour des avant-
postes et de verser rasade aux sentinelles.
— C'est un brave homme ! fit Luidgi. Verse, voici nos
gobelets !
Et le jeune homme tendit son gobelet de cuir ; Giuseppe
en fit autant, quoique n'aimant pas l'eau-de-vie ; mais il
eût craint de peiner un brave homme.
— Tu ne bois pas, toi ? demanda Luidgi au paysan.
— Le premier, signori, j'ai bu avec chaque volontaire ; mais je n'ai pas achevé ma tournée.
— Je le comprends, fit Giuseppe en riant ; tu es gris.
Et il vida d'un trait le contenu du gobelet en faisant la
grimace.
Luidgi en avait fait autant, moins les signes de dégoût ;
pourtant il remarqua que l'acqua-vita avait une saveur peu
agréable ; mais il ne voulut point le faire observer par délicatesse.
Le paysan s'éloigna en chantant l'hymne garibaldien
et renouvela ses offres aux deux autres guides, qui accep-
tèrent.
Cependant Luidgi et Giuseppe s'étaient assis et causaient en parcourant les recommandations de Jean ; une
des premières était celle-ci :
— N'accepte à boire de personne aux avant-postes, si ce
n'est des connus.
— Eh ! fit Luidgi, nous venons de commettre une faute ;
heureusement, il s'agit d'un patriote qui ne nous empoi-
sonnera pas.
Puis ils continuèrent à lire.
— Cavalier ou fantassin, on doit avoir le pied nu dans
la botte ou le soulier ; les chaussettes ne peuvent qu'abîmer
la peau et entretenir une moiteur qui donnera des ampoules et des cors.
— Ça, c'est vrai, dit Luidgi. Déjà Ciprero, qui est un
vieux troupier, m'a donné ce conseil.
— Et il doit être bon, j'ai eu des ampoules, dit Giuseppe,
ôtons les chaussettes.
Il s'assit.
Mais il ne put retirer seul sa botte.
— Je vais t'aider, dit Luidgi.
Et il enleva la botte un peu brusquement, si bien que
son ami tomba sur le dos.
Et les voilà à rire aux éclats.
Mais tout à coup Luidgi redoubla ; il s'aperçut que son
camarade avait de fins petits bas de femme ; et, comme
celui-ci avait relevé son pantalon, il vit qu'il portait jarre-
tière au-dessus du genou ; de là une joie exhilarante.
Giuseppe comprit ; il rougit, oh ! mais, cette fois, il rougit à en être écarlate.
Puis il se fâcha.
— Voilà-t-il pas de quoi se moquer de moi ! murmura-
t-il avec mauvaise humeur.
— Des bas de femme ! exclamait Luidgi en se roulant
par terre. Si les camarades le savaient !
— Eh bien ! quoi ! quand je suis parti, Ginna a fait ma
malle ; elle a mis par mégarde une de ses paires de bas avec
mes chaussettes. Ce matin, comme ces bas étaient très-fins,
je les ai pris à cause de mes ampoules. Y a-t-il de quoi se
tenir les côtes et se vautrer sur le dos comme un âne qui
s'ébat dans l'herbe ?

Le jeune Sicilien était furieux.

Luidgi se leva et se calma un peu.

Il regarda les bas, à l'idée que Ginna les avait portés, et il dit d'un air fâché :

— Tu es bien sot d'avoir sali des objets qui m'auraient été bien précieux ! Si j'avais su que tu avais quoi que ce fût, venant de ta sœur, je t'aurais sommé de me le remettre.

— Des bas ! fit Giuseppe, riant à son tour.

— Dame ! ça vaut mieux qu'un fragment de robe ; ils ont caressé une jolie jambe, ces coquins de bas.

— Tu es donc décidément amoureux ?

— Fou ! archi-fou d'elle ! fit Luidgi.

Et il tira la photographie, déjà pâlie par les baisers de chaque instant.

Puis il eut une idée :

— Giuseppe, dit-il, il me vient une fantaisie.

— Laquelle ?

— Incontestablement, tu ressembles à ta sœur ; si tu veux nous demanderons un congé de huit ou dix heures et nous irons à Brescia, si l'ennemi n'est pas signalé.

— Pourquoi faire ?

— Tu vas te moquer de moi.

— Je ne suis pas si railleur que toi ; parle.

— Tu es de la taille de la comtesse, tu t'habillerais avec une de ses robes.

— Par exemple ! fit Giuseppe.

— Au moins, je pourrais juger ce que doit être ma Ginna, puisque l'on te prendrait pour elle, si tu portais la jupe au lieu du pantalon.

Le jeune Sicilien semblait tout effaré.

— Quel projet ridicule ! fit-il.

— Mon petit Giuseppe !

— Tu as perdu la tête !

— Qu'est-ce que cela te ferait ?

— Laisse-moi tranquille, je ne veux pas.

— C'est ainsi ! s'écria Luidgi fâché ; demain j'irai me griser à la cantine, pour t'ennuyer.

— A ton aise.

— Je ferai tapage.

— Comme tu voudras.

— Ça te contrariera, Giuseppe.

Le jeune Sicilien, parodiant alors Luidgi le jour de leur grande querelle à Bari :

— Ah ! vous avez des colères enfantines ! fit-il ; vous êtes tyrannique, Luidgi !

Et sur ce, ils rirent et se réconcilièrent.

Mais le narcotique agissait.

— J'ai mal dormi, dit Luidgi ; nous avons encore deux heures avant la faction, je vais sommeiller un peu.

— Va ! fit Giuseppe.

Le jeune homme ne tarda pas à s'assoupir.

— Pauvre ami ! murmura Giuseppe en le regardant avec tendresse ; comme il m'aimera ! s'il savait sa Ginna si près de lui !

Décidément c'était une femme ; aussi bien le lecteur n'en doutait plus ; mais il nous permettra de lui conserver le nom de Giuseppe.

Elles ne furent pas rares, les vaillantes filles qui prirent part à la guerre qui vient de finir ; trois tombèrent sur le champ de bataille, et le correspondant de la *Patrie* a raconté la charmante histoire d'une fille noble qui avait déserté le toit paternel pour se faire garibaldien.

Mais la jeune femme, dont nous dirons les aventures, devait courir de bien plus grands dangers que toutes celles qui avaient imité son exemple.

Peu à peu, en effet, elle sentit sa tête s'alourdir et elle tomba à côté de Luidgi.

— Mon Dieu, murmura-t-elle, quel sommeil de plomb ! il m'écrase !

Elle voulut rouvrir les yeux pour revoir celui qu'elle regardait comme son fiancé, elle n'y réussit pas.

XXV

Trahir ou mourir !

Six heures plus tard, Luidgi s'éveillait.

Il fut fort étonné de se trouver sur la paille avec ses trois camarades, au milieu d'une chambre dans laquelle se promenait un Croate de long en large ; il fit un mouvement, le factionnaire le coucha en joue ; il comprit ce qui s'était passé.

Ce pauvre Jean avait bien raison ! murmura-t-il. Et il secoua ses amis, qui s'éveillèrent.

On juge de leur stupéfaction et de leur désespoir.

Giuseppe ne put retenir une larme.

— Tu es Vénitien, dit-il tout bas à l'oreille de Luidgi, s'ils allaient te reconnaître ; ils te fusilleraient !

— Ils ne sauront pas qui je suis, murmura Luidgi. Et puis, tant pis !

— Je meurs avec toi, dit Giuseppe. Si on découvre ta nationalité, je dirai que, moi aussi, je suis de Venise.

— Quelle folie !

— J'y suis décidé.

— Je te démentirai.

Le jeune Sicilien ne répondit pas, mais il parut bien déterminé à se tenir parole.

Voyant les guides debout, le Croate appela.

Les jeunes gens avaient une fière contenance ; Giuseppe dissimulait son chagrin.

Un officier vint prendre les prisonniers ; on les mit entre deux files de soldats et on les conduisit au quartier-général ; on voulait les questionner.

Ils parurent devant un général qui interrogea d'abord les deux camarades de nos héros ; ils refusèrent de répondre ; on les emmena ; on ne pouvait leur faire violence ; ils étaient des prisonniers de guerre ordinaires et avaient droit à des égards.

— Quant à vous, dit le général, vous allez parler !

— Vous pensez, mon général ? fit Luidgi.

— Ou vous êtes morts ! déclara l'officier ennemi.

— Vous ne nous intimiderez pas, dit Giuseppe.

— Vraiment, fit le général. Vous êtes Vénitiens tous deux ; vous portez les armes contre votre pays ; vous devez être condamnés à mort.

— Notre pays, c'est l'Italie ! fit Giuseppe.

— Venise fait partie des Etats de S. M. l'empereur, répliqua le général.

— Oh ! vous avez le droit de nous faire fusiller, selon la loi inique que vous avez formulée, dit Giuseppe ; mais Venise n'en est pas moins italienne.

— Si vous voulez parler, dit le général, on vous graciera.

— Jamais ! dirent les jeunes gens.

— Qu'on les emmène et qu'on les exécute ! ordonna le général.

— Un instant, dit Giuseppe. Il n'y a qu'un Vénitien ici, c'est moi, général. Mon compagnon est Sicilien.

— Du tout ! fit Luidgi indigné de cette généreuse supercherie, le Vénitien, c'est moi !

Mais le général fit appeler Langelo.

— Voilà un homme qui vous connaît, dit-il ; il sait que tous deux vous êtes sujets de l'Autriche.

— Un brigand ! fit Luidgi.

— Nous avons un témoignage plus irrécusable, fit le général ; celui du comte X...

— Un misérable ! s'écria Giuseppe.

— Qu'on les fusille ! fit froidement le général.

L'ordre était formel, légal même au point de vue du droit strict de la guerre; le témoignage du comte et de Langelo semblait suffisant pour constater l'identité des jeunes gens; un peloton d'infanterie attendait hors du camp; on plaça devant lui les jeunes gens.

Ils allaient mourir (1).

XXVI

Deux conscrits. — Feu. — Façon de fusiller les gens. — Un loyal Allemand. — En route pour Venise — Quarante mille hommes pour arrêter deux gendarmes. — Affreuse mêlée. — A mort les prisonniers.

L'officier autrichien s'approcha des deux condamnés pour leur bander les yeux.

— Non! dit Luidgi en le repoussant. Nous voulons voir venir la mort face à face.

— Et commander le feu! ajouta Giuseppe.

Ces deux jeunes gens, ces enfants avaient une attitude admirable qui frappa les soldats; Luidgi était calme, presque souriant; sans Ginna, à laquelle il pensait, sans la comtesse qu'il aimait, il eût affronté gaiement ces huit canons de fusil braqués contre sa poitrine; après tout, il allait tomber glorieusement, en soldat, pour la patrie; il se sentait brave et ferme; il était heureux de montrer, un des premiers, aux Tudesques, quels cœurs battaient dans les poitrines garibaldiennes. Et les Croates se disaient en effet que si les quarante mille volontaires ressemblaient à ceux-là, ils iraient au feu avec une rare valeur.

Giuseppe avait les bras croisés, les traits impassibles; mais on lisait dans ses yeux une immense douleur.

Quand il regardait son compagnon, il avait besoin de toute son énergie pour ne pas pleurer; mais l'orgueil national lui donnait une force de volonté surhumaine et il domptait ses défaillances.

— Messieurs, dit l'officier autrichien avec une extrême courtoisie, non-seulement je ne vous mettrai pas le mouchoir, mais vous commanderez le feu, si vous le désirez; c'est un privilége des soldats qu'on respecte toujours.

On voyait que, tout Allemand qu'il était, ce jeune homme admirait les volontaires.

— Nous allions réclamer le droit que vous nous reconnaissez, monsieur, dit Luidgi.

— Il faut vous déshabiller, reprit l'officier; le règlement le veut, vous le savez.

Giuseppe fronça le sourcil, il voulait emporter son secret avec lui.

— Lui dire que Ginna c'est moi, pensait-il, c'est lui inspirer d'inutiles regrets.

Il dit à l'officier :

— Monsieur, il me serait désagréable de retirer mon uniforme, je voudrais mourir dedans.

— Impossible! fit l'officier. J'y consentirais de tout cœur si l'usage n'exigeait pas que les condamnés se missent en chemises.

Luidgi croyait que son compagnon voulait avoir seulement la consolation d'être tué ayant sa garibaldienne sur le dos; il intervint :

— Voyons, monsieur, dit-il, le règlement dit que l'on doit fusiller les condamnés en chemises.

— Oui.

— Eh bien! nous y sommes en chemises; les nôtres sont en laine et sont rouges, voilà tout!

(1) Les Autrichiens exécutèrent ainsi plusieurs volontaires, tyroliens ou vénitiens, qui tombèrent entre leurs mains.

— Vous avez raison! reprit l'Autrichien, souriant de la façon dont le jeune homme esquivait la difficulté.

Puis il se plaça à la droite de son peloton et dit aux jeunes gens :

— A vos ordres, messieurs!

Invitation sinistre.

— Embrassons-nous, dit Luidgi.

— Non! fit Giuseppe. J'étouffe, je sangloterais : il faut que je reste brave jusqu'à la fin.

— Tu as raison! murmura Luidgi.

Puis, tout à coup, soldat de quinze jours, il se tourna vers son ami et lui demanda :

— Sais-tu commander la charge, toi?

— Non, dit Giuseppe.

— Ni moi non plus, dit-il.

Et il se mit à rire avec son insouciance habituelle.

— Lieutenant! dit-il à l'officier, nous sommes des conscrits; veuillez donc faire charger les armes, car nous ne saurions nous en acquitter à notre honneur.

— Nous nous réservons de crier : en joue et feu! ajouta Giuseppe, qui se montait peu à peu.

— Comme vous voudrez, messieurs, dit le lieutenant.

Et d'une voix sonore il commanda son peloton.

Les mouvements s'exécutèrent avec une lenteur toute autrichienne et une précision mathématique; quand ils furent terminés, l'officier demanda :

— Une dernière fois, messieurs, et par ordre du général, voulez-vous parler?

— Non, dirent les jeunes gens.

Et Luidgi, sans trembler, cria :

— En joue!

Tous les canons s'abaissèrent.

Giuseppe ferma les yeux, mais ne bougea pas, et sa tête demeura haute.

Luidgi avait le regard fixe et clair comme si douze balles n'allaient pas le foudroyer.

— Feu! cria-t-il encore.

Mais les soldats ne tirèrent pas.

Un seul, obéissant malgré lui à l'ordre, donna un coup de doigt machinal qui fit abaisser la détente; le coup ne partit pas.

On entendit le chien s'abattre, avec un bruit sec, sur la cheminée sans capsule; aucun fusil n'avait été amorcé, par une recommandation secrète donnée au peloton avant de l'amener sur le terrain.

Les deux garibaldiens se regardaient étonnés.

— Messieurs, leur dit l'officier, ceci était une épreuve que vous avez vaillamment supportée, et je vous en félicite; on tenait à obtenir des renseignements.

Puis il ajouta tout bas :

— Malheureusement vous n'échapperez pas à votre sort; on va vous conduire à Venise et l'on vous y jugera avec solennité, pour vous exécuter au milieu d'un grand appareil, afin de frapper les populations et de décourager les jeunes gens qui cherchent à émigrer. Si vous pouvez faire agir quelques personnages puissants, donnez-moi leurs noms, je les ferai prévenir.

— Vous êtes un honnête homme et un loyal soldat, repartit tout bas Giuseppe; tâchez que la comtesse X..., qui est à Brescia, soit avertie; elle mettra tout en œuvre pour nous sauver.

— Ce sera fait, dit l'officier, bonne chance, messieurs.

Puis il ordonna à son sergent de reconduire les jeunes gens en prison.

Une fois enfermés, ceux-ci se donnèrent l'étreinte qu'ils n'avaient pas osé échanger devant témoins.

Dieu sait ce que la jeune Sicilienne mit d'amour dans son baiser; elle fondit en sanglots.

Luidgi chercha à consoler son ami (revenons au masculin).

— Nous avons eu des heures plus cruelles que celles-ci, lui dit-il; nous pouvons échapper.

Et il parvint à donner quelque espérance au jeune homme.

Ils ne devaient être transportés que le lendemain matin; ils passèrent près de trente-deux heures dans la salle qui leur servait de prison; ils méditaient sur les moyens de s'évader le lendemain pendant leur voyage.

Ils se trouvaient à deux lieues de Peschiera, dans un petit village; ils entendirent le canon dans la journée; ils tressaillirent.

L'armée du roi passait le Mincio.

Le lendemain, vers sept heures, on les fit sortir; deux cavaliers les attendaient à la porte.

Luidgi et Giuseppe échangèrent un coup d'œil; deux hommes seulement, c'était peu.

Mais on leur mit des menottes.

La gendarmerie autrichienne s'entend mieux que toute autre à ficeler les prisonniers; Giuseppe sentit bien qu'il ne pourrait se débarrasser de ses entraves, quel que fût la finesse de sa main.

On se mit en route.

Les gendarmes se dirigeaient vers Vérone.

On marcha pendant quelque temps, puis tout à coup, on entendit un bruit de clairons.

Les gendarmes s'arrêtèrent.

Luidgi reconnut une marche italienne.

Giuseppe était tout blême de surprise.

Le cœur des deux jeunes gens palpita à se briser.

Les clairons continuaient à sonner sur la droite à un kilomètre de là environ; on voyait des nuages de poussière monter au ciel.

— C'est l'armée du roi! fit Luidgi.
— Nous sommes sauvés! dit Giuseppe.

Les gendarmes, entendant parler leurs prisonniers, les regardèrent en dessous; ils se mirent à discourir en allemand; puis l'un d'eux, le plus vieux, dit en italien, avec un accent qui eût fait mourir de rire les jeunes gens en toute autre circonstance que celle-là :

— Nous avons ordre de vous livrer morts ou vifs; si vous essayez de fuir, nous vous tuons.

Et ils montrèrent leurs pistolets.

Les garibaldiens cessèrent de parler.

Alors les gendarmes les conduisirent sur un petit mamelon, couvert d'arbres, d'où on pouvait voir sans être vu; de là, on apercevait l'armée italienne en marche.

Un mot de stratégie (1).

Le roi d'Italie, ayant trois corps d'armée sous ses ordres, avait passé le Mincio le 23 juin; le 24 juin, le général en chef La Marmora reçut avis de ses espions que le gros des forces autrichiennes marchait sur lui et devait le rencontrer au cœur du quadrilatère, à Villafranca.

Le général conçut le projet d'arrêter l'ennemi avec deux corps d'armée seulement, et de détacher le premier corps (général Durando) entre Peschiera et Vérone, pour occuper des positions entre ces deux villes.

Le général espérait battre les Autrichiens avec les deux corps qui lui restaient sous la main; pendant ce temps, le premier aurait pu s'emparer, sans coup férir, des lignes qui courent entre les deux places ci-dessus citées, et les investir avec la plus grande facilité.

Par malheur, les Autrichiens s'aperçurent de la marche de ce premier corps et résolurent de l'écraser avec toutes leurs forces; puis de se retourner contre les autres corps de l'armée du roi.

Ils opérèrent une marche convergente très-habile qui, tout en ayant l'air de menacer Villafranca, les portait à cinq lieues de là sur Custozza, où ils arrivèrent à point pour envelopper le premier corps italien.

Le général La Marmora, sûr de ses espions, et voyant des troupes arriver sur lui, ne s'aperçut pas qu'on le trompait; que l'ennemi se dérobait, que son effort portait à cinq lieues de là.

Quand le canon tonna vers Custozza, il crut à un engagement d'avant-poste et n'envoya point de secours au général Durando.

Telle était la situation au moment où nos prisonniers arrivèrent sur le flanc des Italiens.

C'était le premier corps qui arrivait sur Custozza et qui avait coupé le passage aux gendarmes et aux deux garibaldiens venus d'un petit camp en avant de Peschiera; petit résultat d'un grand mouvement.

Du tertre où ils étaient, les jeunes gens virent les troupes développées devant eux; elles marchaient en colonnes par division; la première (général Cerale) était en tête.

Les gendarmes, le sourcil froncé, regardaient le champ de bataille; tout à coup leur front se dérida.

— On dirait, fit le plus vieux, que les Italiens ne voient pas la batterie.

— Non! dit l'autre. Elle est masquée; ils ne peuvent apercevoir non plus notre armée.

Le dialogue avait lieu en allemand; mais les deux garibaldiens comprenaient cette langue.

— Les imbéciles! fit le premier gendarme; ils ne se sont pas fait éclairer par la cavalerie.

— Ils vont donner tête baissée dans le piège!

Et les gendarmes de se livrer à une joie immodérée, bien compréhensible du reste; en vieux militaires, ils jugeaient sainement les choses et ne se trompaient point en se promettant une victoire.

Car, ceci est de l'histoire, le général Cerale commit deux fautes incroyables :

La première fut de ne pas envoyer des reconnaissances en avant de sa division;

La seconde fut de la faire suivre par ses bagages qui encombraient le chemin derrière elle; quand un corps s'aventure, comme celui-là le faisait, il laisse chariots et *impedimenta* en arrière, les soldats marchent sans sacs avec la tente roulée et deux jours de vivres seulement; on va léger et alerte enfin.

Les deux volontaires cherchèrent des yeux la batterie dont parlaient les gendarmes; la division Cerale suivait une sorte de route encaissée entre deux talus et montant assez rapidement au flanc d'un mamelon.

Une sorte de masse noire, à gauche de ce chemin, s'élevait, moitié broussailles, moitié terre : c'était la batterie qui enfilait toute la division.

A force de regarder, les jeunes gens virent le sol tout gris à sa surface; c'étaient des bataillons embusqués; puis, derrière le mamelon, allant toujours en diminuant de hauteur, on apercevait comme une forêt de pointes reluisant au soleil; c'étaient les baïonnettes d'un corps d'armée, massé à l'abri de la colline.

Les volontaires comprirent que leurs compatriotes ne se doutaient pas de la présence de l'ennemi; ils les sentaient perdus, massacrés, anéantis.

En avant d'eux, la batterie.

En arrière, les bagages.

A droite et à gauche, les talus...

Ils étaient à cinq cents mètres des canons, quand il se fit un léger mouvement dans les troupes autrichiennes; on vit des compagnies se détacher et s'avancer sans bruit le long des crêtes des talus en rampant, pour fusiller de là les Italiens engagés dans le chemin creux.

Les yeux de Luidgi étaient hors de leur orbite; il semblaient près de sortir de leur orbite; Giuseppe était tout tremblant; l'idée du massacre qui allait se faire l'épouvantait.

Tout à coup, Luidgi cria de toutes ses forces :

— Prenez garde! les Autrichiens sont là!

Un gendarme tira aussitôt son pistolet de ses fontes et l'arma; le canon touchait presque à la tête du jeune homme qui criait toujours.

— Arrête! ne tire pas! ordonna le vieux gendarme à son camarade, on entendrait ton coup.

Et il envoya à son prisonnier un coup de plat de sabre qui le coucha à terre.

— Encore un mot! fit le gendarme, et je te perce.

(1) Prévenons le lecteur que ce qui suit est le récit exact, authentique du combat de Custozza; on y trouvera des révélations piquantes et inédites.

Sceaux. — Typ. et stér. M. et P.-E. Charaire.

La mêlée fut une des plus belles qu'on vit jamais... (Page 62.)

Il tenait sa pointe entre les deux épaules du jeune homme étendu sur le sol.
— Tais-toi! s'écria Giuseppe. Ta voix n'arrive pas jusqu'à eux! Elle se perd en route.
Luidgi se releva.
Ses yeux, rouges du sang qui les avait envahis, menaçaient les gendarmes.
Fureur impuissante!
— Pauvre ami! murmura Giuseppe.
Luidgi se retourna vers lui, et parut consolé en se sentant plaint.
— Regarde! regarde! s'écria son compagnon.
La tête de colonne de la division Cerale était à deux cents mètres de l'ennemi, toujours sans le voir. Ce moment était décisif: l'angoisse des jeunes gens était poignante. Les gendarmes eux-mêmes ne respiraient qu'à peine: la mort planait sur dix mille hommes!
Tout à coup un rideau de flammes courut devant la batterie; la mitraille noire la troua en sifflant; une effroyable détonation retentit; le bataillon d'avant-garde fut abattu et joncha la terre.
Une clameur épouvantable monta vers le ciel.
Les Tyroliens, juchés sur les talus, firent feu; les canons tonnèrent de nouveau: un second bataillon fut enlevé; les cadavres s'amoncelèrent, le sang rougit le chemin et coula en rigoles dans les fossés. Toute la division s'enfuit pour échapper à une destruction totale.
Mais, en arrière, les paysans conduisant les fourgons de vivres (le train bourgeois, comme disent les Italiens) avaient coupé les traits des chevaux pour se sauver plus vite de cette bagarre; ils avaient causé un désordre incroyable. Les attelages désorganisés et abandonnés s'entrechoquaient à l'aventure; les voitures se heurtaient, marchaient les unes sur les autres; les soldats, par flots compacts, voulaient passer, et la mitraille pleuvait toujours.
C'était une scène de carnage indescriptible.
Elle dura cinq minutes.
Mais que de morts et de mourants en si peu d'instants!
Enfin ces débris de la division sortirent du défilé et furent en plaine; mais tout était mêlé, confondu.
Les Autrichiens s'avancèrent alors en bataille; tout le 1er corps était perdu sans le sang-froid du général napolitain Pianelli.
Il était en arrière avec sa 2e division.
Au lieu de secourir la première, il obliqua sur la droite pour livrer libre espace aux fuyards que talonnait l'ennemi; il se massa derrière un pli de terrain et attendit. Les Autrichiens acharnés au carnage dépassèrent la deuxième division sans la voir; tout à coup celle-ci couronna la hauteur, fit un feu terrible sur le flanc de l'ennemi et le chargea à la baïonnette.
Il recula à son tour.
Malheureusement le premier corps ne pouvait poursuivre ce succès et rétablir le combat; ce mouvement magnifique ne servit qu'à dégager la première division et lui donner le temps de se reconstituer.
Puis la retraite commença.

Les deux volontaires la virent le cœur serré, l'âme navrée, se dessiner.

Pourtant elle se fit en bon ordre.

Les Autrichiens, du reste, repliaient le gros de leurs forces pour courir vers Villafranca, où le canon tonnait et où un faible détachement amusait le général La Marmora, pendant qu'on écrasait son premier corps à Custozza.

— En avant! dirent alors les gendarmes rayonnant de joie à leurs prisonniers.

Ceux-ci comprirent alors pourquoi leur escorte s'était arrêtée; pour gagner la batterie, il eût fallu traverser une plaine à découvert; en arrière de cette plaine, une brigade du premier corps s'avançait parallèlement à la division Cerale; à l'aspect des gendarmes, une patrouille aurait pu se détacher de cette brigade et courir à eux.

Maintenant on voyait ce détachement se retirer et les gendarmes s'avancèrent sans crainte.

Mais soudain ils tirèrent leurs sabres, et les levèrent sur leurs prisonniers.

— Morts ou vifs! a dit le général, fit le plus ancien. Et voilà un escadron italien!

— Tuons! fit l'autre.

En effet, un escadron italien qui avait chargé deux escadrons de hulans pour arrêter leur poursuite, au lieu de retourner sur ses pas, se repliait par une courbe; il voulait défiler à l'abri du mamelon qu'avaient quitté les jeunes gens; une demi-batterie autrichienne tirait sur eux, et la hauteur pouvait couvrir leur retour.

Les gendarmes, à cette vue, exécutaient leur consigne; avant de fuir, ils massacraient leurs prisonniers.

C'était l'ordre...

XXVII

La haine qui veille. — D'un syndic trop italien. — D'une voiture trop près d'une porte. — Mille florins et un bout de corde. — C'est son amant. — Une bonne recommandation. — Une femme en cage pour prendre un homme.

Pendant que les jeunes gens couraient un si grand danger, la haine suggérait à Langelo un moyen d'atteindre aussi la sœur de Luidgi et Jean.

Le bandit avait tenu à assister à l'exécution des jeunes gens; il fut bien surpris qu'on les épargnât.

Il remarqua que l'officier leur parlait, et, avec la défiance de la haine, il soupçonna le lieutenant d'avoir quelque pitié pour les garibaldiens; il résolut de l'observer pour savoir s'il n'aurait pas reçu quelque commission de la part des volontaires.

Il ne se trompait pas.

L'officier, qu'il ne quitta pas, rentra dans sa tente, y resta quelques instants, puis en ressortit tenant une lettre à la main.

Langelo le vit se diriger vers le village et pénétrer dans la maison du syndic, qui passait pour avoir des idées très-italiennes, comme tous les habitants du territoire de Peschiera, du reste.

Le bandit profita d'une voiture qui se trouvait devant la porte de la maison communale; il se glissa au milieu des tonneaux qu'elle contenait et attendit.

L'officier causa peu de temps avec le syndic, lequel l'accompagna jusqu'à la porte, quand il redescendit sur la place qui s'étendait devant la maison communale.

Langelo entendit l'officier disant tout bas :

— Ce n'est pas une trahison, mais soyez prudent.

— Comptez sur moi, fit le syndic, la lettre arrivera.

Et il rentra chez lui.

L'officier avait affecté de se tenir roide et hautain comme s'il donnait un ordre; le syndic avait salué très-bas comme s'il recevait un commandement.

On aurait pu croire que le lieutenant était venu pour quelque réquisition.

Dès que l'officier eut disparu, Langelo ne fit qu'un bond de sa voiture au couloir par lequel était rentré le syndic.

Il le rattrapa sur l'escalier.

— La lettre! fit le brigand d'un ton d'autorité.

— Quelle lettre? demanda le syndic effrayé.

— Celle qu'un lieutenant vient de te remettre et que tu veux envoyer à Brescia.

Le malheureux syndic pâlit.

— Écoute! dit Langelo, je puis te faire pendre; mais nous allons conclure un marché.

Le syndic respira.

— Tu vas me donner cette lettre, fit Langelo. Puis pour payer mon silence, tu me compteras mille florins; à ce prix, je consens à me taire.

— Dio mio! je n'ai pas cette somme.

— Pendu, alors! fit laconiquement Langelo.

Et faisant le geste de mettre une corde au cou d'un homme, il l'accompagna d'une grimace expressive.

Le syndic vit bien qu'il fallait s'exécuter; il remit le pli d'abord, l'argent ensuite.

Langelo disparut avec tout cela.

Il arriva chez le comte, et lui raconta, moins le détail de la rançon improvisée, ce qui s'était passé.

Le comte ouvrit la lettre; elle annonçait simplement à la comtesse le danger que courait son frère.

— Nous avons un certain Français à faire fusiller aussi, dit le comte après avoir réfléchi.

— Le messager?

— Précisément. Ce coquin a tout fait manquer; nous pouvons le prendre.

— Comment?

— Eh! mon Dieu, c'est bien simple; c'est l'amant de la comtesse.

— Probable! fit Langelo.

— En faisant emprisonner celle-ci, on attirera ce Français sur le territoire autrichien. D'après ce que nous avons appris, c'est un homme à tout oser.

— Tout, Excellence. Le diable en personne!

— Je vais ajouter au bas de cette lettre le conseil à la comtesse de venir solliciter auprès de l'archiduc la grâce de son frère; puis tu tâcheras, elle ne te connaît pas, de lui persuader d'emporter avec elle un paquet que je vais te remettre tout à l'heure.

— Et que contient-il?

— Un projet de complot pour soulever Venise. Tu persuaderas à la comtesse que sous l'enveloppe se trouve une recommandation puissante pour l'archiduc.

— Superbe! fit Langelo. Ah! Excellence, que vous avez donc d'esprit!

— Tu trouves?

— Excellence, je vous admire.

Le comte daigna sourire et reprit :

— Tu diras à la comtesse que tu es un émissaire secret des comités vénitiens, elle croira tout; tu presseras son départ en lui représentant le péril dont son frère est menacé; tu lui offriras d'être son guide et tu l'amèneras droit ici. Prends notre barque et notre batelier pour la traversée du lac. Va.

Et Langelo partit.

La comtesse ne l'avait jamais vu; elle devait tomber dans ce piège habile; la police, s'emparant d'elle et la trouvant nantie d'une pièce compromettante, ne pouvait hésiter à la mettre en prison, à côté de tant d'autres Vénitiennes patriotes.

Revenons aux deux volontaires.

XXVIII

Ce qu'il advint aux gendarmes. — Du danger de regarder derrière soi. — Sous les chevaux. — Les cadavres et les blessés. — Défilé au trot. — Double péril. — Entre deux feux. — Catastrophe.

Les gendarmes allaient frapper leurs prisonniers, et frapper sans pitié; l'escadron n'était qu'à un kilomètre d'eux et la cavalerie franchit rapidement les distances.

Soudain une balle siffla après avoir donné un son mat en frappant un os; un gendarme vida les arçons; il avait la poitrine traversée de part en part et le projectile continuait sa route après avoir *troué son homme*.

Le second gendarme se retourna.

Ce fut un mouvement instinctif; en pareil cas, on ne peut s'empêcher de regarder où est le danger; le pauvre diable, — on plaint toujours un soldat qui va mourir, — aurait mieux fait de fuir.

Une balle vint qui, comme la première, frappa en plein corps; elle perfora le flanc gauche.

La mort fut instantanée.

D'où partaient ces coups de feu?

Les jeunes gens n'auraient su le dire.

Cependant, l'escadron italien arrivait à toute bride; un régiment entier de hulans s'était mis à lui donner la chasse; les deux volontaires virent accourir cette trombe vivante sur eux, sans avoir pu se ranger; alors Luidgi se souvint d'un conseil de Jean.

— A plat ventre! dit-il à Giuseppe.

Et ils se couchèrent.

Ils sentirent le sol trembler sous les pas des chevaux, puis l'obscurité se fit au-dessus d'eux; un nuage de poussière les enveloppa; ils perdirent la respiration; des milliers d'étincelles jaillirent du sol; la sueur et l'écume tombèrent sur eux en larges gouttes; les fers frappant le terrain produisirent un bruit effrayant; les sabots leur cinglaient les cailloux au visage.

L'escadron passa.

Ils respirèrent un instant.

Le régiment passa à son tour, et cette fois ils crurent qu'ils seraient écrasés; la masse était plus épaisse; le défilé dura une demi-minute en plus.

Temps énorme! angoisses terribles!

Enfin, la poussière se dissipa.

Les deux volontaires purent se relever; déjà la cavalerie était loin!

Mais voilà que soudain les deux jeunes gens entendirent une voix amie qui les appelait.

C'était Jean.

Jacques accourait aussi vers eux.

Le chacal les combla de caresses.

— Bravo! criait Jean; c'est plaisir de vous donner un conseil; vous le retenez.

Et de plus près:

— Pour un cheval, voyez-vous, mes enfants, un corps est un obstacle, comme un tronc d'arbre ou une pierre; or, le cheval n'aime pas heurter les obstacles, c'est pourquoi il saute par-dessus les cadavres. A l'avenir, et en pareil cas, couchez-vous encore.

— Eh quoi! s'écria Luidgi; vous, toujours vous!

— Ça m'étonne. Il faut que je vous raconte comment je suis ici, alors.

— Sauvons-nous d'abord! fit Giuseppe.

— Pas si vite! ordonna Jean; j'aperçois là-bas des uniformes d'Autrichiens sur le dos de soldats morts; endossez-moi ça et gardez vos chemises garibaldiennes par-dessous.

Moi, je vais faire mon affaire de la veste de ce bon gendarme qui ne s'attendait pas à causer avec *Jeannette*.

Jeannette, c'était la carabine de Jean.

— Quelle arme, eh! fit-il. A huit cents mètres, comme ça vous abat un homme!

Et Jean se déguisait tout en parlant.

— Pour en revenir à ma présence ici, continua-t-il pendant que ses compagnons s'habillaient aussi, je vous dirai qu'ayant appris votre malheur (on a su cela tout de suite à Brescia), j'avais songé à me faire *pincer* aussi par les Autrichiens; commissionné pour le service des fournitures par le gouvernement italien, une fois aux mains de l'ennemi, je suis prisonnier de guerre.

— Quoi! monsieur, s'écria Giuseppe, vous veniez vous livrer ainsi de gaieté de cœur!

Et ce jeune homme admirait le Français.

— Oh! de gaieté de cœur, n'est pas le mot! fit Jean; j'étais très-ennuyé au contraire. Mais que voulez-vous! je n'avais pas à reculer. Vous étiez enlevés, il fallait bien vous délivrer des griffes des Croates.

Luidgi, d'un regard, sembla dire à Giuseppe :

— Hein! quel homme!

Jean reprit :

— Je connais la guerre; je sais que l'on met tous les prisonniers d'une bataille ensemble ou à peu près. Voyant donc que vous étiez disparus d'hier seulement et qu'il y avait combat aujourd'hui, j'espérais que le même convoi nous conduirait dans la forteresse, où les Autrichiens ont résolu d'interner les prisonniers qu'ils feraient dans cette campagne.

— Et vous comptiez trouver un plan d'évasion? demanda Giuseppe.

— J'en ai toujours une quarantaine à ma disposition, dit Jean de son air tranquille.

— Vous êtes notre Providence! fit Luidgi.

— Quel que soit notre sort, dit Giuseppe avec élan, nous vous sommes dévoués corps et âme!

Les deux jeunes gens prirent chacun une main de Jean et la pressèrent avec effusion.

Il était attendri.

— Vous êtes de bons garçons, dit-il.

Puis finement, regardant Giuseppe d'un air narquois qui embarrassa le jeune homme :

— Vous êtes faits l'un pour l'autre!

— Deux frères! fit Luidgi bonnement.

— Oui, deux frères! reprit Jean avec un sourire railleur et un coup d'œil à Giuseppe.

— Aurait-il deviné? pensa celui-ci.

Mais Jean observait le champ de bataille.

— Il faut partir, dit-il; mais tâchons d'avoir de bons chevaux; voici d'abord ceux des gendarmes; ils doivent être excellents; la maréchaussée est toujours bien montée. Ensuite un autre.

Il n'en manquait pas qui erraient sans maître.

— Le difficile est de les atteindre, dit Giuseppe.

— Oubliez-vous donc l'ami Jacques!

Et à son chacal :

— Pille! s'écria-t-il, montrant un cheval.

Jacques, sans avoir l'air d'être animé d'aucune intention perverse, marcha vers le cheval, le nez à terre comme s'il flairait une piste; puis, quand l'hypocrite fut près de sa proie, il fit un bond, saisit la bride dans sa gueule et s'y tint suspendu avec ténacité.

Jean vint à son aide.

— A l'autre! ordonna-t-il.

Et de celui-là, comme du troisième, il en fut absolument comme du premier.

Luidgi et son ami donnèrent à Jacques tous les éloges qu'il méritait, le chacal les reçut dignement en remuant la queue comme signe de satisfaction.

— Il s'agit de savoir où nous allons aller, dit Jean, qui tira une boussole de sa poche.

Après l'avoir observée.

— Villafranca est là-bas! dit-il. On y tire le canon; le

gros de l'armée autrichienne va s'y rabattre sur les corps restés avec le général La Marmora ; piquons par là.

— Mais, dit Giuseppe, nous sommes sur les derrières des troupes qui poursuivent le premier corps.

— C'est vrai ; mais nous ne pouvons remonter sur Peschiera ; d'autre part, les Autrichiens qui sont à droite nous barrent le passage ; nous ne pouvons que descendre sur l'armée du roi, qui est devant nous. Nous avons des uniformes autrichiens. On ne nous inquiétera pas dans le trajet. Du reste, je suis gendarme ; un gendarme va partout. Si nous rencontrons des partis ennemis, faites semblant d'être blessés ; nos uniformes sont ensanglantés. On croira que, n'ayant aucun rôle à jouer sur le champ de bataille, j'utilise mes loisirs en vous conduisant à l'ambulance.

— Partons, dit Luidgi.
— Au trot ! fit Jean.

Et ils détalèrent en regardant sur leur droite la poursuite qui continuait.

— Quelle déroute ! murmurait Giuseppe.
— Erreur ! fit Jean. Vos soldats font bonne contenance ; ils reculent, mais ils ne se débandent pas.
— Comment le savez-vous ?

En effet, une fumée épaisse empêchait de distinguer les deux armées.

— N'apercevez-vous pas deux lignes de flammes ? demanda Jean aux jeunes hommes.
— Si, firent-ils.
— L'une recule et l'autre avance, continua Jean ; mais le mouvement est lent.
— C'est vrai.
— Donc, votre armée tient bon.

Puis il ajouta :
— Et il faut être trois fois braves pour ne pas se décourager après un pareil désastre.
— Ce n'est pas pour nous consoler que vous nous dites cela, monsieur Jean ?
— Non. Je vous jure que j'augure bien pour l'avenir de l'Italie de cet échec de Custozza ; car c'est ainsi que s'appellera la bataille. Vous aurez de brillantes revanches, je vous le prédis.

Cette prévision mit un peu de baume sur les blessures dont saignait le cœur des volontaires.

On traversa tout le théâtre de la lutte.

C'était affreux.

Les morts étaient hachés ; çà et là des membres étaient épars, meurtris, broyés ; on apercevait des troncs humains cassés en quelque sorte à hauteur des reins ; des têtes avaient été emportées par les boulets et les cous étaient pantelants ; des poitrines entr'ouvertes laissaient voir le cœur et les poumons à nu ; mais, ce qui frappa peut-être le plus les volontaires, ce fut un fusil qu'une main isolée tenait serré avec force ; cette main crispée, avec son poignet dont on apercevait les veines et les os, produisit un horrible et étrange effet sur les garibaldiens.

Jean était impassible.

De ci, de là, des groupes d'infirmiers parcouraient le terrain cherchant les blessés pour les porter à l'ambulance établie en arrière.

Pas un de ces hommes ne questionna les trois fugitifs qui passèrent sans obstacle.

Mais Giuseppe et Luidgi virent avec un serrement de cœur inexprimable un officier de la ligne italienne qui était enlevé sur un brancard ; un biscaïen lui avait cassé un bras, un autre avait enlevé, mutilé d'une façon épouvantable la rotule du genou droit que l'on voyait à nu, car le pantalon avait été déchiré ; les mouches s'étaient abattues sur la plaie et suçaient le sang caillé ; un éclat de mitraille avait crevé un œil ; et paupière, prunelle, tout était sorti de l'orbite : il y avait un grand trou béant à la place.

Giuseppe faillit s'évanouir.

Jean, qui s'en aperçut, le soutint (1).

(1) Nous savons que cet officier a subi deux amputations et se trouve à cette heure en convalescence.

Enfin on s'éloigna de ce champ de carnage, et Jean, voyant ses compagnons tout pâlis, les força à boire une gorgée de vieux rhum dans sa gourde.

Le canon tonnait toujours et allait augmentant d'intensité.

— Diable ! fit Jean, la bataille est déjà engagée sérieusement de ce côté ; nous allons arriver en pleine mêlée.

On fit encore une lieue environ, et l'on arriva non loin de Villafranca.

— Ici, dit Jean, commencent les obstacles.
— Pourquoi ?
— Nous sommes près du terrain où se livre le combat ; les mûriers et les vignes nous empêchent de rien voir ; nous, nous ignorons si nous nous trouvons sur le flanc de notre armée, ou derrière celle de l'ennemi ; si nous tombons parmi les Italiens avec notre uniforme, on nous recevra par une fusillade enragée ; si nous ôtons ces vestes autrichiennes et que les Croates nous rencontrent, nous serons pris ; c'est bien scabreux.

Mais Jean n'eut pas le temps de prendre un parti.

Tout à coup, d'un rideau d'arbres déboucha une troupe de cavalerie.

Elle talonnait les fugitifs, derrière lesquels deux régiments se mirent en ligne ; c'étaient des hulans de la brigade Pultz.

Puis on vit des colonnes d'infanterie s'avancer vers Villafranca, c'étaient des Italiens.

Les hulans se trouvaient placés de façon à tomber à l'improviste sur ces régiments.

Les fugitifs étaient pris entre deux feux, et cela s'était fait en moins de rien.

Dès que les hulans aperçurent l'infanterie italienne, ils se formèrent pour charger.

Dès que l'infanterie aperçut les hulans, elle se forma aussi pour les recevoir.

Des carrés furent improvisés en un clin d'œil et de leurs faces partit un feu terrible.

En moins de vingt secondes les jeunes gens entendirent plus de six cents balles siffler à leurs oreilles ; le cheval de Giuseppe s'abattit ; celui de Luidgi se cabra ; Jean avait sauté à terre, les hulans arrivaient à toute bride...

L'air était sillonné de mitraille et de balles.

A ce même moment, Langelo se mettait en route pour faire parvenir à la comtesse son perfide message.

XXIX

Sous un orage de plomb. — Une charge vue de près. — Une autre vue de face. — Encore Jeannette. — La cartouchière de Jean. — Un coup d'audace. — Le prince Humbert. — Les fautes graves. — Les boîtes à sardines et la manière de s'en faire quatre mille livres de rentes. — A Brescia. — Disparue...

Nous avons laissé Jean, son chacal et les deux garibaldiens sous le feu d'un carré qui tirait sur la brigade de cavalerie autrichienne.

Les chevaux des jeunes gens avaient été abattus ; l'ex-zouave avait sauté à bas de sa monture.

— Asseyons-nous, dit-il avec un calme incroyable.

Et il se fit un siège du dos d'un cheval.

Les balles passaient dru comme grêle ; on entendait dans l'air mille sifflements aigus qui formaient comme un vaste mugissement ; quelque chose de semblable aux hurlements du vent dans les couloirs d'un château en ruines.

— Nous sommes à l'abri, fit Jean ; nous allons voir la charge se dérouler devant nous.

— A l'abri ! s'écrièrent les jeunes gens.

— Certainement ! Votre infanterie tire par-dessus nos têtes pour atteindre les hulans. Nous n'avons rien à craindre d'elle tant que nous serons accroupis.

— Et la cavalerie ?

— Elle passera à notre gauche. Il faut qu'elle aille donner contre l'angle du carré.

Les jeunes gens se sentaient comme écrasés par le sang-froid de ce soldat qui avait tant joué avec le péril, qu'il avait contracté l'habitude d'en mesurer l'étendue avec un calme imperturbable.

— Vos fantassins, dit Jean, perdent un peu leur poudre. Ils ont commencé le feu trop tôt.

— Courons au carré, fit Giuseppe.

— Point. Demeurons, dit Jean. Quand un soldat est en ligne et fusille de la sorte, il s'échauffe et vise tout ce qui apparaît à travers la fumée. Nous en avons pour cinq minutes avant de bouger.

Et Jean tira un porte-cigares, offrit des londrès à ses amis et se mit à fumer.

Son visage était tranquille; mais son œil commençait à s'animer singulièrement.

— Mes enfants, dit-il, nous allons avoir un spectacle imposant, grandiose. Savourons-le. Une charge de cavalerie repoussée, c'est splendide.

— Repoussée, demanda Giuseppe joyeux, repoussée !

— Oui, mademoi... oui, mon cher ami ; — il se reprit vivement, ce qui n'empêcha pas le jeune Sicilien de devenir rouge comme une cerise ; — je parierais cinq contre un que ce carré tiendra bon.

— Tant mieux ! fit le Sicilien. Après le désastre du général Cerale, nous assisterons du moins à un triomphe.

Luidgi se pencha à l'oreille de Jean et lui dit bonnement tout bas :

— Ne vous moquez pas de lui. Quand on s'aperçoit de ses airs un peu femmelette, il se fâche.

— Soyez tranquille, dit Jean.

Et il mourait d'envie de rire.

Mais bientôt la cavalerie, s'ébranlant, attira toute son attention.

C'était quelque chose de curieux à voir que le groupe formé par les fugitifs entre les deux partis ennemis.

D'un côté une brigade magnifique que le feu avait à peine entamée à cause de son éloignement.

De l'autre, le carré, citadelle vivante.

Puis, au milieu, un homme ayant entre les jambes un chacal et fumant paisiblement ; à ses côtés, deux jeunes gens, le cou tendu, le corps fiévreux, le regard fixe et dévorant les escadrons autrichiens.

Tout à coup, des voix de stentor, affaiblies par l'éloignement, arrivèrent jusqu'aux volontaires.

— Sabre en main ! avaient crié en allemand les commandants à leurs soldats.

Des milliers de lames étincelèrent au soleil et jetèrent des gerbes de flammes.

— Au trot ! ordonnèrent les chefs.

Ces colonnes s'ébranlèrent avec un ensemble imposant ; on entendit comme un roulement de tonnerre lointain, gémissement de la terre ébranlée par le poids d'une pareille masse ; elle alla toujours activant son allure passer à deux cents pas des jeunes gens et de leur compagnon ; ils virent tous ces cavaliers, penchés sur leurs montures, emportés par elles, passer ne formant qu'un corps en quelque sorte, gardant un silence de mort, sombres et menaçants.

A mesure qu'ils avançaient on voyait derrière eux nombre de cadavres rester en arrière ; ils surgissaient sous les pas des derniers chevaux ; des blessés se relevaient et s'éloignaient ; d'autres se débattaient convulsivement sur le sol.

Soudain, les voix des officiers vibrèrent encore :

— Au galop !

Alors un hourra affreux, tant il était rauque et déchirant pour l'oreille, monta vers le ciel ; les sabres agités en l'air jetèrent mille reflets fulgurants ; la brigade se précipita sur le carré avec une vitesse foudroyante ; cette colonne épaisse roulait comme une avalanche, avec une force d'impulsion inouïe ; cent locomotives, courant par quatre de front et venant heurter un mur, peuvent donner une idée du choc d'une brigade contre un bataillon.

Les volontaires étaient épouvantés.

Jamais un homme étranger à la guerre ne se figurerait qu'il est possible à un carré d'arrêter cette mer furieuse d'hommes et de chevaux, qui fond sur lui avec un fracas épouvantable, au milieu duquel la fusillade ne s'entend plus.

Les trois fugitifs s'étaient levés.

Au moment où la tête de colonne allait atteindre l'angle du carré, une détonation éclata, puis une seconde ; les Italiens avaient réservé ces deux décharges pour les envoyer à bout portant ; sept ou huit rangs de cavaliers furent abattus ; toute la brigade oscilla en heurtant les chevaux renversés ; son élan fut amorti.

Elle vint donner sur les baïonnettes.

Mais, piqués au nez, les coursiers hongrois des hulans se cabraient avec fureur et se rejetaient en arrière.

A peine si l'angle du bataillon ploya de quelques semelles, et la colonne décrivant une courbe, — car la charge était manquée du moment où le carré n'était pas entamé, — alla se reformer à mille pas de là.

— Est-ce beau ! s'écria Jean.

— Vive l'Italie ! criaient les deux garibaldiens.

Jacques hurlait, entraîné par l'enthousiasme de ses compagnons.

Le carré était magnifique. Il avait cessé de tirer ; la fumée s'était levée, et l'on voyait ces lignes superbes, remparts humains hérissés de fer qui venaient, sans broncher, de recevoir un assaut terrible ; çà et là, les rangs se serraient pour réparer quelques brèches faites par les lances.

— Vite ! cria Jean, à bas les vestes autrichiennes et profitons de ce moment de répit.

Et ce fut bientôt fait.

Deux minutes après, ils arrivaient tous quatre à l'angle du carré italien.

— Qui êtes-vous ? demanda un officier.

— Des prisonniers échappés.

— Entrez au centre.

— Du tout ! fit Jean.

Et il poussa le ressort caché dans le bois de sa Jeannette, qu'il n'avait pas abandonnée ; une baïonnette surmonta aussitôt les deux canons de cette arme redoutable.

Les deux volontaires avaient ramassé des fusils appartenant à des blessés.

— Il faut vous placer au milieu du carré, insista l'officier ; les rangs sont serrés ; il n'y a plus place pour vous en ligne ; passez vite, allons !

Et il fit effacer deux files.

Mais Jean mit un genou à terre, ses amis l'imitèrent, et ils s'entêtèrent à rester là.

— Dans cette position, nous ne gênerons personne et je pourrai tirer, dit Jean.

Puis il ajouta :

— Tenez, là-bas, voyez-vous cet officier qui se détache au flanc de l'escadron qu'il reforme ?

Et il épaula, visa, fit feu.

L'officier fut foudroyé à un kilomètre.

— Et cet autre qui avance vers ce blessé ! C'est son ordonnance qui lui vient en aide !

Et le second coup partit.

Et le second cavalier vida les arçons.

Jean rechargea ses deux canons par la culasse, continua son feu et tira toujours...

On ne songeait plus à les déranger.

Il dut abattre une cinquantaine d'hommes pendant que la brigade se ralliait.

Les soldats lui criaient : Bravo !

Si on n'eût pas été en présence d'une attaque imminente à coup sûr, Jean eût reçu une ovation.

Mais les hulans s'ébranlaient de nouveau.

Après avoir vu une charge de côté, Luidgi et Giuseppe allaient en voir une de front.

En effet, les hulans revenaient au trot.

Aussitôt les Italiens commencèrent un feu de file précipité, qui troua encore bien des têtes, cassa bien des bras, défonça bien des poitrines ; mais les cavaliers intrépides continuaient leur course sans se décourager.

A trois cents pas ils prirent le galop.

Les deux volontaires éprouvèrent alors une sensation inexprimable ; ces milliers de lances dirigées sur eux, ces crinières au vent, les naseaux fumants des coursiers qui semblaient lancer du feu, les yeux des hommes dardés sur le même point, cette tempête à cheval, selon l'expression biblique, qui fondait sur eux par bonds prodigieux, leur causa une indéfinissable émotion ; ce n'était pas la peur ; ils étaient comme rivés à leurs places par l'étonnement.

Mais cette impression dura peu.

— Tenons ferme ! criaient les officiers.

Et le premier rang croisa la baïonnette ; le second continua à tirer jusqu'au dernier moment.

Comme la première fois, la dernière balle fut envoyée par une décharge d'ensemble, la cartouche brûlant presque le nez des chevaux ; il y eut une hécatombe dans la colonne.

Jean avait cessé de tirer pour enfiler dans une sorte de cartouchière, moitié giberne, moitié poire à poudre, contenant quatre-vingts cartouches, une mèche improvisée avec un fragment de mouchoir ; on ne l'avait pas observé préparant cet engin.

Il enflamma sa mèche en tirant sur le bout un coup de pistolet ; puis il avait attendu quelques secondes que la cavalerie fût sur le carré ; alors il avait lancé sa bombe au milieu du premier escadron.

Dans la préoccupation d'un pareil moment, personne ne s'était aperçu de cet incident.

— Attention ! dit l'aventurier à ses deux compagnons. Vous ferez comme moi et vous courrez aux officiers.

Évidemment Jean s'était exalté en prenant part à la lutte : il était transfiguré, sa tête rayonnait, ses narines dilatées respiraient la poudre avec ivresse ; il semblait nager avec délices au milieu du carnage.

Au moment où les cavaliers allaient se heurter aux baïonnettes, une explosion effroyable, quelque chose comme une mine qui saute, se fit entendre ; on vit au milieu des flammes une centaine de hulans frappés par des projectiles ; un grand vide se fit dans la brigade.

La cartouchière avait sauté.

Au milieu de la stupeur générale, Jean entraîna les deux volontaires au milieu de l'escadron désorganisé qui commençait à tourner bride ; il jeta un officier sur le sol en le soulevant par une jambe.

— A vous ! cria-t-il à Giuseppe.

Le Sicilien bondit sur le hulan.

— A vous ! criait encore Jean.

Et il lançait un capitaine aux pieds de Luidgi qui lui mettait la baïonnette sur la poitrine.

Et cela en moins d'une demi-minute.

La brigade s'était retirée ; elle fuyait rapidement.

Alors les deux volontaires ramenèrent leurs prisonniers ; ils furent reçus par un tonnerre de bravos !

On plaça les officiers au centre du carré.

— C'est bien, jeunes gens, merci, dit une voix.

— Vive le général ! crièrent les soldats.

Les deux garibaldiens étaient ivres de joie.

Mais pour la troisième fois les hulans semblèrent vouloir revenir à la charge.

C'était insensé.

Aussi quand ils furent à portée de la voix, on vit bien qu'ils obéissaient aux officiers, mais qu'ils n'y mettaient pas d'entrain.

Alors Luidgi s'avança de deux pas et leur cria une vieille expression toscane, pleine de sel en italien, intraduisible en français, que lancent aux amoureux les jeunes filles qui repoussent leurs hommages.

On peut rendre cette phrase narquoise ainsi :

— Nos raisins sont trop verts pour vous !

(Le mot est historique.)

Un grand éclat de rire salua la *pantalonnade* dont le jeune homme accompagna le vieux dicton florentin ; le prince Humbert lui-même, qui commandait le carré, partagea l'hilarité générale (historique).

Les hulans étonnés de cette singulière sortie, découragés par deux tentatives meurtrières et inutiles, voyant accourir deux escadrons italiens, renoncèrent à la charge et battirent en retraite. Ici se place le beau fait d'armes du prince Humbert.

Sortant du carré, il se mit à la tête de la cavalerie italienne et tomba sur la brigade Pultz ; la mêlée fut une des plus belles qu'on vit jamais...

D'un escadron italien, il ne resta que vingt-trois hommes ; mais les régiments autrichiens décimés, anéantis, arrivèrent en débris épars sous les murs de Vérone.

Cependant, la bataille continuait.

Les deux jeunes gens acclamés par le bataillon y prirent place ; on leur donna des cartouches et, jusqu'au soir, ils se battirent en reculant lentement devant l'ennemi. Car l'ordre fut donné, malgré un brillant début, de se replier en arrière du Mincio ; tout le corps d'armée avait été si malheureusement étendu vers la droite, qu'il ne put donner ; le bataillon avait perdu huit hommes en tout.

Le courage, la ténacité des troupes furent inutiles ; la journée était manquée.

Le général Bixio, avec une valeur admirable, couvrit la retraite, et les troupes arrivèrent sur le Mincio harassées, mourant de faim et de fatigue.

La brigade Cosenz avait sauvé l'armée.

Pendant qu'elle se battait au-delà de la rivière, la garnison de Peschiera était descendue le long du cours d'eau pour couper la retraite au premier corps ; le général Cosenz, qui était en réserve, prit sur lui d'arrêter ces troupes et leur livra un combat acharné, les repoussant dans la ville.

Le chemin fut libre.

Telle fut cette mémorable journée de Custozza, où l'armée de Victor-Emmanuel fut héroïque et où elle eût mérité de vaincre, si le bonheur sur les champs de bataille se mesurait au courage.

Il est juste de dire aussi que les Autrichiens firent preuve d'une solidité remarquable, et qu'ils eurent là des élans qu'ils n'auraient jamais eus auparavant.

Quand la rivière fut entre l'ennemi et le bataillon où ils se trouvaient, Jean dit à ses amis :

— Prenons des chevaux et courons à Brescia !

Ils n'eurent pas de peine à faire arrêter, par Jacques, des montures sans cavaliers ; ce n'est pas ce qui manque sur un champ de bataille ; ils se mirent aussitôt en route pour Brescia.

Ils passèrent par Volta, et arrivèrent devant une maison qui était littéralement assiégée.

Les troupes qui défilaient stationnaient devant une fenêtre barricadée ; chaque soldat passait la main par une ouverture et en retirait quelque chose de brillant et d'assez petit.

On se battait aux abords de ce bâtiment.

— Qu'est cela ? demanda Luidgi.

— Ma fortune qui se fait ! dit Jean.

— Votre fortune ?

— Eh ! oui ! tout simplement.

— Que prennent donc ces soldats dans le trou pratiqué à cette fenêtre ?

— Des boîtes de sardines.

— Vraiment ! J'en achèterais bien une.

— Vous avez faim ?

— Oui.

— Combien payeriez-vous une boîte de sardines qui coûte vingt sous d'ordinaire ?

— Cent sous, dix francs!
— Eh bien! mademoi... non, cher ami, il y a là vingt mille de ces boîtes. Du moins, il y avait, car le débit a dû marcher vite.
— Vingt mille!
— Achetées à cinquante centimes, en gros; vendues à cinq francs, au détail; soit un bénéfice net de soixante mille francs. Sans compter d'autres combinaisons avec votre intendance. Pas un soldat ne marchande; certains même trouvent que c'est peu, eu égard aux circonstances. Tout ce monde n'a pas mangé depuis dix-huit heures. Ils ont du pain; avec leurs sardines, ils feront un repas de Lucullus.
— Mais, qui se charge de cette marchandise?
— Deux vieux zouaves à moi; de fins routiers qui m'ont toujours suivi partout, et que j'avais déjà mis en campagne au moment où j'étais à Venise, car la sardine est une spéculation de prédilection; c'est si commode à transporter!
— Eh bien, tâchez de nous avoir une de ces fameuses boîtes, monsieur Jean.
— Venez, dit celui-ci, nous allons dîner.
Et il conduisit les jeunes gens sous un arbre, tira d'une gibecière un pain et du jambon; ils dévorèrent cela sur le pouce, on but une gorgée de rhum et l'on repartit.
Mais Luidgi murmurait:
— Soixante mille francs d'un coup!
— J'ai fait mieux, dit Jean.
Cinq heures après on arrivait à Brescia, mais les chevaux étaient éreintés.
En arrivant à l'hôtel, Jean faillit s'évanouir comme une femmelette en apprenant que la comtesse était partie depuis trois heures pour aller implorer auprès de l'archiduc la grâce de son frère.

XXX

Une femme trahie. — La conspiration des poudres. — Infâme de bonne foi. — La lettre de sang. — Les amours de Langelo. — Un mariage à la lune.

Ce jour même Langelo arrivait à Peschiera, où il avait donné rendez-vous au comte X...
Il entrait chez celui-ci vers le soir.
Langelo avait des saufs-conduits pour exercer son métier d'espion; il allait et venait de la frontière autrichienne à la frontière italienne, à peu près comme il le voulait; du côté des Italiens la police était peu stricte; du côté des Autrichiens, il donnait un mot de passe, exhibait un certain signe et on l'accueillait avec tous les égards dus à un homme de police.
Le bandit trouva le comte anxieux.
— Eh bien? demanda-t-il.
— Excellence, c'est fait.
— Tu as réussi?
— Sans peine, Excellence; votre idée était si ingénieuse!... La signora m'a suivi tout de suite.
— Elle n'a eu aucun soupçon?
— Je l'ai trouvée en pleurs; j'ai présenté ma lettre; elle m'a quasi baisé les mains.
— Et tu l'as emmenée aussitôt?
— Oui, Excellence. Je lui ai annoncé qu'il fallait prendre mille précautions; qu'elle devait s'habiller en paysanne et m'obéir aveuglément, car je jouais ma tête.
— Bref, tu as été comédien habile.
— A ce point qu'elle a en moi une foi aveugle; je la conduirais aux enfers maintenant; je l'ai amenée par le lac, sur la rive autrichienne, et je l'ai conduite chez des paysans que je sais dévoués à l'Italie et qui se sont empressés d'accueillir cette bonne patriote; moi-même je passe pour un excellent citoyen aux yeux de tous ces imbéciles-là.
— Ça pourra servir plus tard.
— Mais, Excellence, on va savoir...
— Rien! fit le comte. Tu conserveras les apparences d'un parfait honnête homme, maître Langelo.
— J'aime autant cela, Excellence. Cette petite comtesse m'a dit des mots si touchants, qu'elle avait fini par m'attendrir; ma conscience me parlait très-haut.
Le comte comprit cet appel indirect.
En général, et sans exception, quand un coquin parle de remords, c'est une manière de se faire payer le concours qu'il prête, ou les services rendus.
— Voilà pour apaiser tes scrupules, maître fourbe! dit le comte en riant.
Et il jeta une bourse pleine d'or à Langelo.
Le bandit voulut la fourrer dans sa poche; sa poche était remplie jusqu'au bord.
— Il paraît que la comtesse a été généreuse, mon gaillard? fit le comte.
— Une femme charmante! Elle sème l'or et les sourires sur ses pas! Excellence.
— Faquin!
— On est bandit, mais on est homme. Cette petite femme ne nous a rien fait; si nous étions à Bari, monsieur le comte, et qu'elle fût dans ces parages, je suis un certain Langelo qui remonterait une troupe de malvivants, rien que pour enlever cette ravissante petite veuve.
— Tu es galant comme fra Diavolo, mais l'amour te perdra, mon garçon! Laisse-moi.
Langelo s'inclina et partit.
— N'importe! murmurait-il en se retirant. Si jamais l'occasion s'en présentait, la comtesse se marierait avec moi... sur les montagnes... au clair de la lune...
Cependant, le comte était sorti et s'était dirigé vers la résidence du chef de la police secrète avec lequel il était en rapport; il fut accueilli avec empressement.
Après les salutations d'usage:
— Je viens, dit le comte, vous donner un bon avis.
— Je vous en dois déjà beaucoup, dit le commissaire extraordinaire, avec reconnaissance.
— Celui-ci est important.
— S'agirait-il d'un danger grave?
— D'un complot.
— Vous m'effrayez.
Le comte parut assembler ses idées et mesurer ses termes, comme un homme qui va faire des révélations graves.
— On s'est battu, aujourd'hui! dit-il.
— Et nous sommes vainqueurs, vous le savez! dit le commissaire autrichien en se frottant les mains.
Le comte reprit.
— Le premier corps italien devait, vous ne l'ignorez pas, investir Peschiera.
— C'est vrai, mais...
— Il a été repoussé. Cependant il aurait réussi à emporter la ville de vive force.
— Impossible!
— Une révolte de la population était préparée pour venir en aide à l'ennemi; on devait s'emparer d'une porte; il y a vingt tonneaux de poudre cachés dans les caves de la ville; on les roulait sous la voûte d'une des portes et on la faisait sauter.
— Quelle explosion épouvantable!
— Toute une partie de l'enceinte était renversée!
— Une large brèche était offerte aux assaillants qui tentaient immédiatement l'attaque.
— Mais c'est effroyable!
— Et cette machination aurait réussi; il paraît que de nombreux émissaires ont pénétré ici.
— Malgré ma surveillance?...

— Malgré tout.
— Ces patriotes sont enragés. Comment, mon cher ute, avez-vous appris ce secret ?
— Par un de mes hommes. J'ai une petite police à moi, je mets au service de Sa Majesté Impériale.
— Et qui nous est bien utile.
— Or, un de mes hommes m'a prévenu que dans la ina-Bianca, sur les bords du lac, une femme extrêmement dangereuse, la comtesse C..., était cachée.
— Ah ! vraiment !
— Vous la connaissez ?
— C'est une Italienne renforcée ; elle est très-mal notée ; u reste elle avait émigré.
— Elle est du complot, fit le comte.
— Il faut s'emparer d'elle.
— Je le crois. Mais hâtez-vous.
— Vous avez raison, elle pourrait échapper.
— Qu'en ferez-vous ?
— On la mettra en prison d'abord ; puis je l'expédie sur Venise, où on instruira son procès.
— Très-bien !
— Cher comte, je vous dois une éternelle gratitude.
— N'en parlons pas, colonel. (En Autriche, les hauts grades militaires ne sont pas incompatibles avec l'emploi qu'exerçait le commissaire extraordinaire de l'empereur.)
— Je vous devrai mes épaulettes de général.
— Mon Dieu, j'agis dans l'intérêt de la bonne cause : je travaille pour mon roi.
— Nous le rétablirons.
— Dieu vous entende.
Et ils se séparèrent, le comte X..., pour aller tenir conseil avec Langelo, le colonel pour donner ses ordres.
Cette nuit même, la comtesse était arrêtée. On trouva sur elle le fameux plan de conspiration qui devait la compromettre, et qu'elle avait eu la naïveté de ne pas ouvrir et de prendre pour une recommandation à l'archiduc.
A la suite de la conversation qu'avaient eue le chef de police et le comte, une pareille pièce accusait trop clairement la jeune femme.
Elle eut beau protester de son innocence, affirmer qu'elle venait implorer la grâce de son frère, on la mit en prison sans vouloir l'entendre.
— Ces Italiennes ! s'écriait le colonel après un interrogatoire sommaire de la comtesse. Quelles comédiennes ! On dirait qu'elles disent la vérité, tant elles mentent naturellement.
Et cette grosse pâte allemande ajouta en souriant avec suffisance :
— Heureusement que j'ai de la perspicacité !
Pauvre colonel !
Il était dupe d'un homme habile. En croyant servir son pays, il était l'instrument d'une vengeance personnelle ; c'est ce qui est arrivé souvent en Vénétie, où les Autrichiens se sont couverts de honte en persécutant des innocents que, sur des dénonciations intéressées, ils croyaient coupables.
Le comte, voyant son intrigue menée à bonne fin, avait organisé sa souricière avec Langelo.
— Il s'agit, lui dit-il, de faire savoir à ce Français que la comtesse est à Venise.
— Ce sera facile.
— J'en doute.
— Excellence, je reste honnête homme pour les paysans de Cassina-Bianca, vous vous en souvenez.
— Après ?
— Je trouverai bien un émissaire parmi eux pour porter un avis à Brescia.
— Tu as raison.
— Il faudrait écrire une lettre au nom de la comtesse à cet aventurier qui est venu chasser sur nos terres un aussi joli gibier.
— Maître Langelo ! fit le comte, parlez donc avec plus de respect d'une femme de qualité.

Le bandit s'inclina.
— Excusez-moi, Excellence, dit-il.
Le comte reprit :
— Votre plan est impossible.
— Oserai-je demander pourquoi ?
— Le Français connaît l'écriture de la comtesse.
— Alors il faudrait que la signora écrivît elle-même ; cela vaudrait mieux.
— A coup sûr ; seulement...
— Excellence, il n'y a rien de plus simple.
— Ah ! par exemple, si vous obteniez un pareil résultat, ce serait un coup de maître.
— Obtenez seulement du chef de police qu'on m'arrête et qu'on me place dans une cellule voisine de la comtesse ; tâchez que les deux chambres communiquent par une porte, et je me charge du reste.
— Voici une lettre qui te fera obtenir tout ce que tu voudras, Langelo ! s'écria le comte joyeux.
Quelque temps après le bandit était voisin de la comtesse. Il l'entendit sangloter.
Comme toute prison, celle de Peschiera contenait des cachots, des cellules et des chambres, de celles que nous disons chambres à la *pistole* ; par égard pour le sexe et la qualité de la comtesse, on lui avait donné une de ces dernières.
Comme on n'enferme pas là les prisonniers bien dangereux, on exerce une surveillance moins grande ; les clôtures sont moins solides ; souvent une salle n'est séparée d'une autre que par une porte fermée à clef.
Telle était celle de la comtesse par rapport à celle où Langelo subissait une captivité volontaire.
A peine fut-il y était-il qu'il fit grand bruit et couvrit le geôlier, l'Autriche et sa police, l'empereur et son gouvernement, de malédictions.
La jeune femme reconnut cette voix.
— *Dio mio !* murmura-t-elle, c'est mon guide.
Puis elle ajouta :
— Je lui ai porté malheur. Il est arrêté.
Ensuite, âme compatissante, elle songea qu'il se compromettait avec ses fureurs inutiles.
— Monsieur ! appela-t-elle.
Il continuait comme s'il n'eût pas entendu.
— Monsieur ! appela-t-elle plus haut.
Il continua plus fort que jamais.
— Seigneur ! Il ne se taira donc pas !
Et elle frappa du pied contre la porte.
Il se tut.
— Monsieur ! répéta-t-elle pour la troisième fois.
— Qui m'appelle ? demanda-t-il.
— Parlez plus bas ; c'est moi ! répondit-elle.
— Qui, vous ?
— La jeune femme que vous avez conduite de Brescia à la Cassina-Bianca.
— Quoi ! s'écria Langelo avec un accent de douloureuse surprise, vous êtes emprisonnée !
— Hélas, oui !
— Vous avez été trahie ?
— Je l'ignore. Et vous, monsieur ?
— Ah ! signora, je suis bien à plaindre ; on va probablement me fusiller demain matin, à la pointe du jour.
La comtesse pleura.
— Consolez-vous, dit Langelo. Je crois que je me sauverai cette nuit ; le geôlier est des nôtres.
— Loué soit Dieu ! fit la jeune femme.
— Je crie contre lui pour détourner les soupçons, mais il prépare mon évasion. En tout cas, si je ne réussis pas, il fera parvenir mes derniers adieux à ceux que j'aime.
— Je vais prier la Vierge qu'elle vous vienne en aide.
— Vous êtes trop bonne, signora. Mais n'avez-vous rien à faire dire à un parent, à un ami ?
— Non.
— Vous ne connaissez personne ?
— Au contraire. Mais si je disais où je suis, ceux qu

Sceaux. — Typ. et stér. M. et P.-E. Charaire.

Comptez sur moi, Excellence; je lui brûlerai la cervelle. (Page 20.)

m'aiment tenteraient de me délivrer et s'exposeraient pour moi, ce que je ne veux pas.

Langelo ne s'attendait pas à cela.

Mais c'était un de ces esprits subtils qui savent tourner les obstacles avec adresse.

— Signora, dit-il, peut-être ferez-vous bien d'écrire un petit mot à vos amis, pour les rassurer d'abord et pour les détourner de l'idée de tenter votre délivrance.

La jeune femme réfléchit.

— Songez, continua Langelo, que l'on doit ignorer quel est votre sort, signora.

— C'est vrai, murmura la comtesse.

— On est inquiet.

— En effet. Je suis sûre que *lui* et Luidgi, ils sont dans des transes mortelles.

— Trois lignes les calmeraient.

— Vous me décidez.

— Ah! c'est que je connais les angoisses de ceux qu'on laisse sans nouvelles en pareil cas.

— Malheureusement, fit la comtesse, je ne puis écrire; je n'ai rien pour cela.

— Qu'à cela ne tienne. Je vais vous glisser sous la porte un petit papier.

— Et après?

— Avez-vous du courage.

— Oui, dit la comtesse.

— Vous vous piquerez avec une épingle.

— Et j'écrirai avec mon sang. Oh! merci de cet avis, monsieur, s'écria la jeune femme.

Langelo aurait bien pu passer un crayon sous la porte; mais il savait les femmes *par cœur*.

Une petite blessure, du sang pour encre, c'était bien plus poétique qu'un peu de mine de plomb.

La comtesse, en effet, était ravie.

— Signora, dit le bandit, permettez-moi une observation sur la rédaction du billet.

— Parlez, monsieur.

— Pour ne pas me compromettre ou exposer celui qui le portera si je ne m'évade pas, veuillez donc, je vous prie, accepter la formule suivante :

« Je suis en prison ; on me transportera demain à Venise ; je ne cours aucun danger. »

Le brigand reprit :

— Quelque chose dans ce genre enfin ; rien contre le gouvernement maudit des Tudesques.

— Oh! je n'aurais garde, fit la jeune femme.

Et elle transcrivit ponctuellement les phrases qu'on lui avait dictées.

Elle eût bien voulu ajouter :

— Jean, je vous aime toujours.

Elle n'osa pas.

Impossible de cacheter ce billet, et une femme a des pudeurs qui lui empêchent de confier ses pensées d'amour à une feuille volante que le premier venu peut lire.

La comtesse signa en soupirant, mais toutefois elle imprima un chaud baiser à son message.

— C'est fait ! dit-elle.

— Veuillez me passer votre lettre, dit Langelo.

— La voici.

— A qui la remettre?

— Il faudrait qu'elle parvînt à Brescia, à l'hôtel où vous m'avez trouvée.

— Et on saura à qui la donner.

— On la fera parvenir à un Français qui...

La comtesse était embarrassée, puis prenant son parti :

— A un Français que je devais épouser, fit-elle.

— Bien, signora, dit Langelo.

— Maintenant, je vais adresser au ciel des prières pour qu'il vous sauve !

— Vous êtes un ange, signora !

Et le bandit donna une inflexion tendre à sa voix.

Un instant après il se rapprocha.

— Signora, dit-il, on vient me chercher. Adieu.

— Adieu ! murmura la comtesse.

Et elle fit de ferventes prières.

Au bout d'une heure, n'ayant rien entendu, elle conjectura que l'évasion avait réussi.

Pauvre jeune femme !

Langelo était allé triomphant trouver le comte avec le billet qu'il avait extorqué si habilement.

Il rit aux larmes avec Son Excellence, de ce bon tour ; le sang surtout les amusa beaucoup.

— L'autre jobard, disait Langelo ; il va embrasser la lettre, l'écriture, le messager, tout !

— Il est bien fin.

— Il est amoureux, et l'amour, ça abêtit un homme comme tout autre animal. Voyez les bêtes fauves dans la saison du rut ; elles se laissent approcher ; elles ont perdu toute défiance ; toute sauvagerie. On prendrait un chevreuil à la main. L'homme c'est la même chose ; plus bête encore !

— Maître Langelo ! vous étiez amoureux aussi, ce me semble ! J'ai dû même vous rappeler que les comtesses n'étaient pas faites pour les *malvivants*.

— Excellence, les comtesses sont faites pour tous ceux qui savent les prendre, *malvivants* ou *nobles*. Quant à mes passions, ce n'est pas de l'amour positivement. On désire une femme, on l'enlève, on est galant pour elle toute une matinée, on la tue après.

— Vos amours durent ce que durent les roses, l'espace d'un matin, maître Langelo.

— Oui, Excellence.

— Allons, à votre aise ; ça ne me regarde pas ! mais expédiez-moi ce messager.

— Je vais de ce pas à la Cassina-Bianca ; l'homme que j'enverrai sera bien stylé.

— J'y compte.

— Au revoir, Excellence.

— Au revoir, Langelo.

Et le bandit partit d'un pas léger.

XXXI

Le message. — On nous trahit. — Encore la chambre à un lit. — Les espions et les correspondants français. — Pierre de Paris. — Où Jean se reconnaît à quatorze ans. — Pacte d'un gamin à un homme. — Emmenez-moi tout de suite.

Jean et les deux volontaires avaient été frappés comme par un coup de foudre.

Disparue !

Ils étaient atterrés tous trois.

Jean se remit le premier.

— Le coup, dit-il, vient de la main qui vous a versé de l'opium ; le comte X... poursuit sa vengeance ; on a attiré la comtesse dans un piège.

— Je le crois, dit Luidgi.

Un domestique vint à Jean.

— Signor, dit-il, un paysan du territoire vénète désire vous parler tout de suite.

— Ah ! fit Jean.

Et son front se plissa.

— Je tiens mon homme ! murmura-t-il.

Puis tout haut :

— Que l'on amène ce paysan ! dit-il.

Le messager entra.

C'était un de ces campagnards à figure si honnête qu'il est impossible de les soupçonner d'une trahison ou d'une perfidie ; Jean le dévisagea, et reconnut qu'il n'avait devant lui qu'un instrument agissant sans avoir conscience de ses actes.

— Vous êtes le Français qui devait épouser la comtesse de C*** ? demanda le messager.

Luidgi fit un geste de surprise.

— Ils s'aimaient, murmura-t-il à l'oreille de Giuseppe, je en doutais, t'en souviens-tu ?

— Ce n'était pas difficile à deviner.

Et Giuseppe sourit ; sans doute, il pensait que Luidgi aurait dû avoir plus de perspicacité pour ce qui concernait personnellement tous les deux.

Jean avait hésité à répondre ; enfin il dit :

— Oui, c'est moi.

— Alors, fit le paysan, voici pour vous.

Et il tendit la lettre.

Jean la lut avec soin, pesa chaque mot, réfléchit et murmura à mi-voix :

— C'est bien d'elle.

Ensuite il questionna le messager.

— Qui vous a remis cela ? demanda-t-il.

— Un émissaire des comités ; celui-là même qui avait amené la comtesse chez moi.

— Comment a-t-elle été arrêtée ?

— On est venu faire une perquisition ; on a emmené la signora et l'on nous a roués de coups.

— Et le guide ?

— Je n'étais pas là, heureusement, quand on est venu fouiller la cassina.

— C'est ensuite qu'il vous a apporté la lettre ?

— Oui.

— Comment l'a-t-il reçue ?

— Par un geôlier dévoué à l'Italie.

— Merci du renseignement.

Puis Jean reprit :

— Mon ami, ce guide est un traître ; il faut vous en défier ; c'est un espion autrichien.

— Corps du Christ ! s'écria le paysan.

Jean continua :

— Il a tendu un piège à la comtesse, et il cherche à nous attirer dans un autre.

— Le birbante ?

— Vous feriez bien de ne pas retourner chez vous ; ce misérable vous dénoncera certainement, quand il n'aura plus besoin de vos services pour ses intrigues.

— Per Bacco ! je retourne, au contraire, gronda le paysan furieux. Je veux tuer ce misérable !

— Ceci vous regarde, dit Jean.

Et tirant mille francs en or de sa poche, il les offrit au paysan qui refusa.

— Non ! dit-il fièrement, pas de récompense ! Nous agissons par amour de la patrie.

Jean remit son or dans sa bourse ; mais il ouvrit une malle, en tira un magnifique poignard armé d'une émeraude à la poignée et l'offrit au messager :

— Pour ce traître ! dit-il.

— Merci ! répondit le paysan.

— Êtes-vous pressé de retourner ? demanda Jean.

— Non.

— Eh bien ! restez. Vous me servirez de guide pour passer en territoire vénète avec vous.

— Volontiers, signor.

Jean, devenu fort calme, commanda à souper.

On servit donc le repas dans sa chambre ; tous les convives mouraient de faim.

En mangeant, Luidgi voyant Jean de bonne humeur, l'interrogea sur ses projets.

— La comtesse ne court aucun danger, répondit l'ex-zouave. On lui fera son procès ; elle sera emprisonnée. Elle aura à souffrir d'une captivité désagréable.

— Ne craignez-vous pas que le comte X*** ne cherche à l'empoisonner ?

— Non, dit Jean. Une fois entre les mains de la justice, la comtesse échappe au comte, qui ne l'a fait arrêter que pour nous attirer à Venise.

— Et que pensez-vous faire ?

— Faire prévenir la comtesse que vous êtes sauvés ; lui donner l'assurance qu'elle sera délivrée bientôt, et la délivrer, en effet, le plus tôt possible.

— Nous irons donc à Venise ! fit Luidgi joyeux de courir de nouveaux dangers et de lutter de ruse avec la meilleure police du monde entier.

— Vous allez au camp. fit Jean.
Luidgi avait oublié qu'il était lié par un engagement au service de la patrie.
— C'est vrai ! murmura-t-il.
— Il faut rentrer auprès du général ! continua Giuseppe. L'amour est égoïste. La jeune Sicilienne se disait qu'il était bien heureux qu'un impérieux devoir forçât Luidgi de ne pas s'exposer à retomber aux mains des sbires.
Jean, après tout, ne risquait que la prison.
Luidgi était attristé.
Jean le consola.
— Soyez sûr, lui dit-il, que je délivrerai votre sœur avant peu, d'ici à quinze jours à peine.
— Les prisons de Venise sont bien gardées ! fit le jeune homme d'un air de doute.
— Pas mieux que les prisons chinoises, dit Jean, et pourtant j'en suis sorti, moi.
L'on avait fini de dîner ou plutôt de souper; Jean se leva en disant :
— Demain nous partons. Vous, jeunes gens, vous allez au camp ; moi, je vais étrangler un peu ce misérable Langelo qui me gênerait dans mes opérations.
Et Jean appela le garçon.
— Une chambre, lui demanda-t-il.
— Vous avez celle de la comtesse, messieurs. Il n'y en a plus qu'une dans la maison.
— Moi, fit le paysan, je coucherai volontiers à l'écurie ; qu'on ne s'inquiète pas de moi.
— Alors, dit Luidgi, mon ami et moi prenons cette chambre qui est disponible.
Giuseppe était sur les épines.
— Bonsoir, monsieur Jean, disait déjà Luidgi. Viens-tu, Giuseppe, je tombe de sommeil.
Le Sicilien implora l'ex-zouave du regard.
— Voyons, dit celui-ci, vous êtes fatigué, Luidgi : allez vous coucher immédiatement et laissez-moi votre ami pour m'aider dans un petit travail de correspondance que j'ai à terminer cette nuit même.
— Ah ! des ordres à vos employés ! fit Luidgi. Ma foi, si je ne suis pas nécessaire, tant mieux. Je suis brisé, moi. Puis, je n'aime pas à écrire. Bonsoir !
— Bonsoir, Luidgi ! fit railleusement Giuseppe.
Il n'y vit pas malice.
Le paysan était déjà parti.
Seul avec Jean, Giuseppe lui serra la main avec reconnaissance, mais il ne trouva pas un mot.
— Vous me devez une fière chandelle, signora, dit l'ex-zouave en riant.
— Oh ! merci ! dit-elle.
— En revanche, donnez-moi votre nom. Me voilà presque le tuteur de Luidgi.
— En qualité de beau-frère, fit-elle.
Et la jeune Sicilienne sourit à son tour.
Puis elle dit à Jean :
— Vous voulez savoir qui je suis ! Je me nomme Paola de S... V...; je suis orpheline ; j'ai une fortune immense ; un tuteur bourbonnien qui me persécutait.
— On vous cherche partout ! s'écria Jean. On vous croit perdue, les journaux ont annoncé votre disparition.
— Je le sais. Mais mon père était libéral, un noble cœur ; je me sens le courage d'un homme ; je veux être indépendante et libre, et puis, j'étais persécutée.
— Je comprends tout ! dit Jean.
— Vous ne me trahirez pas !
— Au contraire, je suis votre meilleur ami. Je vous abandonne cette chambre.
— Et où irez-vous ?
— A l'écurie !
— Je ne.....
— Laissez donc, un soldat !
Et il prit la main du jeune homme, non de la jeune fille, y laissa un baiser, puis partit.
— Galant homme ! murmura Giuseppe.
Le lendemain tout le monde était sur pied de fort bonne heure ; on louait un cabriolet et on se mettait en route pour Desenzano (1).

Au moment où on y arrivait, il se passait un incident assez curieux à l'entrée du village. Quatre correspondants parisiens qui quittaient cette localité pour retourner à Brescia, étaient en pourparlers avec un capitaine garibaldien, lequel escortait trois hommes vêtus en bourgeois.

C'étaient trois Français, arrêtés la veille à onze heures du soir, aux avant-postes ; on les avait pris pour des espions tyroliens déguisés en Français.

Les journalistes les avaient rencontrés au moment où on les conduisait au brigadier de gendarmerie de Desenzano ; ils avaient reconnu ces prétendus espions pour des compatriotes qui étaient venus à Brescia afin de s'engager dans les volontaires ; ils avaient dîné avec eux l'avant-veille.

Les correspondants parisiens s'étaient donnés comme garants des Français, et l'un d'eux leur avait déjà remis une lettre de recommandation pour Garibaldi en y joignant un mot qu'il avait reçu du lieutenant de Flotte avant qu'il mourût en se dévouant pour l'Italie. Ce devoir rempli, les correspondants partirent pour Brescia. On conçoit que les Français, avec une pareille intervention, furent immédiatement relâchés, et qu'on fit même mieux, car deux d'entre eux furent incorporés dans le quatrième régiment, celui du colonel Corte.

Le troisième ne put être accepté.

C'était un gamin de Paris, âgé de quatorze ans, qu'on ne pouvait raisonnablement admettre.

Jean proposa de l'emmener déjeuner, en attendant mieux, ce qui fut adopté.

Quand les deux jeunes gens entrèrent à Desenzano dans la cour de l'hôtel, ils furent salués d'acclamations par leurs amis qui les croyaient perdus. Garibaldi avait son quartier général dans cet hôtel ; les guides étaient là.

Ce furent des embrassades sans fin.

Après de longues, d'interminables explications, on laissa enfin aux jeunes gens la permission de déjeuner.

Jusqu'alors le Parisien n'avait trop rien dit : il avait l'air embarrassé et ennuyé. Jean l'observait à la dérobée et essayait de le juger.

On s'attabla.

Luidgi, rassuré sur la comtesse, était très-gai, Giuseppe aussi ; ils mirent à l'aise leur petit convive. Jean lui apprit qu'ils étaient compatriotes ; le jeune homme ou plutôt le gamin prit aussitôt confiance.

C'était un petit blond, malin, futé, gentil garçon, du reste, homme avant l'âge, comme tout gamin de Paris, n'ignorant rien, amoureux d'aventures, de voyages, de liberté.

Il raconta son histoire.

Son père était un contre-maître très-habile, gagnant largement sa vie ; il avait une belle-mère, une marâtre, comme on dit dans le Midi.

Malmené à la maison, il avait pris la clef des rues, avec l'intention bien arrêtée de quitter Paris et de faire son tour du monde.

Jean l'écoutait parler avec une joie non dissimulée ; il se revoyait à quatorze ans.

Le petit Parisien avait eu déjà son odyssée ; il avait pris un engagement dans une troupe de saltimbanques ; il avait été contrebandier sur la frontière suisse ; il avait porté la balle de colporteur ; il avait fait un peu de tout, de ci de là.

Puis, après deux ans de pérégrinations, il avait entendu dire qu'on formait des bataillons de volontaires, et il avait voulu s'y engager.

— Que vas-tu faire, maintenant qu'on ne veut pas de toi ? demanda Jean.

— Me mettre marchand de fil, d'aiguilles, et de tout ce qui est nécessaire aux soldats, dit le gamin. Comme cela, je suivrai les bataillons partout.

Jean était ravi.

— Comme c'est bien moi, pensa-t-il. Voilà un garçon

(1) Le fait suivant a été rapporté par la *Patrie*.

qui me va très bien. Voyons! lui dit-il, tu es bien décidé à ne pas retourner chez tes parents, n'est-ce pas?
— Pour ça, jamais avant ma majorité.
— Et tu aimes les émotions, la vie errante?
— Les aventures, c'est mon élément! s'écria le jeune gamin. Plus je suis dans le *pétrin*, mieux je m'amuse.
— Alors, viens avec moi.
— Qui êtes-vous?
— Un aventurier, mon garçon.
— Cela me suffit! Vous avez une figure qui me va, d'abord. Et quand les figures me reviennent, je me fie à cela. Jamais je n'y ai été trompé.
— Dire que j'ai été comme ça! fit Jean.
Puis il reprit :
— Ecoute, j'ai une excursion à faire, je vais te laisser ici pour une nuit; je te reprendrai demain.
— Du tout. Emmenez-moi avec vous.
— C'est que c'est dangereux.
— Tant mieux!
Jean hésitait.
Puis il se décida.
— Bah! dit-il, il faudra qu'il se bronze; l'habitude du courage, le sang-froid ne viennent qu'à force de braver le péril; il faut s'y accoutumer jeune.
Il regarda encore la loyale figure du gamin qui avait pris un air crâne et déterminé.
— Tu viendras! dit-il.
— A la bonne heure! fit le Parisien.
— Ton nom? demanda Jean.
— Pierre Desroches.
— Eh bien, Pierre, je te prends avec moi.
— Et vous avez raison! dit le gamin avec fierté. Vous ne trouveriez pas mon pareil sur mille.
— Voilà cinq louis pour les arrhes, dit Jean. Quand nous nous quitterons, je te donnerai une pacotille pour aller en Chine, avec la *manière de s'en servir*.
— Hourra! s'écria le gamin. Je serai millionnaire à vingt ans, si je vais au pays des magots!
Jean souriait de cet enthousiasme.
— Tu as toute la journée pour te promener; nous partons à la nuit tombante. Prie ces messieurs, qui seront tes amis, de t'apprendre à tirer un coup de fusil et à donner un coup de couteau. Je leur ai montré cela.
Pierre ne se fit pas répéter la recommandation, et les deux volontaires se prêtèrent de bonne grâce à faire son éducation comme tireur.
La journée se passa gaiement.
Pierre vit Garibaldi qui fit appeler ses deux guides et écouta d'eux le récit de la bataille de Custozza; il savait le soir même manier proprement une carabine; Giuseppe lui avait enseigné comment on applique proprement un coup de poignard avec un poignet assez faible, par l'élan, la dextérité et le jeu de l'avant-bras.
Il avait acquis l'amitié des deux guides.
De plus, il avait su conquérir l'affection de Jacques, le chacal, par mille attentions délicates et par des flatteries auxquelles le fier animal était sensible.
Tout était pour le mieux quand Jean vint le chercher pour s'embarquer sur le lac.
En ce moment même, Langelo tenait conseil avec le comte et arrêtait un plan de conduite.
— Excellence, disait-il, mon messager va revenir. Je l'attends cette nuit même.
— Bien! dit le comte.
— Nous allons savoir si notre homme a mordu à l'hameçon tendu pour le prendre.
— Peut-être même, fit le comte, va-t-il venir avec ton émissaire.
— J'y compte, Excellence. Il demandera à cet homme de lui servir de guide.
— Ce serait le moment de s'emparer de ce drôle et de nous venger.
Langelo sourit.
— Qu'as-tu? fit le comte.

— Vous allez vite en besogne! fit le bandit. Nous ne sommes sûrs de rien.
— Tu as raison.
— Il peut même arriver que ce diable de Français se défie de quelque chose.
— C'est vrai.
— Auquel cas il aurait mis en garde ce paysan. Et ces patriotes ont de terribles rancunes.
— Tu as peur?
— Oui, Excellence; je crains de recevoir un nouveau coup en allant seul à la Cassina-Bianca.
— Veux-tu des soldats?
— Je préférerais des agents de la police.
— Tu en auras.
— J'en désire huit.
— On t'en donnera huit, et des plus vigoureux.
— Avec cela, Excellence, je pare à toutes les éventualités; si le Français vient, il est pris; si le paysan veut me faire un mauvais parti, on le pend.
— Bien pour le paysan, mauvais pour le Français, maître Langelo! fit le comte.
— Que pense donc Son Excellence?
— Qu'il ne faut pas s'emparer de notre ennemi pour le livrer à la justice.
— Je saisis. Il faut l'expédier de suite. Comptez sur moi, Excellence; je lui brûlerai la cervelle.
— C'est cela.
Langelo reprit :
— Je vais dresser si bien mon embuscade qu'il est impossible de ne pas réussir.
— Que feras-tu?
— Les agents me garrotteront; ils m'amèneront ainsi à la Cassina-Bianca; ils diront aux paysans que j'étais un traître; qu'ils sont, eux, des patriotes, et qu'ils veulent me juger et m'exécuter. Si mon émissaire a eu des soupçons, s'il ramène le Français et que celui-ci se défie, quand tous deux sauront que des agents secrets des comités italiens ont découvert ma perfidie, et m'en vont punir, leur méfiance tombera et ils perdront toute prudence.
— Langelo! Langelo! vous êtes un grand fourbe! s'écria le comte. Allez et réussissez.
Certes, le bandit avait eu là une idée ingénieuse et c'était un digne adversaire, — pour la ruse, — de Jean, qui ne s'attendait pas à une pareille machination.
Pauvre Jean! Le lion tombe parfois dans un piège et il succombe sans pouvoir se défendre contre la dent des hyènes.

XXXII

L'homme au lazzo. — Trois balles bien placées. — Plus fort qu'Arpin. — Une cervelle à la muraille. — L'homme-pilon. — Garibaldi. — Un coup de feu. — La reconnaissance d'un bandit.

Jean, le Parisien, le guide et Jacques débarquèrent.
Un paysan les attendait à l'endroit convenu à l'avance pour mettre pied à terre.
— Eh bien? demanda le guide.
— Il y a du nouveau! répondit le paysan.
— On nous espionne?
— Non. Mais le prétendu émissaire qui a amené cette signora était un traître.
— Je le savais!
— Les patriotes l'ont arrêté.
— Ah! ah!
— Ils l'ont amené à la maison pour le juger et le condamner à mort devant nous.
— Bravo!
— On t'attend.
— Pourquoi?
— Parce que l'on veut que les témoins de la trahison et

ceux qui en auraient souffert soient là pour assister à la vengeance des comités.

Jean se frottait les mains.

— A la bonne heure! murmurait-il, police contre police; voilà comme j'aime les sociétés secrètes, moi! ces patriotes vénitiens exercent une surveillance active.

Puis il reprit :

— Marchons, j'ai hâte de voir trépasser ce brigand-là, qui m'a forcé à me cacher dans un four, où j'ai failli cuire sous la cendre comme une pomme de terre.

— Dites donc, patron, demanda Pierre, c'est un sbire que l'on va pendre?

— Mieux que cela, mon garçon.

— Mieux, patron! fit Pierre alléché.

— C'est un brigand napolitain, un vrai, un authentique brigand, qui nous a donné du fil à retordre dans les environs de Bari il y a peu de jours.

— Ça commence bien! fit Pierre.

En vrai Parisien, le gamin considérait la chose comme un drame auquel il assistait gratis.

En une heure, on gagna la Casa-Bianca.

Le guide entra, suivi de Jean et de son petit compagnon; ils trouvèrent, au milieu de la cuisine de la ferme, un homme couché et lié.

C'était Langelo.

Huit hommes debout et armés semblaient le garder.

C'étaient les sbires.

Ils avaient revêtu des costumes de paysans et jouaient en conscience leur rôle de patriotes indignés.

Dès que les nouveaux venus furent dans la salle, l'un des sbires se glissa vers la porte et la ferma; Jean remarqua ce mouvement et n'y prit pas trop garde.

— Eh! eh! maître Langelo, dit-il au bandit garrotté, nous allons donc passer un mauvais quart d'heure; on va nous pendre!

Et l'ex-zouave s'avançait.

Un sbire, tenant une corde à nœuds coulants, se tenait derrière Jean; il suivait ses mouvements, sans avoir l'air animé d'intentions hostiles.

Pierre trouva pourtant cela singulier.

Il vit aussi, dans un coin, le guide et le paysan qui étaient tout pâles; un sbire leur parlait à voix basse, tandis que les autres causaient très-haut.

Les autres habitants de la Cassina avaient été éloignés sous prétexte de garder les abords du bâtiment.

Tout cela parut suspect à Pierre, auquel, vu sa petite taille, on ne prenait pas garde.

— Evidemment, pensait-il, tout ceci n'est pas naturel; veillons au grain.

Et il prit dans la poche de son paletot un mignon revolver qu'il arma sans bruit.

Tout à coup le sbire qui tenait la corde fit un geste; il s'apprêtait à lancer son lazzo sur Jean qui raillait toujours Langelo.

Pierre n'hésita pas.

— Garde à vous, patron! cria-t-il. Nous sommes trahis.

Et il tira un coup de pistolet contre le sbire, qui tomba aussitôt par terre.

C'était un crâne petit bonhomme que ce gamin des faubourgs; il avait une décision sans pareille; deux sbires voulurent sauter sur lui; il les coucha net par terre de deux balles de son revolver.

Jean, lui, s'était retourné.

D'un regard il jugea la situation.

— Ah! rugit-il, c'était un piége!

Il avait saisi son couteau.

Les sbires déchargèrent sur lui leurs pistolets; mais prompt comme l'éclair, il s'était jeté à plat ventre et il fut manqué; alors, se relevant, il bondit.

En un clin d'œil, il éventra un homme, troua la poitrine d'un second, planta sa lame dans le dos d'un troisième qui fuyait et y cassa son arme.

Restaient deux hommes.

Les paysans s'étaient jetés devant les fenêtres pour leur couper la retraite; c'était inutile.

Jean prit l'un par les reins, le retourna avec une force inouïe, et le soulevant comme il eût fait d'un pilon, lui broya la tête sur le sol, en le laissant retomber après l'avoir soulevé en l'air.

L'autre avait trouvé un escalier.

Pierre avait tiré sur lui et l'avait manqué.

Jean le saisit par une jambe au moment où il allait disparaître sur le palier de l'étage supérieur, il le fit dégringoler au bas des marches.

Puis il l'empoigna au jarret, qui fut étreint avec une vigueur incroyable par la main de fer de l'ex-zouave; le bandit chercha en vain à se dégager par des secousses furieuses.

— Attendez, patron, je vais lui brûler la cervelle! dit Pierre.

Mais Jean, d'une voix furieuse :

— Gare! cria-t-il.

Et par un effort énorme, il imprima au corps du brigand un mouvement de rotation et l'envoya donner du crâne contre la muraille.

— La cervelle jaillit.

C'était fini.

— Tonnerre! s'écria Pierre un peu pâle, car c'était une scène horrible, voilà un homme aplati crânement, sans calembour; c'est comme cela que j'arrangeais les chats qui me griffaient; je les prenais par la queue et, après deux tours, je les lançais aux murs.

— Vite, dit Jean, filons. Il y a peut-être de la troupe aux environs.

Puis il ajouta en s'adressant aux paysans :

— Venez aussi, vous autres.

Langelo était toujours à terre et garrotté, bien garrotté, ma foi.

Du reste, Jacques, en bon chacal, avait compris que c'était la proie principale; il avait, sur un geste du maître, sauté sur le bandit et il lui montrait ses crocs.

Un mouvement, et il l'eût étranglé.

— Bâillonnez ce gredin, dit Jean, et emportons-le.

Les deux paysans s'empressèrent d'obéir et on quitta le théâtre de la lutte.

Pierre y jeta un dernier regard.

— Patron, dit-il, vous faites de la rude besogne, quand vous vous y mettez.

— Tu en verras d'autres, dit Jean.

— Vous luttez mieux qu'Arpin! continua Pierre, dont l'admiration était sans bornes.

— Tu trouves? fit Jean.

Puis il reprit :

— Je suis très-content de toi; tu as agi en brave; nous nous entendrons tous deux.

Et il serra la main de Pierre.

— Ah! dit celui-ci, je serai un bon apprenti, allez, patron! Vous verrez.

— Apprenti de quoi? demanda Jean étonné.

— Apprenti aventurier! répondit naïvement Pierre.

Jean sourit.

On marchait, Jacques éclairant la petite troupe; on atteignit la barque.

Tout le monde y prit place, et Langelo fut couché au fond sur le dos.

La lune était brillante.

— Patron! dit Pierre, on ne lui voit guère que les prunelles à ce bandit-là, mais quels regards!

— Il se sent perdu.

— N'importe, si ses yeux étaient des fusils, nous passerions un vilain quart d'heure!

Jean rit de bon cœur de la plaisanterie.

— A propos, demanda-t-il, pourquoi n'as-tu pas continué à tirer tout à l'heure?

— Crainte de vous blesser!

— Bravo, garçon! Tu as du jugement; il ne faut jamais jouer du pistolet à l'*aveuglette*.

Puis il ajouta encore :
— Mon petit Pierre, sois tranquille, on fera quelque chose de toi plus tard.
— Monsieur Jean, je l'ai toujours pensé !
Et le gamin dit cela avec l'aplomb qui caractérise le faubourien, lequel est l'être le plus modestement orgueilleux du monde.

La barque fendait les flots.
— Est-ce que les deux garibaldiens sont ennemis de votre prisonnier ? demanda Pierre.
— Il a voulu les rôtir, dit Jean.
— Quelle joie pour eux de revoir une aussi aimable connaissance ! s'écria Pierre. J'ai idée qu'ils vont faire à ce camarade-là une réception soignée.

On arriva à distance de Desenzano.
— Il faut aller au-devant d'eux. Marchons.
Pierre offrit d'aller les chercher.
— On n'entre pas facilement dans un bourg où stationnent des troupes, dit Jean.
— Je pénètre partout, moi ! dit Pierre.
Et il s'éloigna.

Une demi-heure après il revenait en croupe derrière Luidgi. Giuseppe à cheval suivait son ami.
— Comment as-tu fait pour passer ? demanda Jean.
— J'ai pris par les jardins, j'ai rampé derrière les haies et je suis parvenu à éviter les sentinelles !
Giuseppe était d'une joie folle.
— Le voilà donc pris ce gueux ! s'écria-t-il.
Et il s'approcha de Langelo.
— Tu vas mourir, lui dit-il.
Luidgi s'approcha de son ami.
— Sois donc plus digne, lui dit-il. Venge-toi, mais n'insulte pas ton ennemi sans défense.
— Il nous insultait bien, lui ! C'est un brigand ! fit noblement Giuseppe ; nous sommes d'honnêtes gens, nous !
Jean n'entendait rien de ce dialogue.
— Or çà, mes enfants, dit-il, voilà notre bourreau pincé ; nous allons le griller un peu, pas vrai ?
— Oui, dit Giuseppe.
— Non ! dit Luidgi.
— Est-ce que vous avez mieux à nous offrir ? demanda Jean.
— Certainement, fit Luidgi.
— Quoi donc ?
— Un conseil de guerre qui statuera sur le sort du prisonnier et le condamnera légalement.
— Par exemple ! fit Jean.
— Nous sommes citoyens d'un pays civilisé, dit Luidgi, nous sommes les soldats d'une cause généreuse ; nous ne devons pas nous substituer à la loi.
— Est-ce votre avis, Giuseppe ? demanda Jean.
— Moi, je veux qu'il souffre de ma main, dit le Sicilien avec force.
— Et tu es garibaldien, toi ! s'écria Luidgi, et tu es garde d'honneur du grand patriote ! Si jamais Garibaldi apprenait qu'un de ses guides s'est permis pareille chose, il le chasserait honteusement des rangs.
Giuseppe baissa la tête.
— Du reste, dit Luidgi, vous allez compromettre notre honneur ; on nous accusera de violences ; ce meurtre sera un prétexte à déclamations contre les volontaires. Car on saura toujours quelque chose. On sait tout.
Le jeune Sicilien tendit sa main à Luidgi en lui disant :
— Tu as raison, tu es un noble cœur ; le général nous blâmerait d'avoir été juges dans notre cause.
— Possible ! fit Jean. Mais moi je ne suis pas Italien, je suis Français. Je suis libre de mes actes ; cet homme m'a voulu tuer, je le tue.
— Vous, monsieur Jean, vous serez sensible à une autre considération.
— Non, ma foi !
— Même si, au nom de ma sœur Anita, je vous demandais une grâce.
— Non ! dit Jean.
— Eh bien, je vous jure que, quand je reverrai la comtesse, je lui dirai : « Anita, j'ai imploré l'homme que tu aimes en invoquant ton souvenir, et il m'a refusé. »
— Au diable ! dit Jean de mauvaise humeur. Faites de ce gredin-là ce que vous voudrez.
— Vous me l'abandonnez ?
— Il le faut bien. Vous avez une manière de prier les gens, le couteau sur la gorge, qui les force à dire oui, quand ils pensent non.
— Allons, en route, demain on préviendra le général de ce qui est arrivé.
— Il le sait ! dit une voix.
Tous se retournèrent.
Un homme enveloppé d'un long manteau, était debout derrière les jeunes gens.
— Le général ! dit Luidgi.
— Garibaldi ! fit Jean.
Et tous se découvrirent.
— Tu as un grand cœur, jeune homme, dit Garibaldi, tendant sa main à Luidgi.
Celui-ci n'osait la serrer.
— Allons, dit le général, c'est l'étreinte d'un honnête homme à un autre. Qu'a fait cet homme ? Je n'ai entendu que la moitié de votre discussion ; je vous ai aperçus étant en tournée pour inspecter mes avant-postes.
Luidgi raconta toute l'histoire du brigand.
— Il y a un grand exemple à donner ! dit Garibaldi.
Et à Jean :
— Monsieur, dit-il, vous avez le droit de faire juger cet homme ; cependant je vous demanderai si vous voulez m'abandonner ce misérable !
— Général, dit Jean, je ne retrouverai jamais l'occasion d'obliger le plus grand homme de l'Italie, aussi je la saisis avec empressement.
— Merci, monsieur, dit Garibaldi.
Puis aux deux guides :
— Déliez-le, dit-il.
Luidgi obéit.
— Otez-lui son bâillon ! ordonna le général.
Le mouchoir tomba.
Langelo tremblait de tous ses membres ; la mort lui avait fait moins peur que la présence du héros, dont tous les échos de la péninsule redisaient le nom.
— Ecoute, lui dit Garibaldi. Tu as brûlé, pillé, incendié ; tu as massacré les patriotes, tu es un bandit et un bourbonnien. Comme bandit je te pardonne, à cause des vices moraux qui rongeaient ton pays et à cause de ton ignorance qui fait de toi une bête sauvage, suivant des instincts que rien n'a combattus. Comme bourbonnien, je te pardonne encore : bandit, ils t'ont appelé à les servir ! tu es moins coupable qu'eux : ce sont eux qui ont armé ton bras.
Il y eut un moment de silence solennel.
— Va ! reprit le général, va, tu es libre ! Je te fais grâce ; tu diras à tes pareils que t'ayant rencontré sur leur chemin, les patriotes, au lieu de t'écraser, ont eu pitié de toi, parce que tu es, après tout, un enfant de la patrie pour le salut de laquelle ils se battent.
Langelo tomba à genoux, prit la main du général et la baisa humblement ; puis il disparut.
Garibaldi s'enveloppa de son manteau et s'éloigna.
Alors, les témoins muets de cette scène imposante retrouvèrent la parole ; ils crièrent tous ensemble :
— Vive Garibaldi !
Mais celui-ci avait continué à s'enfoncer dans la campagne, donnant, en visitant ses postes, l'exemple de cette vigilance inquiète qui l'empêcha toujours d'être surpris.
— Eh bien ! que pensez-vous de lui ? demanda Luidgi.
— Je l'avais bien jugé, répondit Jean.
— Et votre jugement ?
— Est qu'il est trop au-dessus de l'humanité pour la comprendre ; qu'il est grand capitaine, grand citoyen ; mais que sa générosité l'entraîne à des faiblesses et à des fautes ; il ne sera jamais bon politique. Son cœur a des en-

traîtements irrésistibles qui deviennent fatals aux intérêts de son parti. A vrai dire, c'est un grand homme mal pondéré, incomplet ; le côté héroïque est trop développé chez lui.

— C'est mon avis, dit Luidgi. Il aurait dû faire juger cet homme. Qui sait combien de crimes ce Langelo va commettre encore !

Et les guides, précédant leurs compagnons, retournèrent vers Desenzano.

Tout à coup, non loin d'eux, une détonation retentit ; à la lueur du coup, ils crurent apercevoir deux hommes ; l'un c'était Langelo, le pistolet en main ; l'autre, c'était Garibaldi !

— Le misérable ! s'écria Jean, il a tiré sur le général !

Et tous, ils coururent vers le brigand.

XXXIII

Une singulière disparition !

Fait bizarre !

Ils avaient entendu le coup de feu ; ils avaient vu deux ombres se touchant presque et mises en lumière par l'éclair du coup ; ils avaient reconnu le général et le bandit ; ils accouraient.....

Tout avait disparu.

Une heure, ils cherchèrent, explorant tout : broussailles et bouquets d'arbre, trous et fossés, collines et ravins !

Rien !

Ils rentrèrent inquiets à Desenzano.

— Avez-vous vu le général ? demandèrent-ils aux sentinelles avancées de la station.

— Il vient de partir dans sa voiture, répondirent les vedettes.

— Vous en êtes certains ?

— Il nous a parlé.

Ils furent rassurés.

Restait à expliquer le coup de pistolet et la fuite étrange de Langelo.

Jean s'y perdait.

— Il faut qu'il ait pris le chemin des airs, s'écria-t-il ; Chacal aurait trouvé sa piste.

En somme, comme il fallait renoncer à trouver le secret de l'énigme, on ne s'en préoccupa plus.

Le jour était venu.

Jean était de ces hommes bien constitués qui n'oublient jamais l'heure d'un repas ; il voulut qu'on déjeunât, et que l'on déjeunât bien.

Au dessert, il annonça son départ.

— Quoi, sans dormir !

— Qui parle de cela ? fit-il. Je vais louer un char ; nous y attellerons deux chevaux ; au fond on jettera deux bottes de foin ; Pierre et moi nous nous étalerons au fond, et vogue la galère ! Nous dormirons en courant sur Brescia.

— Puis de là ? fit Luidgi.

— A Venise ! répondit Jean.

— Vous jouez votre liberté.

— Je jouerais ma tête !

Luidgi serra la main de l'aventurier.

— Rassurez-vous, du reste, dit-il à celui-ci. Ce n'est pas moi, Jean Chacal, qui vais dans la cité des *doges* ; j'ai mille déguisements à mon service.

— La police est fine.

— Et moi je suis rusé !

— Prenez garde.

Jean sourit.

— Tenez ! dit-il, je veux vous ôter toute crainte. Sachant combien ma vie est exposée parfois, j'ai les moyens de me rendre méconnaissable. J'ai les papiers les plus authentiques pour jouer des rôles divers.

— Authentiques !

— Mais oui. Je les ai achetés à prix d'or pendant mes voyages. Je puis être à mon gré Chinois, Persan, Brésilien ou Anglais, et je présenterai les lettres de recommandation les plus sérieuses aux personnages influents de chaque ville importante du monde entier.

Et avec un air un peu railleur :

— Ah ! vous ne connaissez pas Jean Chacal !

— Au contraire ! s'écria Giuseppe. Je vous ai jugé, et Luidgi aussi, comme capable des choses les plus étonnantes.

— Adieu ! dit Jean.

— Au revoir ! dirent les jeunes gens.

Et l'on échangea des poignées de mains cordiales.

— Es-tu heureux, gamin, de partir avec *lui !* dirent les jeunes gens au petit Parisien.

— Il y a du plaisir pour tout le monde ! dit Pierre. Vous allez vous battre ici.

Et l'on se sépara.....

XXXIV

Tsin-Tsin. — Un Chinois chinoisant. — Le tour du monde en palanquin. — Deux mille florins de pourboire. — Un mélomane du Céleste Empire. — Le lion de Saint-Marc. — Un rôti de chien ! qui l'eût cru.

Quelques jours après les scènes que nous avons décrites, un événement d'une certaine gravité mettait Venise en émoi ; le fameux Tsin-Tsin, un commerçant chinois archimillionnaire, venait d'arriver ; il s'était montré, en gondole, sur le grand canal.

Venise ne voit pas souvent des Chinois ; pourtant il en vient quelquefois pour admirer Saint-Marc ; mais Tsin-Tsin était un homme qui, outre sa position de fils du Céleste Empire, avait le mérite d'être le capitaliste le plus riche de Hong-Kong, où l'on remue l'or à la pelle dans les caisses des factoreries ; en outre, c'était l'être le plus original qui se pût voir ; il avait étonné les Anglais résidant à Canton.

Dieu sait pourtant quelle dose de bizarrerie il faut avoir dans le caractère pour qu'un enfant de la Grande-Bretagne daigne vous remarquer.

Comment savait-on cela dans Venise un jour ou deux avant l'arrivée de Tsin-Tsin ?

C'est parce que le consul anglais avait reçu une lettre de ce fameux marchand ; à ladite lettre était une recommandation très-chaude d'un officier de la marine de Sa Majesté Britannique, lequel était précisément un ami du consul.

Celui-ci avait lu dans une Revue et dans le *Times* des articles et des faits concernant Tsin-Tsin, l'ami des barbares, comme on l'appelait à Hong-Kong ; il avait retenu une foule d'anecdotes sur les excentricités de ce négociant célèbre ; il en avait causé le soir, dans une réunion de famille.

Le bruit s'en était répandu dans Venise.

On y apprit que Tsin-Tsin voyageait toujours sans suite, n'ayant qu'un seul domestique avec lui.

On sut aussi qu'il ne prenait jamais ni chemin de fer, ni diligence, mais qu'il courait le monde en palanquin, et il le courait en effet.

Soit en Europe, soit en Asie, il louait de solides porte-faix qui le portaient au pas gymnastique dans sa *chaise à porteurs*, se relayant de quart d'heure en quart d'heure.

Mais Tsin-Tsin préférait la mer à tout.

Jamais de paquebot, pourtant.

Il avait en horreur tout ce qui était services publics, depuis l'omnibus jusqu'au train express.

Il frétait un brick si la traversée était longue, une barque si elle était courte. Excellent marin, il n'embarquait que deux hommes sur le brick; il gouvernait la barque seul avec son domestique.

Enfin, en arrivant à destination, il vendait toujours son esquif, dût-il repartir huit jours après; c'était une de ses manies.

On achetait toujours fort cher, soit son canot, soit son navire; il avait coutume d'y abandonner une partie de ses bagages, soieries ou coffrets très-riches.

Mais c'était une chance à courir.

Enfin, jamais Tsin-Tsin ne logeait à l'hôtel; il louait une maison pour lui.

A Venise, ce n'était pas dispendieux; pour rien, ou à peu près, on a un palais.

A Paris ou à Londres, c'était plus coûteux.

Quand Tsin-Tsin arrivait dans une ville, il était ou en voyage d'affaires, ou en partie de plaisir; dans le premier cas, il ne visitait aucun monument, n'allait à aucun théâtre, ne se donnait aucune distraction.

Il avait refusé de faire un pas pour visiter Londres en 1854; il avait conclu des marchés pour dix millions de livres sterling en vingt-quatre heures; il avait vendu et racheté un brick et il était reparti.

Toute la Cité en était ébaubie.

Mais on ne tarirait pas à raconter les faits et gestes de Tsin-Tsin.

Il arriva.

Mais, grande déception, personne ne le vit.

Il entra dans le port pendant le jour; son canot ne différant point des autres, on n'y prit pas garde.

Il demeura deux heures dans son bateau, pour ne débarquer que le soir; les douaniers visitèrent ses bagages, ses malles, ses caisses.

Tout était bourré d'objets chinois.

Les agents de police vérifièrent ses papiers, qui furent trouvés bien en règle.

Dès lors, il put passer.

Il donna en chinois un ordre à son domestique; celui-ci tira de la voiture une grande bourse pleine de pièces de monnaies étrangères; il en jeta une poignée aux douaniers et aux agents.

C'était de la monnaie d'or, d'argent, de billon et de cuivre tout mêlé.

On se battit.

Heureux ceux qui mirent la main sur les sapèques d'or de Canton et les sequins de Constantinople; ils eurent bonne part dans la distribution.

Comme on ne put compter la somme jetée ainsi, le bruit courut que Tsin-Tsin avait semé au moins la valeur d'un million de florins.

C'était une exagération.

Quant aux faquins qui avaient porté les bagages, le domestique, qui était un groom anglais, leur donna une assez maigre rétribution d'un demi-florin par tête.

Mesquinerie d'une part.

Munificence de l'autre.

Ce Tsin-Tsin n'en faisait pas d'autres.

Un gondolier le mena à la maison louée par lui; elle donnait sur un canal, comme il en avait donné l'ordre à l'homme d'affaires que le consul lui avait désigné.

Sans doute ce fils du Céleste Empire avait entendu dire que les gondoliers vénitiens chantaient les plus jolies barcarolles du monde; mais il ignorait que c'était seulement une certaine association, formant des équipages dit d'*harmonie*, qui avaient des gondoles spéciales.

Tout batelier ayant une belle voix entrait dans cette association orphéonique.

Les autres faisaient le service de manœuvres; et, dépourvus d'un gosier mélodieux, ils s'en tenaient au simple transport des voyageurs et des bagages.

Tsin-Tsin, supposant que tout nautonier vénitien était un rossignol pour le chant, se coucha à l'arrière de sa barque et dit impérativement :

— Chante !

Le gondolier, étonné d'entendre ce Chinois parler italien, le regarda curieusement.

— Chante ! répéta Tsin-Tsin.

— Signor, je ne suis pas musicien; je n'appartiens pas aux associations d'harmonie.

— Chante ! répéta encore Tsin-Tsin.

— Imbécile, dit alors tout bas le domestique au gondolier, fais ce qu'il te commande; tu auras bonne récompense.

Le gondolier entonna de la voix la plus fausse du monde une barcarolle qu'il écorcha de la façon la plus criarde; un Anglais se fût sauvé.

Et pourtant ils ne brillent pas par la délicatesse de l'oreille, les Anglais.

N'importe.

Tsin-Tsin parut trouver l'air délicieux; il dodelina de la tête, agita ses deux index en cadence; puis, transporté d'aise, il accompagna en fausset.

Quand ce fut fini, il fallut recommencer.

Le gondolier observa que l'on était arrivé; mais le marchand chinois fit signe de dépasser la maison et de continuer à ramer en continuant à chanter.

Ainsi fut fait.

Pourtant les bras et la voix du batelier se fatiguèrent : il dut se reposer.

Tsin-Tsin n'exigea pas davantage de ce malheureux épuisé par un double effort; il lui enjoignit d'accoster une autre gondole.

— Voici justement une barque où se trouvent trois de mes camarades qui sont chanteurs, dit le Vénitien, si Sa Seigneurie le permet.

— Va ! va ! dit Tsin-Tsin.

Et on changea de gondole.

En quittant le virtuose qui l'avait si fort récréé avec sa voix de crécelle, le Chinois voulut lui témoigner sa reconnaissance; il lui donna deux petits lingots d'or qui furent évalués vingt-trois florins par un changeur juif auquel ils furent présentés.

Le gondolier fut ravi.

Mais il fut bien surpris quand, le soir, ses camarades lui apprirent que le Chinois ne leur avait payé que le prix strict de la course.

Pourtant ils avaient entamé la plus jolie barcarolle; elle n'avait pas plu à cette *brute* (les artistes froissés ne ménagent pas les termes); au premier refrain, il s'était bouché les oreilles en criant : Assez !

Ce n'était pas tout.

Il avait sifflé, comme on fait au théâtre.

On juge si de pareils traits couraient les quais; si l'on jasait sur Tsin-Tsin !

En vingt-quatre heures tout Venise le connut.

Le lendemain il visita les curiosités.

Il fit à peine attention à Saint-Marc; mais le lion ailé lui plut.

Il proposa gravement au cicerone de l'acheter (le lion) pour l'emporter en Chine.

— Mais, signor, vous n'y pensez pas ! s'écria le cicerone renversé par cette prétention.

— J'y pense beaucoup ! répondit Tsin-Tsin simplement. Je payerai cela ce qu'on voudra.

Puis il ajouta :

— Il y aura mille florins pour toi !

— Les Autrichiens consentiraient peut-être à ce marché, si la somme était grosse ! reprit le cicerone. Pour eux, qui vont partir, ils seraient contents d'empocher des marengos. Mais le peuple se fâcherait.

— On le fera taire.

— S'exposer à une émeute ! C'est grave.

— Il n'y aura pas d'émeute; je distribuerai de l'argent aux mécontents.

— Les gondoliers prendraient l'argent et crieraient tout de même si fort...

Quand tout à coup l'attention de Tsin-Tsin fut distraite par la vue d'un marchand de photographies représentant

Il n'est à moi que d'hier. (Page 76°.)

des actrices parisiennes, des vues d'édifices et des reproductions de statues, entre autres le lion de Saint-Marc.

Tsin-Tsin se précipita sur ce dernier portrait-carte et l'arracha des mains du vendeur.

— Combien ? demanda-t-il.

— Un florin ! dit le marchand, qui volait le Chinois après avoir échangé un coup d'œil avec le cicerone.

Tsin-Tsin paya.

Le marchand glissa un demi-florin dans la main de son compère.

— Menteur ! fit Tsin-Tsin au cicerone, après avoir comparé son lion de carton au monument.

— Il devrait plutôt m'appeler filou, pensa le digne cornac du plus étrange des Chinois.

— Pourquoi m'as-tu dit que je ne pouvais pas acheter ce monstre ailé? il se vend pour presque rien.

— Signor, la photographie n'est pas chère, mais l'original est hors de prix.

— Pour une livre d'or, à Hong-Kong, un artiste de mon pays me fera avec cette peinture une statue représentant celle-là exactement.

Puis il se reprit :

— Pour deux livres d'or, elle sera le double plus grosse, même. Vous êtes donc des imbéciles qui n'entendez rien au commerce.

— Pourquoi, signor ?

— Tu aurais dû proposer au mandarin qui commande à Venise de me vendre son lion très-cher et vous en auriez fait faire à la place un autre pour une somme modique.

— Ce n'eût pas été la même chose, Excellence.

Tsin-Tsin haussa les épaules en signe de pitié.

— Va, dit-il, vous êtes bien nommés les *barbares* ; si je vous aime, c'est parce que je peux vous voler beaucoup en commerçant avec vous.

Et il tourna les talons.

Ce soir-là on causa encore du fameux Chinois qui voulait acheter le lion de Saint-Marc.

Le lendemain, Tsin-Tsin demandait au gouverneur la permission de visiter les prisons.

Elle lui fut accordée.

Le Chinois et son domestique se présentèrent donc à la geôle munis des autorisations requises.

Les guichetiers et les soldats admirèrent fort la magnifique queue, la calotte chamarrée et la robe de soie de ce fils du ciel égaré à Venise.

Le guichetier en chef fit les honneurs de la maison, lui-même, espérant bonne rémunération.

Tsin-Tsin fit signe à son groom de demeurer au guichet ; celui-ci ne fit aucune observation.

Il tenait en laisse un chien qui venait de Hong-Kong sans doute ; car il ne ressemblait en rien aux chiens de votre Europe.

Le domestique anglais parlait l'italien avec un fort accent ; mais enfin, il se faisait comprendre ; il s'assit en attendant son maître. Comme il semblait s'ennuyer, il s'amusa avec son chien, en lui faisant faire des tours d'adresse très-variés.

L'animal était dressé à ravir.

Les porte-clefs et les soldats prirent un vif intérêt à ces exercices ; le groom engagea la conversation avec le guichetier.

— Vous le trouvez gentil ce chien ? demanda-t-il.

— Il est très-intelligent, dit le guichetier.

— Pauvre bête ! fit le groom. Quand je pense que je me suis pris d'amitié pour lui et que mon maître va le dévorer comme les autres.

— Le dévorer ! fit le soldat.

— Comme les autres ! s'écria un porte-clefs.

— Hélas ! oui, reprit le groom. Imaginez-vous que les Chinois mangent du chien.

— C'est vrai, dit un jeune soldat. J'ai lu cela dans un journal.

Le groom continua :

— Nous avons quitté la Chine avec un vrai troupeau de caniches.

— Pourquoi ?

— C'étaient les provisions de mon patron. Il adore cette chair-là, et il lui en faut au moins une fois par mois. Quand il quitte son pays, il calcule combien il sera de temps parti et il emmène un nombre de chiens correspondant au nombre de mois.

Les auditeurs s'ébaubissaient.

— Mais, continua le groom, j'ai pris en affection celui-ci ; je lui ai enseigné de jolis tours ; par égard pour moi mon maître l'a respecté jusqu'ici. Il m'a averti qu'il le mangerait le dernier. Ce pauvre Tom a encore trois jours à vivre au plus.

Il y eut un chœur unanime de soupirs attendris.

Les soldats aiment les chiens, puisqu'ils aiment tout le monde, bêtes et gens.

Les geôliers les aiment, parce qu'ils ne sont aimés de personne, excepté de leur caniche.

— Pourquoi votre maître ne mange-t-il pas nos chiens plutôt que celui-là ?

— Ce n'est pas la même espèce ; le goût diffère, répondit le groom. Ah ! si je trouvais seulement quelqu'un qui me promît d'aimer comme moi mon pauvre Tom et d'en avoir soin, je le donnerais ; je dirais que je l'ai perdu.

— Je le prendrais bien, moi, dit un guichetier.

— Et vous seriez bon pour lui ?

— Oui, per Bacco ! un animal pareil !

— Alors je vous l'amènerai ce soir. Mais à une condition, c'est qu'il ne faudra pas le laisser sortir ; car s'il sort, il reviendra me trouver.

— Soyez tranquille ! dit le guichetier. Quand j'irai faire mon service chez les prisonniers, je l'attacherai.

— Au contraire, emmenez-le avec vous. Vous lui mettrez un panier dans la gueule, et il le portera sans chercher à se sauver. Quand on lui donne quelque commission, il est tellement gonflé de son importance, qu'il ne pense plus qu'à son affaire.

— C'est entendu ! dit le geôlier.

Tsin-Tsin avait terminé sa visite ; il fut très-large à l'égard des geôliers.

Chose bizarre pour un Chinois.

— Es-tu sûr, demanda-t-il en français au groom, de ne pas t'être trompé ?

— Bien sûr, patron ! fit l'autre. C'est bien ce porte-clefs-là qui est chargé du service des chambres à la pistole.

— Bien ! dit le Chinois. A demain l'autre comédie.

XXXV

L'histoire de la tante. — Un bon parti. — La vieille est placée.

Comme le groom l'avait promis, il conduisit son chien le soir même au geôlier.

Celui-ci était ravi.

C'est qu'aussi Tom faisait de si jolies choses !

Le geôlier voulut se montrer reconnaissant du cadeau qu'il recevait ; il emmena le groom au cabaret et lui offrit avec force démonstration une bouteille de speudolianti.

Le groom, lui, prétendit qu'il devait une gratitude éternelle au geôlier pour avoir fait échapper Tom à l'horrible sort qui lui était réservé.

Nouvelle bouteille de lianti.

Le porte-clefs ne consentit pas à une générosité pareille sans protestation.

Troisième bouteille.

Voilà deux hommes gris.

Le groom entra dans la voie des confidences et raconta des choses pyramidales sur son maître.

Au bout d'une heure, le porte-clefs avait une estime et une affection profondes pour son camarade ; le vin délie les langues et lie les cœurs, comme dit Salomon dans les *Proverbes*.

Quand le groom vit son ami un peu titubant, il lui proposa d'aller boire le thé au rhum (peu de thé, beaucoup de rhum), chez sa tante Gribisch.

— Vous avez donc une parente ici ? demanda le geôlier.

— Hélas ! oui.

Et le groom poussa un soupir.

— On dirait que ça vous attriste ? fit le geôlier, qui avait conservé quelque lucidité d'esprit.

— On serait chagrin à moins ; ma tante a été une mère pour moi, elle m'a élevé, et aujourd'hui elle est malheureuse ; quand je dis malheureuse, je me trompe ; car je lui viens maintenant en aide ; mais elle me coûte les yeux de la tête, cette pauvre tante Gribisch.

Le groom fit une pause, puis il reprit :

— La pauvre chère femme ! je l'avais bien prévenue ! Elle m'avait écrit qu'elle se mariait avec un sergent de l'armée du Bengale qui avait obtenu sa retraite. Je les connais, moi, les sergents du Bengale ! Ils aiment démesurément l'ale, le porter et le gin.

— C'est comme les sergents autrichiens ! fit le porte-clefs. Ils adorent la bière et le vin.

— Les sergents de tous les pays se ressemblent par leurs goûts pour la boisson, conclut philosophiquement le petit groom.

Puis il reprit :

— Bref, j'avertis ma tante que tout son pécule y passerait et qu'avant peu elle n'aurait plus un penny ; mais elle ne me crut pas.

— Elle eut tort.

— Que voulez-vous ! C'est une pitié ! Ce sont les jeunes qui donnent les conseils à cette heure, et ce sont les vieux qui ne les suivent pas.

— Le monde est détraqué ! fit le geôlier qui voyait de travers, et pour cause.

— Enfin quand je suis arrivé à Londres, ma bonne tante était sur la paille.

— Malheureuse femme ! crut devoir s'écrier le geôlier d'un air de compassion.

— J'agis en neveu qui comprend ses devoirs, reprit le groom.

— Et vous avez bien fait.

— Je donnai une bonne somme à la vieille.

— Très-bien.

— Ah ! bien oui, goddam ! Très-mal, au contraire.

— Bah ! Et pourquoi ?

— En quinze jours, le sergent but tout.

— Quel puits ! fit le geôlier.

— Ça ne pouvait pas durer et ça menaçait d'être éternel ; car si je donnais d'une part de l'argent à ma tante, Peters, son mari, la battait pour l'avoir.

— Le gueux !

— Oh ! ces sergents de l'armée des Indes ont fait bien des victimes parmi ces vieilles gouvernantes !

Et le groom reprit :

— J'avisai à sortir de cette situation et je trouvai un bon moyen.

— Ah ! fit le geôlier.

— Un moyen ingénieux.

— Contez cela.

— Un moyen admirable !

— Dites-le-moi, voyons !

— C'est que, sur ma part de paradis, c'est une invention sublime et radicale.

La curiosité du geôlier était violemment surexcitée

— Voyons, que fîtes-vous ? demanda-t-il avec un hoquet.

— Je coupai le mal par la racine.

— Mais, corpo di Bacco ! comment ?

— Quelle était la racine ?

— Peters, le sergent !

— *Hurrah for you!* Vous avez deviné juste ; j'ai coupé... non, j'ai tué le sergent.

Le porte-clefs fit un soubresaut

— Plus bas, dit-il, revenu au sentiment de ses fonctions. Plus bas, si on vous entendait.

— Oh! je peux le crier sur les toits! dit le groom. Le sergent est mort en duel.

— C'est différent.

— Je l'ai mis loyalement dans la tombe, honnêtement, en bon Anglais.

— Et à quoi vous êtes-vous battu? au sabre?

Et le geôlier considérait la taille du groom.

— Oh! non.

— A l'épée?

— Encore moins.

— Au pistolet! suis-je bête! Vu votre âge et votre force, c'était l'arme qui convenait.

— Point, point.

— Vous avez boxé?

— Le sergent n'aurait pas voulu. Je suis petit, mais si fort à la boxe que les chances n'eussent pas été égales.

— Alors je ne vois plus rien.

— Eh bien! dit le gamin, je l'ai défié au porter, à l'ale et au gin!

— Quelle idée!

— C'est l'Evangile qui me l'a suggérée. Nous autres, protestants, nous lisons beaucoup les livres saints.

— Je sais ça.

— Et j'ai vu dans un chapitre de saint Mathieu, que le Christ disait : « Celui qui se servira de l'épée, périra par l'épée. » Puis j'ai lu encore : « Celui qui aime le péril, périra par lui. »

— Je ne vois pas le rapport...

— Parce que vous ne portez pas bien le vin, dit le groom; votre cervelle est troublée. Le rapport est clair comme le jour, mon cher ami.

Le porte-clefs n'osa protester.

Le groom reprit :

— Si le Christ a dit vrai, pensai-je, le sergent est perdu; car il aime l'alcool et il périra par l'alcool; il joue avec l'apoplexie, il mourra d'apoplexie. Saisissez-vous, l'ami?

— Oui, dit le geôlier; je suis une brute, je n'aurais pas trouvé cela, moi, dans la sainte Bible.

— Parce que vous la lisez sans attention, mon maître, il faut lire et réfléchir ensuite.

— Peters fut vaincu?

— Grâce à mon maître, qui m'indiqua une certaine plante, dont la vertu est de combattre l'ivresse. Les Chinois ont des recettes merveilleuses.

— J'ai ouï dire cela.

Le groom parut se recueillir un instant, puis il reprit :

— N'importe! ma tante est une grosse charge pour moi; elle nous suit, mon maître et moi, par les chemins de fer et le bateau à vapeur partout où nous allons. Et ça coûte les yeux de la tête. Encore, si mon patron consentait à la prendre dans un palanquin à sa suite ou dans son brick en mer.

— Ce seraient des frais en moins.

— Mais il ne veut pas. J'espère toujours placer la vieille comme gouvernante ou femme de chambre auprès d'une famille anglaise en voyage ou en résidence à l'étranger; jusqu'ici je n'ai pas réussi.

— C'est n'avoir pas de chance.

— Si vous entendiez parler d'une place, et si minime qu'elle soit, je vous serais bien reconnaissant de m'en faire part; je donnerais bien cinquante florins pour être débarrassé de la vénérable vieille.

— Est-elle bien âgée?

— Cinquante ans, mais pleine de vigueur. Elle mange un bifteck d'une livre à son dîner; l'estomac est excellent; le reste se maintient bien.

— J'aurais eu votre affaire il y a quelques jours! dit le geôlier, si toutefois votre tante avait consenti à se soumettre aux règlements. Il nous est arrivé une prisonnière, la comtesse X., qui est dans mon service à la pistole. On a dû, par ordre, lui donner une femme de chambre; l'emploi est pris.

— Quel dommage! fit le groom.

— Ça aurait plu à votre parente?

— Certainement. Pauvre chère femme; elle sent bien qu'elle me gêne beaucoup.

— Comme c'est fâcheux!

Mais le groom ne se tint pas pour battu.

— Ne feriez-vous rien pour gagner cinquante florins? dit-il. La somme est rondelette!

— Per Dio! mes appointements d'une année!

— Trouvez un prétexte pour faire renvoyer cette femme de chambre et prenez ma tante!

— Quel prétexte?

— De quel pays est cette servante?

— De Venise.

— Dites au geôlier en chef que vous la soupçonnez d'être patriote et de compatir aux maux de la prisonnière. Offrez ensuite ma parente, en faisant observer qu'étrangère à la ville, n'ayant aucun parti pris, elle tiendra à conserver son emploi avant tout, et fera mieux l'affaire qu'une femme du pays.

— Quel esprit malin vous avez! s'écria le porte-clefs avec admiration. C'est comme si j'avais mes cinquante florins en poche!

— Et vous allez voir la respectable madame Gribisch; une femme d'ordre et qui prépare des punchs à réveiller des morts.

On était arrivé à la demeure de Tsin-Tsin.

— Elle loge ici? fit le geôlier.

— Je l'y cache. Mon maître n'habite qu'une pièce; jamais il ne visite le reste de ses appartements. En sorte que ma tante peut demeurer dans une chambre voisine de la mienne sans que le patron s'en doute. Pour l'instant il est en tournée de plaisir.

— Ah! ah!

— Il est en quête d'un joli minois.

— Il n'en manque pas ici.

— Il est difficile. Il ne veut que des marquises, duchesses ou baronnes, des femmes titrées enfin.

— Diavolo! Il ne réussira pas ici. Jamais une patricienne ne consentira...

— Ta, ta, ta, fit le groom. Mon maître a deux moyens irrésistibles de triompher des plus rebelles et des plus fières : le premier, c'est l'argent.

— Et le second?

— C'est la curiosité. Ecoutez donc, mon cher, tout ce qui est rare est précieux.

— Et le Chinois est rare! vous avez raison, fit le porte-clefs en riant aux éclats.

Il était jovial, quoique geôlier; ça se voit. Les plus tristes métiers sont ceux où il y a le plus de farceurs. Les croque-morts et les huissiers passent pour être gens fort réjouis.

Le geôlier fut introduit auprès de madame veuve Gribisch qui tricotait des bas pour son neveu, l'excellente femme, avec des lunettes bleues sur le nez, par une originalité toute britannique.

La présentation eut lieu selon les règles du plus strict décorum; le geôlier se sentait tout intimidé par la dignité avec laquelle lady Aurore Gribisch l'accueillit.

— Ma chère tante, avait dit le groom, le gentleman que voici est un honorable porte-clefs des prisons de Venise qui sera enchanté de vous placer auprès d'une prisonnière en qualité de dame de compagnie.

Nous nous dispensons de traduire l'accentuation toute britannique de ce dialogue parce qu'il avait lieu en italien et que nous ne saurions en faire ressortir, dans notre langue, les coq-à-l'âne et les drôleries.

Madame Gribisch était une grande et maigre personne, réalisant le type le mieux réussi des gouvernantes anglaises qui, une fois divisées en trois classes, se ressemblent toutes dans chaque classe.

Madame Gribisch avait la taille plate, — devant et derrière, — ce que les soldats et les paysans appellent une planche à pain; point de hanches, point de gorge, point de... rien enfin de ce qui forme cet ensemble gracieux qu'on appelle les charmes de la femme.

La figure avait pu être agréable... autrefois.

Mais coquette et pincée en vraie fille d'Albion, madame Gribisch tâchait de « réparer des ans l'irréparable outrage » en se maquillant un peu. Le fard et le blanc de céruse en effaçant les rides, agrémentaient son visage défraîchi d'un teint de fantaisie qui faisait du reste très-bon effet sous la coiffe.

Si les cheveux de la vieille lui eussent appartenu, ils lui eussent composé un fragment de beauté; car de magnifiques tire-bouchons encadraient ses joues creuses.

Mais il était inadmissible qu'à son âge madame Gribisch ne grisonnât pas, et ses boucles étaient d'un blond cendré qui jurait outrageusement avec la cinquantaine accusée par son neveu.

Il y a, comme cela, des enfants terribles qui ne respectent rien.

N'importe! Le grand air de cette ex-gouvernante, formée aux bonnes façons, le fard qui dissimulait les ravages des ans, la perruque qui trompait les regards naïfs, tout cela séduisit le porte-clefs, légèrement aviné du reste.

— Votre tante est encore fort bien! glissa-t-il à l'oreille du groom.

— Vous trouvez? dit-il.

— Oui; et si elle avait encore la dot que ce misérable Peters, dont Dieu ait l'âme, a mangé si malproprement, je vous demanderais sa main.

— On pourrait s'entendre. Mon maître se doute que la bonne dame nous suit en cachette, et il prétend que cela me rend moins ponctuel. Je pourrais le décider à donner une bonne somme à la chère femme pour qu'elle se mariât, et qu'il fût bien sûr de ne plus l'apercevoir derrière mes talons.

— A combien cela irait-il?

— Cinq ou six mille florins, ma foi!

Le porte-clefs fut ébloui.

— Plus peut-être! fit le groom. Mon maître est si riche qu'il jette l'or par les fenêtres.

— On le dit. Nous causerons de la chose quand vous aurez parlé au seigneur Tsin-Tsin.

— Volontiers.

Sur la prière de son neveu, la vieille Anglaise prépara un punch qui fit les délices des deux amis; elle fut affable en restant digne vis-à-vis du convive de son neveu qui, le rhum aidant, finit par découvrir des trésors de beauté, d'esprit, de candeur et de grâce à la veuve Gribisch; ce que c'est que de voir les choses et les êtres à travers le prisme de l'ivresse, avec les yeux de la cupidité.

— Signora, dit galamment le porte-clefs en prenant congé de la vieille dame, — il se tenait au rebord d'une chaise pour faire bonne contenance; — signora, vous aurez la place, et votre serviteur fera tout au monde pour que vous le gardiez toujours!

C'est sur cette allusion que les deux amis se retirèrent emmenant Tom avec eux.

Ils regagnèrent la prison, non sans avoir erré un peu, pour donner le temps aux fumées de l'alcool de se dissiper, afin de paraître dans une tenue convenable à la geôle, où le groom laissa son chien et sa nouvelle connaissance, après avoir embrassé le premier sur le museau et serré vigoureusement la main du second.

XXXVI

Le chien reconnu. — Une boulette et son contenu.

Le lendemain matin, le geôlier voulut commencer son service avec Tom, qui n'avait pas paru trop désolé de son changement de patron; peut-être un instinct secret l'avertissait-il du danger qui le menaçait.

Donc le porte-clefs mit dans la gueule de Tom un panier, dans ce panier les plats et assiettes dont se composait le déjeuner de la comtesse; puis il s'achemina vers la cellule de celle-ci.

La jeune femme était profondément triste.

Quand Tom l'aperçut il posa le panier sur le plancher et vint se placer derrière la jeune femme; puis il se gratta l'oreille et il vint caresser la comtesse.

Celle-ci reconnut Jacques; car c'était lui, défiguré par des coups de ciseaux dans les poils, mais reconnaissable; toutefois elle comprima l'angoisse qui l'avait saisie pour dire d'une voix qu'elle tâcha de rendre assurée :

— Voilà un chien bien doux!

— Oui! dit le geôlier. Il vous flatte parce qu'il aime les parfums et que vous avez de la bergamote dans vos effets. Son ancien maître m'a averti que Tom adore les odeurs.

— Vous l'avez depuis peu? Je ne vous l'ai pas encore vu?

— Il n'est à moi que d'hier.

Et le geôlier raconta l'histoire de Tsin-Tsin, du groom et de Jacques ou de Tom, comme on voudra.

La comtesse eut une espérance. Pour elle Tsin-Tsin c'était Jean.

— Quelle idée! pensa-t-elle. Lui seul pouvait imaginer cela; pauvre Jean!

Puis elle pensa :

— Il sauvera peut-être mon frère et ce jeune Sicilien!

Le guichetier se retira en emmenant son chien. Quand il eut disparu, la comtesse se leva toute pâle à l'idée que Jean était à Venise.

— Si près de moi! pensa-t-elle.

Puis elle songea encore.

— Hier on m'a dit qu'un Chinois était venu visiter les prisons, mais qu'il n'avait pu parler aux détenus! C'était lui.

Et elle se promenait avec agitation.

— Il fera tout pour me faire parvenir un mot, pensa-t-elle. Peut-être ce pauvre Jacques a-t-il un avis gravé sur son collier!

Tout à coup elle remarqua sur le plancher une petite boule de papier roulé et sali.

Un prisonnier s'accroche à tous les espoirs; elle ramassa cette petite boulette qui semblait avoir longtemps été frottée entre le pouce et l'index, et elle la déploya le cœur palpitant.

C'était un mot de Jean.

Voici ce qu'il contenait :

« Luidgi et Giuseppe sont sauvés. Je vais vous délivrer avant peu. Acceptez la gouvernante anglaise qu'on vous proposera. Je vous aime, Jean. »

— Oh! mon Dieu! s'écria-t-elle.

Et elle trembla de joie et de crainte à la fois.

— Qu'il me laisse donc ici! murmura-t-elle. Si les autres sont libres, moi je ne cours aucun danger.

Puis elle reprit :

— Mais il m'aime! Il veut m'épouser au plus tôt, et il fera quelque folie!

La comtesse se demanda ensuite comment Jean avait pu lui donner cet avis; elle se rappela que Jacques, le chacal, s'était gratté l'oreille, et elle ne douta pas qu'il n'en eût fait tomber la boule de papier.

Comment avait-on pu arriver à dresser un animal au point de lui faire exécuter un pareil miracle d'instinct ou d'intelligence, — *ad libitum*, — c'est ce que nous allons expliquer au lecteur.

Jean avait pris une robe de la comtesse, avait placé une boulette dans l'oreille de son chacal et lui avait appris à ne se gratter cette oreille qu'après avoir flairé cette robe portée par la jeune femme. Puis ensuite, il lui avait montré à ne s'en aller qu'après avoir vu tomber à terre la boulette en question.

Après un exercice suffisant, Jacques remplit ce programme à la satisfaction du maître.

Mais malheureusement la pauvre bête accomplit trop religieusement sa mission, comme on va le voir.

Le geôlier revint pour desservir le déjeuner.

Jacques courut aussitôt à la comtesse, flaira la robe et se mit à se gratter à outrance.

Rien ne tombait bien entendu.

Le pauvre chacal se mit l'oreille en sang.

— Il a un abcès dans la tête, dit le concierge.

Et il fit cesser le manége de Jacques en l'emmenant avec lui.

Et le geôlier fit cette remarque :

— Ce b..... là, ça ne le prend qu'ici.

Il cessa même de l'amener dans la chambre de la comtesse.

Pauvre Jacques, son maître n'avait pas pu lui enseigner que pour faire sortir une boulette d'une oreille, il fallait d'abord en mettre une.

XXXVII

Les diamants bruts. — Une fortune à la mer. — Combat sur les flots. — Bataille sur terre. — Un homme dépouillé. — La tante Griblsch. — *Shocking!*

Le lendemain, Tsin-Tsin joua un tour mémorable aux Vénitiens. Il mit en vente le canot qui l'avait amené.

D'après tous les bruits qui avaient couru et qui semblaient confirmés par les excentricités de ce personnage, il avait coutume d'abandonner quelques objets de prix dans le fond de son embarcation.

Le groom se promenait sur les quais le jour où cette enchère devait avoir lieu; on le questionna. Il répondit que son maître ne lui confiait jamais rien; qu'il ne savait pas si, comme de coutume, il avait laissé quelques châles ou quelques soieries de prix. Mais il continua à attendre l'ouverture des enchères.

On le vit parler bas à un gondolier, lequel lui fit un signe d'intelligence et disparut.

Une masse de curieux s'étaient rendus là.

L'enchère fut ouverte.

On vit alors le gondolier auquel le groom avait parlé, pousser les prix.

Ce fut un trait de lumière.

Chacun comprit que le domestique en savait plus long qu'il ne disait, et que le gondolier était un homme de paille.

Aussitôt les juifs et les autres acquéreurs se mirent à couvrir les mises avec une fièvre incroyable, qui se soutint, car on voyait au fond de la salle le groom échanger des signes avec son gondolier.

En même temps, on ne sait comment une rumeur circula dans la salle :

— Il paraît, disait-on, que cette fois Tsin-Tsin dégoûté d'un lot de diamants l'a abandonné; ça vaut cent mille francs.

— C'est donc cela, murmurait-on, que le groom cherche à acheter la barque.

— Et si c'était faux ! faisait un brocanteur défiant.

— Ce serait la première fois que Tsin-Tsin en agirait ainsi.

— Hum! hum! murmurait l'homme circonspect; c'est jouer gros jeu!

Et la vente continuait.

Le canot valait mille francs.

Mais les spéculateurs, une fois lancés, ne savent plus s'arrêter quand ils caressent une espérance; l'embarcation, en un quart d'heure, arriva à deux mille, cinq mille, six mille francs.

Il y eut un temps d'arrêt.

Puis quand on vit le gondolier auquel elle allait échoir s'approcher avec le groom et tirer déjà des billets de banque pour payer, comme l'adjudication n'était pas faite, une voix mit une enchère et l'assaut recommença plus emporté encore, pour s'arrêter à ce chiffre fabuleux de cinq mille florins, soit environ douze mille francs immédiatement exigibles.

Ce fut un armateur qui fut l'heureux triomphateur dans cette lutte à coup de billets de banque.

Il paya et courut à la barque; la foule suivit, mais dut rester en face de l'esquif; le propriétaire seul y entra.

Espoir déçu :

Il fouilla tout, ne trouva rien.

Pourtant si; il découvrit dans une sorte d'armoire en sac en crin; le cœur lui battait, il ouvrit ce sac et, ô déception, s'aperçut qu'il ne renfermait que d'ignobles cailloux au lieu de pierres fines.

Dans sa fureur, notre homme éparpilla dans la mer le contenu et le contenant.

Quand il sortit, la première personne qu'il rencontra fut le groom.

— Misérable! lui dit-il avec rage, tu m'as poussé par des manœuvres frauduleuses à ma ruine; tu m'as mystifié, mais les tribunaux décideront...

— De l'amende et des indemnités que vous me payerez pour m'avoir insulté, s'écria le groom. Voilà de quoi les juges décideront.

Puis il reprit :

— Je reprends votre marché si vous me garantissez que vous n'avez pas enlevé le sachet de crin qui contient les diamants du maître!

Le marchand, indigné, s'écria :

— Je l'ai vu le sachet; mais ton maître et toi vous êtes des filous!

— Prenez garde! fit le groom.

— Le sachet ne contenait que des cailloux et Tsin-Tsin est un voleur.

— Il ne vous avait rien promis, imbécile; si vous avez été dupé, c'est votre faute. Mais vous avez, au contraire, réalisé un beau bénéfice.

— Joli, le bénéfice, gronda le marchand.

— Parce que ce que vous prenez pour des cailloux, c'est tout bonnement du diamant brut.

— *Dio mio!* fit le marchand.

— Mon patron, qui destinait ces précieux cailloux à des cadeaux aux personnes qui lui plaisaient, en a fait tailler un; il espérait qu'il en tirerait deux brillants de trois carats; mais la pierre toute taillée n'a donné qu'un carat.

Le marchand pâlissait.

— Alors, continua le groom, Tsin-Tsin qui ne veut que des pierres d'une certaine valeur, deux ou trois carats au moins, a jugé que ce lot était indigne de lui. Il a pensé à le laisser dans le petit coffre de son canot et il m'a dit : « Ce sera ma surprise habituelle à l'homme qui aura le bon goût d'acquérir la barque qui a eu l'honneur de me porter. »

La foule écoutait émerveillée

Le groom reprit :

— Mon patron m'avait bien défendu, — selon son habitude, — cette fois je n'ai pas pu y tenir, et j'ai prié ce gondolier de pousser les prix jusqu'à quatre mille florins. Je ne pouvais disposer comptant que de cette somme.

— Et combien peuvent valoir les diamants? demanda le marchand, dont les dents s'entre-choquaient, et qui avait la fièvre.

— Quarante! cinquante! cent! peut-être deux ou trois cent mille livres! on ne sait jamais, avec le diamant brut, ce qu'il rendra.

— Je suis perdu! fit le Vénitien, qui étouffait de rage, de regrets, de fureur.

— Pourquoi? fit le groom.

— J'ai jeté bêtement les cailloux à la mer dans un accès de colère stupide.

— Où! fit le groom.

— A quel endroit? demandèrent cent voix.

— Près la poupe! s'écria le marchand.

Il regretta bien vite son imprudence.

Le gondolier, qui avait été l'homme de paille du groom, et qui, grâce à quelques florins de gratifications, avait la foi du charbonnier, se jeta à l'eau aussitôt sans se déshabiller.

— Que fait-il? s'écria le marchand.
— Il plonge pour trouver les diamants! s'écria le groom. Ah! mon Dieu, si je savais nager!

A ce mot, trois, quatre, cinq, dix autres individus se jetèrent sur les traces du gondolier.

— Arrêtez! hurla le marchand.

Mais il avait beau faire; comme les moutons de Panurge, tous, portefaix, bateliers, les marins, se précipitaient sous la poupe de la barque et disparaissaient sous les flots; bientôt une centaine de nageurs grouillèrent dans la vase qui couvre le fond du port et la remuèrent à ce point que la surface des eaux devint trouble.

L'acquéreur s'arrachait les cheveux.

Tout à coup, le gondolier haletant, reparut pâle, défait, à la surface; il avait les poings serrés et pleins de cailloux; il se soutenait en faisant la planche afin de reprendre haleine avant de redescendre.

— Bandit! s'écria le marchand exaspéré.

Et indigné, il sauta du quai dans sa barque, et de celle-ci à côté du gondolier; on eut alors le spectacle d'un combat naval entre ces deux hommes.

L'un voulait garder ses diamants; l'autre voulait reprendre son bien; ils pugilaient tous deux avec furie, se prenant corps à corps, se mordaient, se déchiraient.

Tantôt, on eût dit deux marsouins se livrant à ces pirouettes qui annoncent un orage; tantôt, on les eût pris pour deux phoques se disputant une femelle, en fondant, à coups de tête, l'un contre l'autre au milieu des vagues.

D'autres fois, on aurait cru apercevoir deux requins acharnés à se dévorer.

Enfin le marchand l'emporta sur son adversaire, épuisé par un long plongeon; il revint à terre avec des cailloux enlevés à son adversaire.

Mais sa force l'abandonna quand il mit le pied sur le quai; des gens humains et empressés le soutinrent aussitôt et l'aidèrent à marcher.

Tout à coup le pauvre homme repoussa ces officieux, mais il était trop tard.

Ces braves gens s'étaient empressés de dévaliser celui auquel ils prêtaient secours.

— Les gueux, les scélérats, les voleurs! criait avec désespoir le pauvre homme.

Mais que faire?

Ceux qui avaient ouvert les mains du marchand par force et pris les diamants avaient été aussitôt assaillis par d'autres individus indignés de cette conduite.

Ces partisans de la probité et de l'honneur avaient roué de coups les voleurs qui s'étaient défendus; les diamants avaient roulé à terre et alors, honnêtes et malhonnêtes gens s'étaient jetés dessus dans une mêlée inexplicable.

Les horions pleuvaient donc comme grêle.

Pendant ce temps, le gondolier, remis de sa défaite, guetta l'apparition d'un plongeur pour lui arracher son butin comme on avait fait pour lui.

Une lutte s'étant engagée de nouveau sur ce point, elle dégénéra bientôt en bataille.

Ce fut alors une scène superbe.

Combat sur terre et sur mer.

Sur ces entrefaites apparut la vénérable madame Gribisch, qui avait assisté à toutes ces péripéties du seuil de la salle où l'enchère s'était faite et où son neveu lui avait donné rendez-vous.

La brave dame, voyant le groom trop engagé dans la mêlée, alla le chercher et, après lui avoir administré une bonne volée de coups d'ombrelle, elle lui prit le bras et s'en alla avec force récriminations en poussant des *shockings!* véhéments.

Le groom, penaud, baissait la tête.

Enfin la vieille dame se calma; elle rajusta son chapeau, déformé d'un coup de poing dans la bagarre, et elle arriva souriante à la prison.

On l'y attendait.

XXXVIII

L'or et l'amour. — D'un Allemand patriarche. — De l'utilité des principicules pour les pères qui ont trop de filles. — Idylle entre un geôlier et une vieille Anglaise. — Un baiser sur des osselets. — Pas un mot de plus. — Apparition. — Décidément ce n'est pas lui. — La comtesse s'amuse un peu. — La nuit vient.

Madame Gribisch était impatiemment attendue à la prison; le porte-clefs, qui soupirait pour elle, la reçut avec tous les honneurs que doit un galant homme à la préférée de son cœur.

Hélas!

Le cerveau de l'inflammable geôlier n'était plus troublé par l'ivresse; il y voyait clair. Il rabattit beaucoup de son enthousiasme pour la vieille Anglaise; il reconnut la nature sous les artifices de l'art; malgré le fard, les traits de la brave dame trahissaient son âge.

Le groom s'en aperçut.

— Cher ami, dit-il bas au geôlier, le patron accorde la dot dont nous parlions.

— C'est vrai, pensa le geôlier. Il y a une dot et, ma foi, les pièces d'or, ça embellit une fiancée.

— Bien mieux! reprit le groom, il porte la somme à dix mille florins.

Le chiffre produisit un effet magique; il réchauffa à blanc le cœur du porte-clefs.

Il fut empressé et charmant.

— Belle dame! dit-il, j'ai obtenu le renvoi de cette jeune Italienne, qui tenait parti contre vous; nous allons vous présenter au gouverneur; et, si j'en juge par moi, il vous agréera tout aussitôt.

Le porte-clefs ne s'était pas trompé; la vieille Anglaise plut et fut acceptée.

Il y avait un motif à cela.

Le gouverneur était marié; étant marié, en bon Allemand il avait accompli toutes les fins du mariage, dont la première, selon l'Evangile, la Bible et la Loi, est d'avoir des enfants. Trop bon catholique et trop zélé défenseur de l'ordre pour manquer à ses devoirs, ce vertueux mari avait si bien accompli les siens qu'il avait une progéniture qui, sans être comme celle d'Abraham aussi nombreuse que les grains de sable de la mer, était pourtant assez grande.

Il en était même un peu embarrassé.

Il avait une petite fille de seize ans et une de quatorze dont il voulait faire des gouvernantes de petites princesses, lesquelles foisonnent en Allemagne, ce qui permet aux officiers besogneux de trouver des places pour leurs filles en attendant qu'elles trouvent des maris. Débouché précieux que ces principicules! on aurait grand tort de les supprimer.

Bref, le papa pensa que la vieille dame, tout en faisant son service auprès de la prisonnière, pourrait, aux langues italienne, française et allemande que possédaient les futures gouvernantes, ajouter la langue anglaise par des leçons gratuites; et, on le sait, le mérite d'une institutrice, par delà le Rhin, se jauge par le nombre de baragouins vivants ou morts qu'elle écorche avec son accent tudesque.

Cette considération rendit extrêmement facile l'admission de miss Gribisch.

Elle fit sur la Bible toute sorte de serments solennels que l'on exigea d'elle, puis elle fut installée dans ses fonctions.

Elle embrassa son neveu au parloir, lui donna d'excellents conseils qui furent admirés par les assistants, puis elle essuya une larme absente et se mit à la disposition du geôlier pour être conduite auprès de sa nouvelle maîtresse.

Mais voilà que, comme la vieille dame passait près du chien Tom, celui-ci, que nous savons être le chacal de Jean, faillit casser sa chaîne.

— Pauvre bête, dit la vieille dame, il me reconnaît! Je l'ai assez soigné et choyé depuis que j'accompagne mon cher et bien-aimé neveu.

— Qui aime les bêtes aime les gens! dit sentencieusement le porte-clefs. M'est avis, chère madame, que vous seriez excellente pour un mari?

— Hélas! fit la vieille, le ciel m'en avait donné un; le ciel me l'a retiré; le nom du Seigneur soit béni. Peters, sans en médire, était un débauché qui recevait mal les caresses d'une femme tendre et dévouée, dont il était adoré!

— Je sais, fit le geôlier. Votre neveu m'a raconté vos malheurs; ce Peters n'appréciait pas la chance qu'il avait eue de rencontrer un trésor tel que vous.

— Les hommes sont si volages! fit la vieille. Ils changent plus que nous encore, quoiqu'un polisson ait dit de la femme : Mobile comme l'onde! Moi, j'ai toujours aimé les hommes dans la personne de mon premier et de mon second mari. Je n'ai jamais démenti cette passion chaste et légitime que le Seigneur a mise dans mon cœur. Peters, lui, avait paru m'adorer d'abord; puis, tout à coup, après le mariage, son goût a changé; il m'a préféré le porter et le gin.

— Je ne serais pas ainsi, moi!

— Qui me le dit, monsieur? Est-on jamais sûre des serments que fait un de ces êtres perfides que l'on appelle des hommes et que je nomme des monstres, moi!

Le geôlier allait risquer une protestation : mais on était arrivé à la porte de la comtesse.

Il fallait être bref.

Le geôlier prit la main de la vieille et la serra contre ses lèvres; madame Gribisch, touchée de cette marque de respect et d'affection, eut un bienveillant sourire.

— La main est sèche, on dirait baiser les doigts d'un squelette, mais les dix mille florins sont à moi, pensa l'amoureux... des écus de la brave dame.

La porte s'ouvrit.

La comtesse attendait.

Dieu sait si son anxiété était poignante.

Elle avait été prévenue qu'une gouvernante anglaise lui serait présentée, qu'elle eût à l'accueillir, cette femme était devant elle, elle la considérait attentivement; mais elle ne démêlait rien sur la figure glacée de cette fille d'Albion, raide, guindée et digne.

— Signora, dit le geôlier, voici la personne qui remplacera votre femme de chambre. Le gouverneur espère que vous aurez des égards pour elle.

Des égards pour une servante de la part d'une comtesse! ces choses-là ne se voient qu'à Venise et en prison.

— Madame la comtesse, se hâta de reprendre la vieille Anglaise, je serai, croyez-moi, attentive et respectueuse pour vous, dans la mesure que m'imposent les devoirs qu'en entrant ici j'ai acceptés.

— Comme elle parle élégamment! se dit le geôlier. Quoique ridée, elle est encore bien, après tout. La nuit tous les chats sont gris.

Que venait faire là ce proverbe? Je vous le demande.

Mais dans le peuple on a coutume de dire de ces sentences qui ne riment à rien.

Le geôlier continua :

— Avec les rentes de la dot, mes appointements, les siens, avancement qu'elle me fera obtenir, comme institutrice des filles du gouverneur, j'aurai un sort des plus tolérables.

Et il se retira ravi.

La comtesse resta seule avec l'Anglaise.

— Madame, dit celle-ci rapidement et bas, vous ne me connaissez pas, prenez-y garde. On doit nous écouter et nous surveiller; jusqu'à ce soir, causons de choses indifférentes.

— Commencez, monsieur Jean.

— Oui, oui, mais je vous en supplie, pas un mot de plus. Je couche dans une chambre voisine; la porte de communication est libre; nous parlerons toute la nuit si vous voulez.

La comtesse se résigna.

Cependant le groom avait quitté la prison et retournait près de Tsin-Tsin, son patron.

Tout à coup il se heurta presque contre un homme de lui connu.

C'était Langelo!

La comtesse, en reconnaissant Jacques, le chacal, avait deviné que Tsin-Tsin était Jean.

De cela, il ne fallait pas douter.

Mais quand elle avait appris qu'une gouvernante anglaise allait succéder à sa camériste italienne, la jeune femme avait éprouvé un singulier sentiment.

C'était une joie et une crainte.

Joie folle!

Crainte bizarre!

— Il s'est déguisé en Chinois, pensa-t-elle; il est capable de se transformer en Anglaise.

Et à l'idée de revoir Jean, elle frémissait d'espérance et de plaisir.

Mais en même temps, à la pensée d'une pareille tentative, elle avait peur qu'il ne s'exposât à être reconnu et emprisonné à son tour.

Tout s'envola à la vue de dame Gribisch : le rêve était déçu, la frayeur s'évanouit.

C'était une compensation : heur et malheur, comme disent les Américains.

L'amour a de bons yeux.

— Si bien grimé qu'il soit, s'était dit la comtesse, je saurai le reconnaître!

Hélas! elle avait bien dévisagé la vieille dame : rien en elle qui rappelât Jean.

Quand elle parla, plus de doute.

Cette voix cassée, sèche, de vieille marmotte britannique, n'était plus celle de Jean, l'homme à la parole sonore comme une fanfare.

— N'importe! pensa la comtesse. Il me reste toujours le plaisir de pouvoir parler de lui à cette dame, qui le connaît sans doute.

Malheureusement, il fallait attendre.

Dieu que les heures sont longues, quand on est dans une pareille situation!

Il fallut dévorer une longue après-midi en écoutant les bavardages insignifiants d'une vieille femme, qui parlait de tout excepté de choses intéressantes.

Le gouverneur dut être content.

Les espions, aux écoutes, lui firent un rapport excellent sur la vieille Anglaise.

Vint le dîner.

Le guichetier entra, suivi de Jacques, qui posa son panier à terre pour caresser dame Gribisch, laquelle répondit aux avances de l'animal.

La comtesse sembla étonnée.

Le geôlier s'en aperçut.

— Signora, lui dit-il, votre dame de compagnie (il élevait un peu les fonctions de sa Dulcinée) ne sent pas la bergamote, c'est vrai; mais si mon chien, qui aime cette odeur, lui fait néanmoins des amitiés, c'est qu'il a reçu de sa main quantité de friandises.

Madame Gribisch approuva de la tête.

Le dîner fut assez long.

La comtesse invita sa dame de compagnie, — comme disait le porte-clefs, — à s'asseoir à table; cette attention mit la vieille Anglaise en bonne humeur et en verve, elle raconta ses misères conjugales.

Elle y mit un naturel si comique et une bizarrerie d'humeur telle que, malgré ses préoccupations, la comtesse mourait d'envie de rire.

— Décidément! pensa-t-elle, c'est une véritable Anglaise que Jean aura décidée à prix d'or à me servir; ce ne sera qu'un intermédiaire entre lui et moi.

Les heures s'écoulèrent un peu moins longues après le dîner; la jeune femme, pour oublier l'ennui, se fit raconter les faits et gestes du sergent Peters, et plus d'une fois elle étouffa ses rires sous son mouchoir.

C'est ainsi qu'elle prit patience.

XXXIX

Une reconnaissance. — Sur les quais. — Encore les diamants. — Une ovation. — Les largesses d'un groom. — Quand on veut faire arrêter un homme. — Intervention. — La liberté à un brigand ou l'innocence reconnue.

Cependant le groom avait rencontré, nous l'avons dit, le bandit Langelo.

Le groom était Pierre, le Parisien; cette révélation n'est nécessaire que pour ceux de nos lecteurs qui n'auraient pas deviné la chose, ce qui prouverait peu en faveur de leur intelligence.

Pierre avait reconnu Langelo.

Langelo, lui, ne reconnut pas Pierre.

Il était si bien grimé!

— Bon, se dit le gamin, voilà ce brigand revenu; tâchons de le faire savoir au patron.

Puis, une réflexion vint à Pierre.

— Suivons d'abord ce bandit, pensa-t-il.

Langelo se dirigeait vers les quais.

On y jasait encore de l'événement du matin; quelques entêtés plongeaient toujours.

Pierre eut un sourire narquois en voyant ces imbéciles à la recherche de diamants introuvables.

Ceux qui avaient ramassé précédemment des cailloux au fond de la vase s'étaient empressés de courir chez les joailliers et de les faire estimer; on leur avait répondu qu'ils étaient fous et que leurs cailloux ne valaient rien.

Les plongeurs rageaient.

Ils en étaient pour les horions reçus et pour les effets mouillés; mais le Vénitien est jovial de sa nature; le gondolier aime à rire.

On se moqua d'abord de ceux qui avaient piqué des têtes; pour se consoler, ceux-ci se moquèrent des battus; ces derniers, faute de mieux, se rabattirent sur l'acquéreur de la barque qui était écrasé par son malheur.

Il avait, lui, tous les tourments de l'incertitude.

Etait-ce des diamants?

N'en était-ce pas?

Cruel mystère!

Assis à la poupe du canot, l'œil fixé sur les flots, il avait l'air de ne pas s'apercevoir des quolibets dont il était l'objet.

De temps à autre, il interrogeait ceux qui persistaient à fouiller la vase; mais ceux-là ne lui répondaient pas. Parmi eux était le gondolier qui avait servi d'homme de paille au groom de Tsin-Tsin; celui-ci eût mis sa tête en jeu pour affirmer que c'était bien des brillants à l'état brut que le marchand avait jetés à l'eau.

Ces entêtés, celui-là surtout, excitaient des fous rires parmi ceux qui les regardaient. On les criblait de brocards et de railleries; toute cette foule était d'une humeur charmante.

Elle s'amusait!

On trouvait délicieuse la farce jouée par Tsin-Tsin; s'il eût paru, il eût été acclamé.

— Quel bon tour! s'écriait-on.

Et on se tordait.

— Et le groom, disait un autre, quel farceur! Comme il vous a enfoncé son monde!

— Il n'a pas plongé, lui!

— Nous a-t-il bien bernés!

— Crâne petit bonhomme!

Et les épithètes élogieuses couraient le long du quai, quand parut Pierre à la suite de Langelo.

— Le voilà! s'écria-t-on.

Et tout le monde courut à lui.

Il fut entouré, acclamé, fêté.

Une voix cria:

— En triomphe!

Et deux portefaix empoignèrent le gamin qui dut se laisser faire tranquillement.

Il perdit de vue Langelo; mais il montra contre fortune bon cœur.

— Ma foi! pensa-t-il, ne triomphons pas à demi, puisque nous y sommes!

Et, tirant sa bourse, il fit des largesses.

Alors l'enthousiasme devint indescriptible; la foule hurla de toutes ses forces des vivats; on claqua des mains; on mena un train d'enfer.

La police, inquiète, intervint.

Le rassemblement fut dissipé, et comme il n'y avait pas eu l'ombre de politique dans cette joyeuse manifestation, on laissa Pierre libre de s'en aller.

Il n'en venait pas moins d'acquérir une célébrité réelle et une grande popularité.

— Ce Tsin-Tsin! disait-on le soir dans les cercles aristocratiques, communique son originalité à tout ce qui l'entoure; son petit domestique a lancé au peuple plus de cent florins pendant qu'on lui faisait une ovation à cause de la brillante façon dont il avait joué son rôle dans la comédie des enchères.

Et les signoras demandaient des détails sur ce petit groom si spirituel et si magnifique.

On les enchanta en leur apprenant que c'était un fort joli garçon.

Scélérat de Pierre!

Les bonnes fortunes allaient pleuvoir.

Mais lui, garçon sérieux, ne pensait pas aux bagatelles de l'amour pour l'instant; débarrassé de ses admirateurs, il tint conseil avec lui-même.

— Impossible, se disait-il, de parler au patron et de l'avertir.

Et il se recueillit.

— Non, reprit-il, décidément il ne faut pas songer à demander conseil à M. Jean.

Et il était tout triste.

Tout à coup il se frappa le front; il avait une idée et s'il avait su le grec il se serait écrié:

— Euréka!

Pierre, à défaut de ce mot célèbre, murmura:

— J'ai trouvé.

Dès qu'il aperçut un agent de police, il lui demanda s'il n'aurait pas vu Tsin-Tsin; il lui fut répondu que non.

A chaque agent, il renouvela sa question, toujours même réponse lui fut faite.

Ces recherches durèrent jusqu'à la nuit.

Le bruit se répandit bientôt dans Venise que Tsin-Tsin avait disparu et que son groom le cherchait; mais on ne s'en préoccupa pas davantage.

Le lendemain, Pierre recommença son manége avec un air très-affairé.

Après deux heures de perquisition, il alla trouver le commissaire de police ou le fonctionnaire équivalent, et lui fit la déclaration suivante:

« Moi,

« John Evisson, citoyen anglais, âgé de seize ans, exerçant la profession d'intendant de Lis Miao-Ibn-Tsin-Tsin, négociant chinois, je déclare que mon patron a disparu depuis avant-hier au soir sans que je puisse le retrouver.

Sceaux. — Typ. et stér. M. et P.-L. Charaire.

Belle dame! dit-il, j'ai obtenu le renvoi de cette jeune Italienne.

« Un homme de mauvaise mine dont voici le signalement, — suivait le signalement de Langelo, — est venu trouver mon patron et lui proposer un marché dont j'ignore l'objet et les conditions.

« Sir Tsin-Tsin est sorti avec cet individu et n'est pas revenu depuis.

« En foi de quoi je signe.

« JOHN EVISSON. »

La police ainsi informée se mit aussitôt en campagne et fit les recherches les plus actives; on remua ciel et terre, nous pourrions dire qu'on fouilla la mer elle-même, sans trouver trace de Tsin-Tsin.

Ce mystère taquina les agents.

Accoutumés à voir leurs recherches couronnées de plus de succès, ils se piquèrent d'honneur et ne laissèrent pas un coin de Venise inexploré.

Rien.

Tsin-Tsin s'était évanoui, envolé en fumée, sans laisser de traces.

Mais on trouva cinq individus ressemblant au signalement donné par le groom.

Parmi eux était Langelo.

On montra ces prisonniers à l'intendant de Tsin-Tsin, qui n'hésita pas à reconnaître Langelo pour l'homme qui était venu trouver son maître; alors, malgré toutes les protestations du bandit, on l'incarcéra.

Pierre se félicita de ce résultat dû à son intelligence.

— Pendant qu'on le jugera, pensait-il, nous aurons délivré la comtesse. On le lâchera, si on veut, ensuite.

La première chose que fit Langelo incarcéré fut de se réclamer du comte ***, qui était venu à Venise pour surveiller les démarches que ne manquerait pas de tenter Jean afin de délivrer la comtesse.

Langelo ne s'était pas encore abouché avec le comte, qui probablement le croyait mort. Détrompé, il s'empressa

de courir chez le chef de police pour réclamer son meilleur serviteur, sur le concours duquel il ne comptait plus.

— Monsieur, dit-il au chef de police, après s'être fait connaître, je vous serais obligé de rendre la liberté à un des hommes que j'emploie au service de Sa Majesté très-catholique et que vous détenez.

— Est-il possible!

— C'est comme j'ai l'honneur de vous le dire; on l'a arrêté hier.

— Attendez donc. Ne se nomme-t-il pas Langelo?

— Précisément.

— Diable!...

— Vous dites?

— Je dis que votre serviteur est accusé d'avoir fait disparaître le Chinois Tsin-Tsin.

Le comte avait entendu, comme tout le monde, parler de Tsin-Tsin; il savait que cet original avait disparu subitement; il craignit que Langelo, — un brigand plein d'audace, — n'eût tué ce millionnaire pour le dépouiller, ou qu'il ne le cachât quelque part pour le rançonner, comme il avait fait pour tant d'autres.

— Y a-t-il des preuves? demanda-t-il.

— De fortes présomptions seulement.

Du moment où le bandit avait des charges contre lui, le comte pensa qu'il était coupable.

Pourtant il n'était pas homme à abandonner un de ses affidés sans faire un effort en sa faveur.

— Je doute, dit-il, que Langelo ait commis le crime dont il est accusé.

— Jusqu'ici on ne peut rien affirmer! dit le chef de police avec impartialité.

Le comte reprit:

— Pourtant il peut se faire qu'il ait assassiné cet imbécile de Chinois.

— Tsin-Tsin a de l'esprit, observa l'interlocuteur du comte, qui s'intéressait au Chinois.

— Il aurait dû avoir celui de se garer des embûches, reprit le comte avec humeur.
— La détention de votre serviteur vous contrarie ?
— Plus que je ne saurais dire.
Le chef de police insinua :
— Je souhaite qu'il soit innocent.
Le comte le regarda en face.
— Monsieur, lui dit-il, un vœu stérile ne suffit pas ; il faut que si on trouve une preuve du crime, cette preuve disparaisse.
— C'est difficile.
— Pourquoi ?
— Le consul anglais protège cet homme, qui lui est chaudement recommandé.
— Au diable les Anglais !
— S'il a assassiné, pourtant.
— Eh ! monsieur, ni vous, ni moi n'employons des saints dans notre position. Je fais de mon mieux pour Sa Majesté, vous aussi, n'est-ce pas ?
— Certes.
— Et pourtant nos instruments sont forcément des bandits de la pire espèce.
— Il leur est défendu de continuer leurs rapines ; une fois agents, ils ne doivent plus voler.
— Bah ! fit le comte, ça arrive souvent aux vôtres, comme aux miens. Avouez-le franchement !
Le chef de police sourit.
— Chassez le naturel, il revient au galop, dit-il. Je ne demande pas mieux que d'être indulgent. Mais pour savoir ce que j'ai à faire, il faudrait que ce Langelo me contât comment les choses se sont passées.
— Faites-le venir.
— Allons à la prison, ça vaudra mieux.
Tous deux partirent.
Quand Langelo vit le comte, son premier cri fut une protestation d'innocence.
— Voyons, dit le comte, pas de comédie ? Nous voulons te sauver, fais des aveux !
— Excellence !... fit le bandit.
— Ecoute, reprit le comte, sois franc. Si tu l'as tué, dis-nous où il est ; on jettera le corps à la mer, et on dira qu'il s'est noyé, voilà tout.
— Excellence, je vous jure que je ne suis pour rien dans ce meurtre !
— Hum ! hum !
Langelo eut une idée.
— A quelle heure a été commis l'assassinat ? demanda-t-il au chef de police.
— Avant-hier, au soir.
— Alors, je suis à même de constater mon alibi. Je ne suis arrivé par le chemin de fer qu'hier matin.
Et Langelo fit sa preuve d'une façon indiscutable ; sur ce, il fut mis en liberté.
Le comte lui donna rendez-vous ; il avait encore à causer avec le chef de police.
— Monsieur, lui dit-il, je comptais vous rendre visite sans cet incident. J'avais à m'entendre avec vous pour une capture importante.
— A vos ordres, monsieur le comte.
— Il s'agit d'un intrigant fort dangereux.
— Ah ! ah !
— Un Français.
— Diable ! s'écria le chef de police.
— Ne craignez rien ; la culpabilité est si claire que le consul n'aura pas un mot à dire.
Et le comte raconta toute l'histoire de Jean, et il expliqua comment il espérait le prendre.
— Je vous aiderai de tout mon pouvoir, dit le chef de police ; cet homme m'a joué personnellement un bien mauvais tour.
— Vraiment ?
— Il s'est proposé comme sbire.
— Voyez-vous cela ?

— Et il a profité de cela pour faire échapper la comtesse et son frère.
— Alors on peut compter sur vous. Il y a une revanche à prendre.
— Nous l'aurons bientôt. Allons à la prison où est détenue la comtesse. Je veux organiser moi-même une souricière pour y prendre cet aventurier. En même temps, nous tâcherons de savoir s'il n'a pas fait quelque tentative pour communiquer avec la comtesse.
— Il n'est pas arrivé encore.
— Qui sait ?
Et ils s'éloignèrent ensemble. C'étaient deux limiers adroits ; allaient-ils se défier de la vieille Anglaise ?

XL

Los porteurs d'eau de Paris et les porteurs d'eau de Venise. — D'un écrivain public. — L'art d'ignorer les langues vivantes et de s'en faire trois mille livres de rente. — A bon chat, bon rat. — Un meurtre honnête, mais illégal. — Arrestation fâcheuse. — Un drame dans une impasse.

Pierre était tout heureux d'avoir réussi à *faire coffrer* (nous conservons sa propre expression parce que cette figure vaut mieux que beaucoup de celles qui circulent avec approbation de l'Académie), à faire coffrer, disons-nous, ce Langelo, qui venait sans doute espionner autour de la prison de la comtesse ; le gamin avait facilement deviné cela.
Restait à expliquer le coup de feu et la mystérieuse disparition du bandit, qui avaient suivi sa mise en liberté par ordre de Garibaldi.
Pierre chercha.
Contrairement à cette fameuse parole de l'Evangile : *Quærite et invenietis* (cherchez et vous trouverez), il ne trouva rien autre chose qu'une migraine ; le gamin de Paris, nerveux comme une femme, est sujet à cette indisposition.
Pour dissiper son mal de tête, Pierre s'en alla promener ; il dirigea ses pas sur les quais, théâtres de sa gloire et de ses succès. On l'accueillit par des murmures flatteurs ; vingt jolies filles lui avaient déjà souri, une des plus belles porteuses d'eau de Venise lui avait même offert une fleur.
C'est un cadeau significatif en tous pays : On sait ce que cela veut dire.
Poétique Venise !
Nous avons, nous les prétendus Athéniens modernes, des porteurs d'eau fort honnêtes gens, mais laids, sales ; qui n'appliqueraient jamais à leur propre usage l'eau qu'ils montent dans les maisons, dans la crainte sans doute de la faire renchérir ; jamais un bain n'a lavé leurs corps ; jamais paire de chaussettes ne déshonora leurs pieds ; ils sont en somme révoltants de malpropreté, et en montant nos escaliers ils laissent derrière eux une odeur âcre, qui suffoque ; des types repoussants, enfin.
A Venise, au contraire, ce sont des femmes charmantes, coquettement mises, au visage souriant, qui font ce métier de porter de l'eau aux habitants.
Est-ce assez humiliant pour Paris ?
Pierre y songeait, tout en acceptant le bouquet qu'on lui présentait ; il y a des contrastes qui sautent aux yeux du premier venu.
Mais quelle surprise !
Au moment où il échangeait des compliments contre des agaceries, il aperçut Langelo !
C'était bien le brigand en chair et en os, vivant et menaçant, là, devant lui.

— Ce soir, à sept heures ! dit-il à la jeune fille qui l'avait un peu effrontément accosté ; mais en Italie, on excuse ces démarches inconsidérées par un mot :
— C'est par amour, dit-on.
Tout est fini alors.
Les femmes font les mœurs en tous pays ; celles de Venise semblent avoir pris pour devise ce vers, emprunté, avec corrections, à un homme qui fut un grand poète, devint un diplomate médiocre et reste... ce que vous savez.
Ce vers, le voici :

L'amour efface tout ; tout, excepté le crime
De l'infidélité. . . . .

Le rendez-vous pris, la jeune fille s'éloigna heureuse ; Pierre vint droit à Langelo.
Le jeune homme avait compris qu'il fallait jouer serré et montrer de l'audace.
— On vous a donc relâché ? demanda-t-il le sourcil froncé et d'un air déterminé.
Il affectait l'accent anglais le plus possible en baragouinant l'italien.
— Parbleu ! fit Langelo.
— C'est pourtant bien vous qui aviez emmené mon maître l'autre jour ?
— Vous en paraissez bien sûr ; mais le chef de police en a décidé autrement.
— C'est un imbécile ! dit carrément Pierre. Je soutiendrais, la corde au cou, que vous êtes l'homme qui est venu chercher Tsin-Tsin.
— Vous seriez pendu, alors.
— Je prendrais votre place, en ce cas.
La discussion s'envenimait.
Chose inattendue, Langelo se calma.
— Je comprends votre mauvaise humeur, dit-il ; vous aimiez votre maître et vouliez le venger ; mais vous vous êtes trompé en pensant me reconnaître.
— Non !
— Tenez, en voici les preuves que j'ai exhibées au chef de police, dit Langelo.
Et devant un passe-port prouvant l'alibi, Pierre dut se rendre.
Du reste, il savait mieux que personne que Langelo n'était pas coupable.
— Diable ! fit Pierre ; je me rends à l'évidence... et pourtant j'aurais juré...
— Il ne faut jurer de rien.
— Vous devez bien m'en vouloir !
— Ma foi, non.
— Laissez-moi vous offrir une indemnité dans la mesure de mes moyens.
— Je refuse.
Pierre leva la tête.
— On m'a changé mon Langelo ! pensa-t-il.
Ce bandit refusant de l'argent paraissait phénoménal au gamin.
— Après tout, se dit-il, il était chef de bande, la fierté est la vertu de certains coquins.
Langelo reprit :
— Erreur n'est pas compte. Vous n'aviez contre moi aucune mauvaise intention ; j'ai passé deux heures seulement en prison, ce n'est pas une affaire.
Et il tourna les talons.
Pierre continua à se promener.
— Ça s'est bien passé, pensait-il, il ne m'a pas reconnu ; il ne se doute de rien.
D'autre part, le bandit monologuait tout en marchant à pas rapides.
— Ce groom m'est suspect. J'ai eu pour prisonnier un Anglais qui n'avait pas cet accent-là ; on dirait parfois que ce petit bonhomme grasseye sur les mots comme le Parisien dont la rançon n'est jamais venue.
Une fois le soupçon éclos, un homme comme Langelo ne pouvait dormir sans avoir découvert la vérité ; en conséquence, intelligent et rusé, il demanda aux passants si on ne pourrait pas lui enseigner un professeur d'anglais ; on lui en indiqua un ; il courut chez lui.
C'était un Allemand.
Notre homme, écrivain public, avait le don des langues, comme tout bon Allemand ; ex-pion d'une université de quatrième ordre, d'où on l'avait mis à la porte, parce qu'il étudiait trop souvent l'influence comparée de l'alcool sur les cerises sauvages, et des cerises sauvages sur l'alcool, au fond d'une bouteille de kirsch.
Il s'était établi écrivain public et il excellait à envoyer les lettres d'amour des gondoliers aux porteuses d'eau ; celles des marins à leurs familles ; celles des soldats à leurs fiancées ; mais comme professeur, il était plus qu'insuffisant ; pour se relever aux yeux de ses clients, il avait bien écrit sur son échoppe : *English spoken! Se habla*, etc., une longue énumération de langues étrangères qu'il était censé parler ; mais, en somme, il était ignorant comme une carpe, à part le latin qu'il avait oublié et le grec dont il ne se souvenait plus, par suite de sa passion pour l'eau-de-vie de cerises.
Il avait un procédé miraculeux pour satisfaire les clients de différentes nationalités que lui fournissait l'armée autrichienne.
Bohèmes, Hongrois, Galliciens, Croates, tous étaient satisfaits.
Il commençait par entamer le dialogue en allemand ou en italien ; tout soldat autrichien sait cette langue, comme nos Alsaciens savent le français.
— Mon ami, disait l'écrivain, tu veux envoyer de tes nouvelles à ta fiancée, n'est-ce pas ?
— Oui, répondait le soldat.
— Et tu ne sais pas écrire ?
— Non.
— Ça te coûtera un demi-florin.
— Bien, le voilà.
— Dicte-moi ce que tu veux dire à ta fiancée, mon garçon.
— Hein ! faisait le soldat.
— Oui, dicte. Je veux transcrire mot pour mot, afin d'être sûr de ne pas me tromper. Autrefois on m'expliquait les choses en gros (*grosso modo*) ; mais il y avait souvent des discussions entre mes clients et moi. Sous leur dictée, je ne risque plus de me méprendre sur leurs intentions.
Et le soldat s'exécutait.
Le pauvre diable suait eau et sang pour arriver à donner à sa missive une tournure possible, et l'écrivain public, sans comprendre un mot la plupart du temps, traçait syllabe par syllabe les sons que proférait le troupier.
On peut juger de l'orthographe.
La lettre était dans le genre de celles qu'écrivent les biches aux idiots qui les substantent ; on disait : *If you please*, il écrivait : *I ouffe plisse*.
Et les destinataires, brouillés dès leur enfance avec la grammaire, lisaient presque toujours fort bien et sans faire d'observations dans leur réponse. Jamais l'écrivain public n'avait reçu de plaintes.
O orthographe naturelle, voilà de tes coups !
Cet homme, nous le recommandons aux touristes, car c'est un type curieux, avait trouvé le moyen de ne pas savoir plusieurs langues et de s'en faire mille florins de rentes, en plus des gratifications de la police, car il était quelque peu mouchard.
Maintenant que l'Italie va, dit-on, posséder Venise, nous craindrions de désigner cet homme à la colère des patriotes en disant la rue où il exerçait son singulier métier, sans quoi nous aurions donné son nom, et les voyageurs auraient pu se procurer le plaisir de lui dicter une lettre.
Quand Langelo entra, notre homme limait le bec de ses plumes ; car il avait imaginé, pour acheter le moins possible, de les rajeunir en retaillant l'acier avec une lime.
— Que désirez-vous ? demanda-t-il flairant une pratique.
— Une lettre en anglais, dit Langelo.
— Bon dictez ? fit l'écrivain.

— Je ne sais pas cette langue-là, moi ! fit le brigand; si je la connaissais je ne viendrais pas vous trouver.

L'écrivain parut un peu embarrassé; mais c'était un homme à ne pas se déconcentrer facilement.

— A qui voulez-vous écrire? demanda-t-il.

— A qui vous voudrez, fit Langelo.

Cette fois l'écrivain leva la tête tout troublé, il crut avoir affaire à un fou.

— Voici pourquoi, dit-il, je désire cette lettre; j'ai un ami qui prétend parler l'anglais et j'ai parié que ce n'était pas vrai.

— Ah! ah! fit l'écrivain. Et vous voulez confondre cet imposteur avec mon concours.

— Oui, vous me mettrez n'importe quoi en anglais, sur une feuille de papier.

— S'il ne peut pas traduire vous aurez gagné. Vous ne pouviez pas mieux vous adresser qu'à moi.

— Sur une autre feuille, reprit Langelo, vous me mettrez la traduction.

— Bien entendu.

L'écrivain réfléchissait.

— C'est un florin, vous savez, dit-il.

— En voilà deux! dit Langelo.

Il n'y avait plus à reculer : le bonhomme était au pied du mur. Il fallait ou s'exécuter ou avouer son ignorance.

— Ma foi! pensa-t-il, je risque peu de chose, après tout; le camarade de cet homme est quelque vaniteux qui se targue d'un savoir qu'il n'a pas; il y a des gens si glorieux! Je m'en vais écrire des mots vides dans une langue qui n'existe pas; je donnerai n'importe quelle traduction, j'empocherai mon florin, et si l'adversaire de mon client ne s'avoue pas vaincu, et prétend que ce n'est pas de l'anglais, je déclarerai que c'est un imbécile ou un homme de mauvaise foi. J'aurai toujours, pour me soutenir, ma pratique, qui a tout intérêt à ne pas perdre.

Et l'écrivain fit comme il avait projeté.

Langelo empocha la lettre, qui était censée anglaise, et il mit la traduction qu'il plaça près de l'original; puis il s'en alla content.

— Que je trouve mon groom, dit-il, et je saurai bien si mes soupçons sont fondés.

Langelo revint sur les quais.

Par malheur, Pierre, n'ayant rien à faire ailleurs, flânait de ce côté; il attendait l'heure du rendez-vous donné à la gentille porteuse d'eau.

Langelo vint à lui.

— Tiens, dit-il, je vous cherchais.

— Ah! fit Pierre en souriant d'un air affable, quoiqu'il eût souhaité le bandit au diable.

— Oui, reprit Langelo. J'ai un service à vous demander, si vous y consentez.

— Comment donc! avec plaisir.

— Je suis matelot!

— Blagueur! pensa tout bas le gamin. Joli métier! fit-il tout haut.

— Je me suis lié dans les temps, continua Langelo, avec un Irlandais qui m'écrit.

Pierre vit venir son homme; il ne savait pas l'anglais ou fort peu.

Le brigand continua :

— Cet Irlandais m'écrit; j'ai trouvé la lettre ici en arrivant avant-hier.

— Et vous désirez que je la traduise !

— Oui, dit Langelo.

— Donnez.

Pierre regarda attentivement cette prétendue lettre, la tourna, la retourna et se convainquit qu'il n'en déchiffrait pas un traître mot.

— Laissez-moi chercher les phrases italiennes, dit-il, je parle mal votre langue.

— Oh! pourvu que je sache à peu près ce que me veut le pauvre Toby! fit Langelo hypocritement.

Pierre réfléchissait au parti qu'il allait prendre.

— Évidemment ce drôle a des soupçons, pensa-t-il; c'est un piège qu'il me tend.

— Mon cher, dit-il, je dois vous faire un aveu humiliant; mais je ne puis déguiser une ignorance dont mes parents ont plus à rougir que moi : je ne sais pas lire.

Langelo n'avait pas prévu ce coup; il resta coi.

— Comme c'est fâcheux, dit-il; je comptais sur vous; me voilà forcé d'avoir recours à un domestique du consulat d'Angleterre; enfin, qu'y faire?

— Désespéré de ne pas pouvoir vous épargner la peine d'aller au consulat! fit Pierre; mais pour tout ce qui me sera possible, je suis votre homme.

Et ils se quittèrent.

— Plus de doute, murmurait Langelo, j'ai vu ce petit finaud-là lire un journal italien au café; je le reconnais parfaitement à cette heure, malgré sa perruque rousse, qui lui cache la moitié du front et les mèches de cheveux qui lui couvrent les joues. C'est ce gamin qui était avec les Français la nuit où j'ai failli mourir. Nous allons aviser.

D'autre part, Pierre se disait :

— Il faut en finir !

Et avisant dans un groupe le gondolier qui lui avait servi de guide, il l'appela :

— Vous allez suivre cet homme, qui s'en va là-bas, dit-il en lui montrant Langelo.

— Bien ! dit le gondolier.

— Quand il s'arrêtera quelque part vous m'enverrez ici un messager pour m'en prévenir, dans la maison de Tsin-Tsin.

— Très-bien.

— Il y a trois florins.

— Je cours alors.

— Ne courez pas, imbécile, tenez-vous à distance au contraire, et ouvrez l'œil.

Cela fait, Pierre s'empressa de se rendre à la maison indiquée; il y trouva un vêtement de jeune Vénitienne préparé pour une autre occasion; il l'endossa; il s'ajusta du mieux possible, et vraiment il faisait honneur au costume; il prit ensuite un stylet et le cacha dans sa robe; puis il attendit en songeant.

— Ce Langelo, pensa-t-il, est un scélérat; il mérite mille fois la mort. La justice ne le condamne pas en ce pays parce qu'il est espion; moi je vais remplacer la justice et le tuer sans remords.

Puis ensuite :

— Quelle idée ridicule Garibaldi, tout héros qu'il est, a eue de sauver cette bête fauve-là, qui est incapable de se corriger jamais! Tout serait fini maintenant, au moins.

Et le gamin maudissait ce qu'il appelait la funeste indulgence du général.

Sur ce, le messager du gondolier arriva.

— Le groom du seigneur Tsin-Tsin? demanda-t-il.

— Il vient de sortir, il m'a chargé de recevoir un renseignement à sa place, dit Pierre.

Le messager hésitait.

— Parlez sans crainte, dit Pierre d'une voix féminine et flûtée; je suis la sœur de John.

— Eh bien, signora, l'homme qu'il cherche est embusqué près d'ici dans une rue, au fond d'un cabaret d'où il a l'air de surveiller la maison. D'où il est, on peut voir les personnes qui entrent et qui sortent d'ici.

— Bien! fit Pierre.

Et il se fit montrer le cabaret; puis il congédia l'envoyé du gondolier, en lui enjoignant de prévenir celui-ci que son rôle était fini.

La maison de Tsin-Tsin avait une issue sur une seconde façade, d'où l'on pouvait, par le canal, contourner le groupe de maisons où était le bouge dans lequel Langelo faisait faction, afin de saisir le secret du groom.

Pierre s'arrangea de façon à gagner une rue d'où il pouvait surveiller, sans être trop remarqué; il se promena, en affectant les allures d'une fillette qui a un rendez-vous d'amour et qui attend.

A Venise, on respecte ces choses-là et l'on passe sans

inquiéter la femme qui est dans la rue, impatiente, malheureuse de ce que son amant ne vient pas.

Chaque pays, chaque mode.

La nuit était venue ; les rues ne brillent pas par un brillant éclairage à Venise ; les ruelles y sont presque entièrement dépourvues de lumières.

Une heure, deux heures, trois heures se passèrent ; Langelo, avec une patience rare, guettait toujours ; mais il était guetté avec une patience non moins admirable.

Enfin le bandit sortit.

Pierre le suivit d'un pas léger.

Le brigand était loin de se défier d'une fillette regagnant son logis d'un pas furtif.

Ça se voit si souvent en Italie.

Pierre activa sa marche, en s'apercevant que le brigand s'engageait dans une sorte de passage tout à fait ténébreux ; il tenait son stylet à la main.

Quand il fut à cinq pas de Langelo, il regarda autour de lui et n'aperçut rien ; il fit un bond et plongea son arme dans le dos du bandit.

Langelo tomba comme une masse.

Pierre se remit à marcher ; mais soudain deux hommes s'élancèrent sur lui et le saisirent ; c'étaient des agents en embuscade, guettant les voleurs et les assassins ; car les crimes étaient fréquents dans ces parages mal fréquentés.

Pierre allait avoir à répondre d'un meurtre.

XLI

Les cauchemars de dame Gribisch — Un sommeil interrompu. — Appareil nocturne. — Songe et réalité. — L'amour dans l'ombre.

Nous avons dit avec quelle impatience la comtesse attendait la nuit.

Elle vint enfin.

Madame Gribisch fit observer à la jeune femme qu'il se faisait tard et qu'elle désirait s'aller coucher si toutefois cela ne contrariait pas la prisonnière.

— Je me couche tôt et me lève tôt, dit sentencieusement la vieille dame ; c'est sain pour la tête et pour le corps, la nature vous l'enseigne.

— Moi je veille, dit mélancoliquement la comtesse. Je songe chaque soir à ceux que j'aime ; leur souvenir me tient éveillée bien longtemps.

— Moi, fit madame Gribisch, je rêve en dormant à mes défunts maris ; à Peters surtout.

— Vilain cauchemar ! dit la comtesse souriant en se rappelant les tribulations de la gouvernante.

— Oh ! non, répondit celle-ci. Je vois le sergent tel qu'il était avant mon mariage, sage, rangé, beau, empressé... et galant.

La pudique vieille avait un peu hésité à ce mot ; mais elle ne fut pas maîtresse de le retenir.

La comtesse, à la clarté de la bougie, crut voir la bonne dame rougir sous son fard ; à coup sûr elle baissa les yeux chastement, cachant les orages que les ressouvenances d'autrefois soulevaient dans son cœur.

Les affarouchements pudibonds de dame Gribisch amusaient fort la jeune femme.

— Vous devriez vous remarier, lui conseilla-t-elle ; peut-être seriez-vous heureuse cette fois.

— Ah ! fit la vieille avec componction, le Seigneur me devrait bien ce dédommagement.

Et elle salua la comtesse, en femme bien apprise, dressée aux convenances dans les grandes maisons ; puis elle gagna sa chambre, avec des soupirs qui firent éclater de rire la jeune veuve.

Et pourtant, elle aussi soupirait...

Jean n'était pas là...

Il est vrai qu'elle était jeune et jolie, et madame Gribisch était vieille et laide.

Mais, est-ce une raison ?

La nature est la nature ; les années ne comptent pas pour les cœurs chaleureux qui battent aussi fort pendant l'hiver de la vie qu'au printemps de l'existence ; il y a longtemps que Martial, le poète latin, l'a dit en forts beaux vers dont nous donnons la pâle traduction :

O fortunatos, tempestas, etc....

Dame Gribisch referma sa porte ; elle alla, vint, remua un instant dans sa chambre, puis la comtesse l'entendit réciter tout haut sa prière du soir en anglais ; ensuite la brave dame se coucha.

Un quart d'heure après elle ronflait.

La comtesse, elle, accoudée à sa fenêtre, regardait la lune qui s'était levée ; elle s'ennuyait et s'impatientait ; le bruit nocturne de la respiration bruyante de sa dame de compagnie l'agaçait :

— Elle s'est endormie ! murmura-t-elle.

Et ce sommeil la taquinait.

— Vraiment, murmura-t-elle, c'est trop fort. Depuis près de sept heures, j'attends un mot, un mot qui me tranquillise ! Puis cette vieille folle, au moment venu de me le dire, se couche et s'endort pour tout de bon.

Et elle ajouta :

— Ces Anglaises ! Il n'y a qu'elles pour avoir un pareil sang-froid, une Française m'aurait déjà tout dit.

Puis un instant après :

— Allons ! c'est assez de patience !

Elle frappa à la porte de sa dame de compagnie qui sauta à bas du lit.

Celle-ci apparut... nous renonçons à la dépeindre dans son accoutrement nocturne...

Paul de Kock seul, de joviale mémoire, pourrait se tirer de cette description-là.

La vieille Anglaise avait fait une toilette de nuit impossible ; avec un peignoir flottant sur son corps décharné, avec ses faux tire-bouchons en papillotes, avec son foulard assujettissant son bonnet et dont le nœud formait deux cornes impossibles sur le sommet de la tête ; avec son fard, ses ridicules et son air effaré elle était cocasse à faire rire un juge d'instruction dans l'exercice de son ministère.

La comtesse n'y tint pas ; elle ne put comprimer son hilarité, ce qui froissa la vieille.

— Madame, dit-elle tout haut, je n'aime pas que l'on se moque de moi ; je prendrai congé demain.

Et elle referma brusquement sa porte.

La jeune femme fut désolée ; mais le mal était fait ; pourtant elle essaya de faire sa paix avec cette vieille folle ; ce fut en vain.

— Dame Gribisch ! cria-t-elle plusieurs fois.

Mais l'ex-gouvernante ne répondit pas.

Alors la comtesse désolée prit le parti de se coucher et à son tour elle s'endormit.

C'était vers onze heures.

La jeune femme rêvait.

Douces heures de la nuit, quand l'ange des songes heureux vous caresse du bout de son aile enchantée !

La comtesse, bercée par une enivrante illusion, voyait la vieille Gribisch s'approcher de son lit, allumer une veilleuse à la lumière discrète et se pencher vers elle.

Puis elle l'appelait.

C'était la voix de Jean.

Le jeune homme murmurait des mots d'amour et cherchait à l'éveiller, en prenant mille précautions pour qu'elle ne s'effrayât point...

Elle, dans la crainte que la vision ne s'envolât, n'osait ouvrir les yeux...

Alors Jean prit un baiser.

La comtesse avait conscience de son rêve, il lui arrivait ce qui arrive souvent, elle se disait : C'est un songe, mais je veux qu'il dure encore.

Pourtant le baiser fut si long, si long ; elle éprouva une telle sensation, qu'en le recevant elle ne put s'empêcher de regarder...

Elle vit dame Gribisch penchée vers elle.

Mais les yeux étaient ceux de Jean, le sourire était son sourire.

La comtesse se demanda si le rêve continuait ou si elle était éveillée.

Une voix chérie, un baiser plus tendre encore lui prouvèrent que c'était une réalité.

Les ombres n'ont pas le souffle de feu qui la brûlait.

Alors, folle de joie, ne songeant qu'au bonheur de le revoir, elle entoura son cou de ses deux bras et lui donna une étreinte folle.

Puis elle lui dit avec un reproche :

— Méchant ! m'avoir trompée ainsi !

— Il le fallait bien, dit Jean. Vous auriez laissé deviner quelque chose sur votre visage.

— Et dire que je ne l'ai pas reconnu ! murmurait-elle en l'admirant. Mais vous allez ôter ce fard, ces robes, cette perruque !

— Non, dit Jean. Si on nous surprenait.

— On ne viendra pas. Je le veux ! dit-elle.

— Je suis donc bien laid ainsi ?

— Oh ! oui, fit-elle avec conviction.

— Alors, je cède pour la perruque, mais pour elle seulement, dit le jeune homme.

Et il déposa les faux cheveux sur le marbre d'une console.

— A la bonne heure, dit-elle ; je vous aime mieux ainsi. Mais Jean, par précaution, souffla la veilleuse.

— Je ne vous vois plus ! dit la comtesse.

Le jeune homme, sans répondre, lui prouva par un nouveau baiser qu'on pouvait s'aimer sans se voir.

Et ils échangèrent longtemps à mi-voix les enivrantes causeries de l'amour.

XLII

Le coup du faubourg Antoine. — Citoyen anglais ! — Le dernier mot de la police. — Les mystères de la toilette dévoilés. — Où Jean perd la tête.

Pierre, que nous avons laissé aux prises avec la police, comprit que tout était compromis s'il se laissait arrêter ; pour se dégager, il imagina une ruse que son déguisement de femme devait faire réussir ; il fit mine de s'évanouir, et il joua si bien sa comédie que les agents y furent pris.

Il était naturel, du reste, qu'une jeune fille fût émue après avoir donné un pareil coup de stylet.

Les agents soutinrent leur prisonnière.

Mais voilà que tout à coup celle-ci s'affaissa brusquement, et ramassant les jambes des deux sbires à la mode faubourienne des gamins de Paris, elle les étala sur les dalles dont Venise est pavée ; puis, d'un bond, elle disparut à l'angle d'une rue ; d'un autre bond, elle tourna une autre rue et disparut aux abords de la maison de Tsin-Tsin.

Les agents firent maintes recherches infructueuses ; ils ne purent découvrir la fugitive.

Pierre était tout simplement rentré chez lui, avait jeté sa défroque et s'était couché tranquillement ; il avait bon espoir que, pour cette fois, Langelo était mort et bien mort ; il se trompait.

Le brigand fut relevé dans un état désespéré, il est vrai, mais il respirait encore.

Il se fit conduire chez le comte X...

Celui-ci fut averti de ce qui s'était passé au moment où il se dirigeait vers la prison avec le chef de police ; tous deux se rendirent auprès du blessé.

— Vous pouvez être certain, disait le comte, que le coup vient de cet maudit Français.

Mais il fut impossible de tirer aucun éclaircissement de Langelo, qui ne pouvait parler et dont l'état avait subitement empiré.

Le comte était exaspéré.

— A lui aujourd'hui, dit-il ; à moi demain. Ces misérables ne reculent devant rien.

Il songeait, d'ailleurs, que Jean et les siens étaient, après tout, dans le cas de légitime défense.

— Il faut à tout prix, dit le chef de police, s'emparer de cet aventurier.

— Allons d'abord à la prison, dit le comte.

Quoique la nuit fût déjà avancée, ils n'hésitèrent pas à réveiller tout le personnel de la geôle ; devant une autorité comme celle qui accompagnait le comte, toute porte s'ouvrait à première réquisition.

Le chef de police commença un interrogatoire en règle ; il apprit d'abord qu'une gouvernante anglaise avait été placée ce jour même auprès de la comtesse ; ce fait lui inspira des soupçons ; il voulut les éclaircir.

— Pourquoi a-t-on remplacé la fille qui servait de camériste à la prisonnière ? demanda-t-il.

— Parce que nous l'avons soupçonnée d'avoir des sentiments trop italiens, Excellence, répondit le geôlier.

La porte-clefs, qui tremblait que madame Gribisch ne fût renvoyée, ajouta :

— J'ai surpris un jour la comtesse lisant un billet, et ça m'a donné l'éveil.

Il mentait ; mais c'était un sbire, un porte-clefs ! Il ne faut pas demander aux gens des qualités qui ne sont pas de leur emploi.

— Et ce billet ? fit le chef de police.

— La signora l'a brûlé aussitôt, Excellence.

— Il fallait le lui arracher !

— Excellence elle a été plus prompte que moi.

— Une autre fois, fit sévèrement le chef de police, tâchez d'être plus adroit.

Le porte-clefs baissa la tête sous la mercuriale ; mais il riait dans sa barbe ; on ne dupe pas son supérieur sans se moquer un peu de lui.

Le chef de police continua :

— Comment et par quelle femme est-elle entrée ici ?

Le porte-clefs raconta franchement l'histoire de madame Gribisch, qui était fort naturelle.

Pourtant le comte doutait.

— Il faudrait faire appeler ce groom ! dit-il.

On envoya en toute hâte quérir le *factotum* de Tsin-Tsin à son domicile. Pierre hésita ; il ne savait s'il devait fuir ou suivre les agents ; il supposa qu'on soupçonnait quelque chose, soit sur le meurtre de Langelo, soit sur celui de dame Gribisch ; il se dit que sa fuite ne servirait qu'à le mettre personnellement en sûreté, et qu'il devait faire bonne contenance, coûte que coûte, dans l'intérêt de son patron et de la comtesse.

Il se rendit à la prison.

A la vue du comte et du chef de police, il trouva une ingénieuse entrée en matière :

— A-t-on des nouvelles de sir Tsin-Tsin ? demanda-t-il avec un feinte anxiété.

Ceci fut dit avec un naturel parfait qui eût fait honneur à un comédien consommé.

Le chef de police et le comte y furent pris ; ils s'entre-regardèrent un instant.

— Ah ! mon Dieu ! s'écria Pierre, faisant mine d'interprêter sinistrement ce coup d'œil ; est-il arrivé malheur à mon maître?

Le chef de police répondit :

— Nous continuons nos recherches ; nous espérons retrouver cet étranger et nous sommes sur sa trace. Mais ce n'est pas pour cela que nous vous avions fait mander.

Pierre se croisa insolemment les bras.

— Comment! dit-il, vous faites réveiller un citoyen de la libre Angleterre à minuit, pour lui dire quand il accourt : « Une seule chose vous intéresse, la disparition de votre maître; mais ce n'est pas de cela qu'il s'agit! »

Et il toisait le chef de police. Jamais Romain n'avait dit plus fièrement le fameux *Ego sum civis Romanus!*

— Vraiment, reprit-il, c'est trop fort. Si on ne s'occupe pas dès demain de savoir ce que sir Tsin-Tsin est devenu, je porterai plainte au consul.

Et, la majesté de Neptune ayant lancé le *quos ego*, Pierre attendit une réponse.

Le chef de police était embarrassé; toutefois il revint habilement à ses moutons.

— Mon petit bonhomme, dit-il, ne prenez pas de ces airs-là avec la justice. Je vous ai fait venir pour vous questionner sur votre tante.

— Grand Dieu! s'écria le groom d'un air ironique, la chère femme est donc devenue muette et ne saurait vous répondre elle-même!

La réponse était si drôle que les assistants et le comte lui-même se mirent à rire.

Mais la police veut toujours avoir le dernier mot et elle l'a souvent, sauf de rares exceptions.

— Arrêtez ce drôle! ordonna le chef de police.

— Moi! fit le groom.

— Oui, vous, mon petit monsieur; il est bon que la justice ait sous la main le serviteur de sir Tsin-Tsin, comme vous dites, afin de commencer sur son compte une enquête qui aboutira peut-être mieux que les autres.

Et pour écraser le groom :

— Vous avez déjà accusé quelqu'un à faux, et c'est assez la méthode des coupables de détourner sur autrui les accusations qu'on porterait contre eux.

Pierre, continuant son rôle d'Anglais impertinent, défia son interlocuteur d'un regard insolent et lui dit :

— Quand la police est embarrassée en Chine et qu'elle ne peut trouver le véritable criminel, pour ne pas être accusée d'ineptie, elle met un innocent sous les verrous et amasse de fausses preuves contre lui; il paraît qu'à Venise c'est comme à Canton!

Et il ajouta :

— Assez de comédie! qu'on m'emmène; mais je me réclamerai de notre ambassadeur.

Le porte-clefs, qui était convaincu de l'innocence de son ami John, le prit par le bras et le mena dans la meilleure chambre dont il pût disposer.

— Je vous rendrai, dit-il au groom, tous les services possibles; du reste, on vous relâchera. La mauvaise humeur du chef tombera bien vite.

— En attendant, prévenez ma tante Gribisch, dit Pierre ; c'est ce que je vous demande.

— Et ce sera fait.

Le porte-clefs se retira.

Cependant le comte et le chef de police conféraient sur le parti à prendre.

— Évidemment, disait le comte, ce petit n'est pas coupable, et vous ferez bien de le remettre promptement en liberté.

— Je compte l'envoyer promener de l'autre côté de la frontière, dit le chef ; ce sera le moyen d'en finir avec ses réclamations; car ce Tsin-Tsin est introuvable, décidément.

— C'est bizarre.

— Vous n'ignorez pas ce que j'ai mis en œuvre pour arriver à un résultat. Mais rien; pas un indice. De guerre lasse, je renonce à percer ce mystère.

— Mais le consul anglais?

— Le groom éloigné, l'affaire s'apaisera; je fournirai la preuve au consul que rien n'a été négligé pour éclaircir cette mystérieuse affaire; que peut-on demander de plus?

Et se retournant :

— Demain, dit-il, on reconduira le prisonnier de brigade en brigade jusqu'aux rives du Mincio.

— Je n'en désirerais pas moins voir cette vieille Anglaise, dit le comte.

— Vous avez raison. Nous la chasserons aussi.

— Point! Conservez-la et donnez à entendre à ce petit entêté que s'il fait trop de bruit, on renverra sa tante ; vous le tiendrez par l'intérêt.

— Excellente idée.

— Puis, nous remplacerions difficilement cette femme par une fille du pays. Nous allons assurer son dévouement par des promesses et obtenir son concours. Ce Français ne manquera pas, sachant qu'elle approche de la comtesse, de lui proposer d'être son intermédiaire; nous engagerons cette dame Gribisch à accepter ce rôle et elle nous livrera les messages.

— Vous avez mille fois raison.

— Allons! qu'on aille nous chercher cette Anglaise, ordonna le chef de police.

Malheureusement pour la prisonnière, Jean avait eu l'imprudence de se mettre en l'état que nous savons; les verrous tirés avec bruit l'avertirent trop tard du danger qu'il courait d'être reconnu ; la porte s'ouvrit avant que Jean eût pu regagner sa chambre...

La comtesse, poussant un cri d'effroi, s'était cachée sous les rideaux de son lit. Jean, la tête dégarnie de perruque, était indécis et muet au milieu de la chambre; le geôlier regardait le *tour*, les tire-bouchons, tout l'attirail capillaire de dame Gribisch, déposé sur une table de nuit.

On peut juger de la terreur de la comtesse et de l'embarras de Jean.

Ce dernier, si prompt dans ses décisions, n'en prenait aucune; car tout parti avait pour lui une issue fatale; en une minute dix projets se présentèrent à son esprit; pas un ne lui parut praticable.

Se jeter sur le geôlier et le tuer, était chose possible, mais comment sortir ensuite?

Puis Jean ignorait pour quels motifs le porte-clefs était venu, il avait peut-être quelque accolyte dans le couloir et l'on serait accouru au bruit.

Ce fut un instant de suprême angoisse que celui-là, dans la vie de cet aventurier qui avait vu la mort si souvent et de si près.

XLIII

Fausse alerte. — Un cas de conscience. — Projet d'évasion.— Double épreuve d'un portrait. — La fuite. — La chasse.

Le geôlier, au lieu de s'effarer à la vue de Jean, comme celui-ci s'y attendait, se mit à sourire d'un air protecteur, ce qui étonna fort l'aventurier.

— Dame Gribisch, dit-il, on vous demande ; veuillez vous habiller ; je vous attendrai hors de la porte. Seulement, ajouta-t-il, hâtez-vous un peu.

Puis il ajouta tout bas :

— Je n'ai pas frappé, parce que cette marque d'attention aurait pu être remarquée et mal interprétée; il est inutile que l'on sache que j'ai des égards pour vous.

Et il se retira.

Jean reprit son sang-froid.

— Ne craignez rien, dit-il à la comtesse ; il ne m'a pas reconnu et nous sommes sauvés.

Deux hommes s'élancèrent sur lui et le saisirent. (Page 85.)

La comtesse ouvrit ses rideaux.
Elle était pâle encore de cette alerte.
Jean lui dit :
— La lanterne éclairait mal ; il m'a vu sans ma perruque, mais en robe et en cornette ; il ne s'est douté de rien ; je vais avoir l'air désolé qu'il ait appris que j'ai de faux cheveux.

Et tout en parlant tout bas, il remettait sa perruque et s'agençait au plus vite.
— Pressons-nous, dit le geôlier.
Jean était prêt.
Mais avant de partir, il voulut un baiser qu'il donna et reçut rapidement ; il était si drôle avec ses papillotes que la comtesse riait tout en l'embrassant.

Il sortit.
— Me voici, dit-il au porte-clefs. Mais puis-je savoir ce qu'on me veut ?
Jean, à l'air de son protecteur, avait bien deviné qu'il n'y avait rien à craindre.
— Dame Gribisch ! fit le porte-clefs, votre neveu est arrêté, mais ce ne sera pas grave.
— Seigneur ! Seigneur ! s'écria la vieille.
— Je vous assure, belle dame, que votre cher John ne court aucun danger.
Et il raconta ce qui s'était passé.
— Entre nous, ajouta-t-il, le chef de police a été de mauvaise humeur, parce que votre neveu s'est un peu moqué de lui et a été arrogant.
— L'imprudent enfant ! exclama la vieille.
— Mais si vous acceptez les propositions que l'on va vous faire, je crois le deviner du moins, on relâchera ce jeune homme demain matin.
— Je ferai tout ce qu'on voudra, pourvu que mon pauvre John recouvre sa liberté ! dit dame Gribisch en joignant les mains.
Puis se retournant :

— Monsieur, dit-elle, comment reconnaîtrai-je jamais vos bons soins pour moi ?
— En me permettant de réparer les torts du sergent Peters ! dit galamment le porte-clefs.
— Hélas ! que dites-vous là !
— Que je vous aime, belle dame !
— C'est de l'ironie ; mes faibles charmes n'ont pu vous plaire, et ce que vous avez vu cette nuit...
La vieille coquette minauda.
Le geôlier, pensant toujours à la dot, écarta ce fâcheux souvenir en disant d'un air léger :
— Vous voulez parler de ces quelques boucles de cheveux que vous ajoutez aux vôtres et qui vous vont si bien, du reste. Ah ! chère dame, c'est prendre souci de peu et s'exagérer les choses.
— Cependant...
Le geôlier interrompit d'un air fin :
— N'est-ce pas la mode aujourd'hui ! Toute dame a quelques mèches qui ne lui appartiennent pas. Tenez, la femme du gouverneur, par exemple !
— Elle en a ?
— Pour dix florins au moins !
Dame Gribisch parut consolée.
On arrivait à la geôle.
Le porte-clefs se tut et introduisit la vieille Anglaise devant le comte et le chef de police.
Ils étaient seuls tous deux.
D'un signe, le porte-clefs fut congédié.
— Asseyez-vous, madame, dit le comte, qui tenait à prendre la vieille par la douceur.
Dame Gribisch prit un siège.
— Nous avons, dit le comte, un service à vous demander, service qui sera bien payé.
— Je suis à vos ordres, répondit l'Anglaise en s'inclinant avec respect.
— Il s'agit, continua le comte, de nous aider à prendre un criminel important.